永州市地方志丛书

永州市民政志

（1994—2015）

永州市民政志编纂委员会　编

方志出版社
Publishing House of Local Records

图书在版编目（CIP）数据

永州市民政志：1994—2015/永州市民政志编纂委员会编．—北京：方志出版社，2020.5
ISBN 978-7-5144-4236-6

Ⅰ.①永…　Ⅱ.①永…　Ⅲ.①民政工作—概况—永州
Ⅳ.①D632

中国版本图书馆 CIP 数据核字（2020）第 111063 号

永州市民政志（1994—2015）

编　　者：永州市民政志编纂委员会
责任编辑：董　琳

出 版 者：方志出版社
地址　北京市朝阳区潘家园东里 9 号（国家方志馆 4 层）
邮编　100021
网址　http：//www.fzph.org
发　　行：方志出版社图书经销中心
电话（010）67110500
经　　销：各地新华书店
印　　刷：衡阳顺地印务有限公司

开　　本：889×1194　1/16
印　　张：16.5
字　　数：297 千
版　　次：2020 年 5 月第 1 版　2020 年 5 月第 1 次印刷
印　　数：0001～1000 册

ISBN 978-7-5144-4236-6　**定价：**300.00 元

《永州市民政志》终审人员

蒋政平　高　波

序

治天下者以史为鉴，治郡国者以志为鉴。盛世修志，是中华民族的优秀文化传统。作为一项系统的文化工程，地方志承载着“记载历史、传承文明、资政育人、服务社会”的重要作用。2016 年 3 月，根据市委、市政府关于《永州市志 1996—2015 年》编修工作的总体部署，市民政局开始启动《永州市民政志（1994—2015）》的编纂工作，这是永州民政事业发展的一件大事。在市史志办专家的精心指导和全体编纂人员的共同努力下，历时 3 年的辛勤笔耕，民政志编纂终于完成，即将付梓，可喜可贺！作为民政战线上的一名老兵，我感到非常欣慰。

民政工作是一项政治性、社会性、群众性很强的工作，直接服务广大人民群众，代表党和国家形象，关乎城乡万家忧乐，备受社会各界关注。朱德同志形象比喻“民政部门就是人民群众的组织部”。在中国革命、建设和改革开放的各个历史时期，民政工作发挥了“上为党委政府分忧，下为万千群众解愁”的重要作用，谱写了辉煌的历史篇章。《永州市民政志（1994—2015）》是永州市第一部民政志。在编纂此志之前，市民政部门曾组织过修志，因各种原因未能出版面世。本志书按照辩证唯物主义和历史唯物主义的立场、观点和方法，遵循依法修志、实事求是的原则，洋洋 30 万字，客观真实地再现了 21 年来永州民政事业日新月异的发展轨迹和丰硕成果，浓缩了一代又一代永州民政人前仆后继、为民爱民、服务全市经济社会发展的生动实践。

纵观永州民政这 21 年，是民政事业转型发展的关键时期。永州民政人为践行“以民为本、为民解困、为民服务”的理念，筚路蓝缕、披荆斩棘、艰苦奋斗，开展了薪火相传、驰而不息的接力赛。在永州民政历届领导班子的带领和全市民政系统全体干部职工的艰苦努力、不懈奋斗下，永州民政事业发展蒸蒸日上，聚沙成塔，积小胜为大胜，谱写了一曲曲“民政为民、民政爱民”的不朽乐章，展示了永州民政人“心忧天下，维护民权民利”的博大胸襟和深厚情怀。值得骄傲的是，自 2012 年以来，市民政局连续 6 年被省民政厅评为“全省民政工作先进单位”，2016 年被国务院表彰为“全国双拥工作先进单位”，2018 年被民政部、人社部表彰为“全国民政工作先进单位”，区划地名工作荣获全国先进；文明创建成效显著，先后创建为市文明单位、市文明标兵单位、省文明单位、省文明标兵单位；涌现了全国民政系统先进工作者何解顺、陈拥民等一批先进模范人物，彰显了永州民政人的责任担当。令人欣慰的是，永州民政人围绕全省“五化民政”建设方略和市委、市政府“六大战役”战略部署，深入基层问计于民，深入群众问需于民，结合永州实际提出了“改革、基层、项目、管理”四项重点工作，以“功成不必在我，奋斗必须有我”的主动作为姿态，攻坚克难，砥砺奋进，久久为功，全市的基本民生保障水平有了显著提高，基础设施明显改善，公共服务能力不断增强，使广大民政对象尤其是困难群众生活更有尊严，获得感更强。令人振奋的是，永州民政创新发展取得累累硕果，城乡低保责任追究制度、低保经办人员红白表备案制度、社会救助标准化管理办法等制度创新成果先后被吸纳到国家、省级层面的制度规定；在全省率先建立市级居民家庭经济状况核对平台，率先完成城乡低保清理整顿、社会保障兜底脱贫对象联合认定工作，较好解决了长期以来广为社会诟病的低保不公平、不公正问题，让改革发展成果更多、更公平的惠及全体人民。

志者，史之镜也，识往鉴今，革故鼎新。总结历史，是为面向未来。随着党的十九大胜利召开，中国特色社会主义建设事业进入新时代，永州民政事业迎来改革发展的又一个春天。在全面小康的征途上，广大民政人在市委、市政府的坚强领导下，坚持“不忘初心、牢记使命”，认真践行“民政为民、民政爱民”理念，坚持以习近平总书记在全国民政工作会议上的指示精神为基本遵循，坚持改革创新，聚焦脱贫攻坚，聚焦特殊群体，聚焦群众关切，更好履行基本民生保障、基层社会治理、基本社会服务等职责，充分发挥民政在社会建设中的兜底性、基础性作用。全体民政人一定要坚持和发扬孺子牛精神，以踏石留印，抓铁有痕的作风，求真务实，勤奋工作，为推动永州民政事业高质量发展，让困难群众有更多的获得感、幸福感和安全感，作出新的更大贡献！

是为序。

中共永州市委组织部常务副部长　肖余胜

2020 年 4 月 22 日

凡 例

一、本志书编纂坚持以马克思列宁主义、毛泽东思想、邓小平理论、“三个代表”重要思想、科学发展观、习近平新时代中国特色社会主义思想为指导，实事求是研究永州民政工作，客观反映永州市民政工作改革发展的历程，探索永州民政工作发展轨迹及发展规律，为推动永州市民政事业转型升级发展提供资政服务和历史借鉴。

二、1984 年，县级永州市和冷水滩市民政局合编出版了《零陵县民政志（1840—1984 年）》，1993 年，零陵地区民政局组织人员编纂了《零陵地区民政志（1985—1993 年）》文稿。本志书时间上限为 1994 年，下限为 2015 年，个别事项因考虑叙述的完整性，上、下时限作适当顺延处理。

三、本志书主要限于民政工作的职能范围。

四、志书采用众手成志方式，由市民政局相应科室指定专人撰写，市民政局志书编纂办公室修改编纂成册。

五、志书除序、编纂说明、图片、概述、大事、附录和编后记外，共分 12 章 43 节。

六、本志书采用纪、述、志、传、表、图、录七种体裁，以志为主，坚持述而不论，生不立传的原则。

七、中共永州市委、永州市人民政府文中简称为市委、市政府。

永州市行政区划图

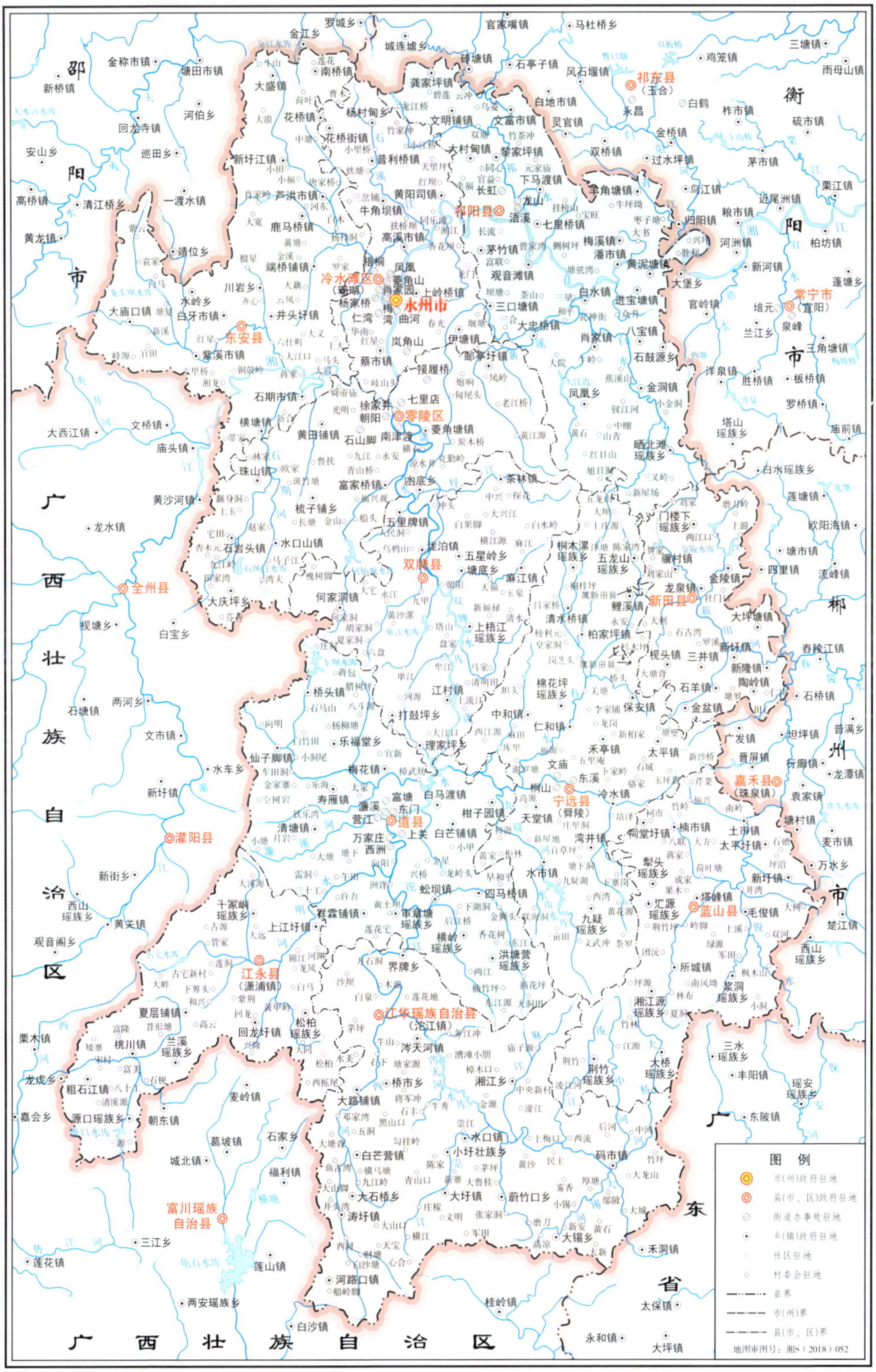
永州市
冷水滩区
零陵区
祁阳县
东安县
双牌县
道县
宁远县（舜陵）
新田县
江永县（潇浦镇）
江华瑶族自治县（沱江镇）
蓝山县
嘉禾县（珠泉镇）
祁东县（玉合）
常宁市（宜阳）
全州县
灌阳县
富川瑶族自治县
邵阳市
衡阳市
郴州市
广西壮族自治区
广东省
图例
市(州)政府驻地
县(市、区)政府驻地
街道办事处驻地
乡(镇)政府驻地
社区驻地
村委会驻地
省界
市(州)界
县(市、区)界
地图审图号：湘S（2018）052

领导关怀

①

②

③

④

⑤

⑥

① 2008年6月19日，省委书记张春贤（右二）到永州洪灾现场慰问受灾群众

② 2006年8月3日，省委副书记、省长周伯华（右一）到道县蚣坝镇长江圩村视察灾情

③ 2002年12月25日，省委书记、省人大常委会主任杨正午（右三）视察道县社会福利院

④ 2005年6月27日，市委书记曾庆炎（右三）等领导到江永受灾地区指导抗灾工作

⑤ 2008年6月12日，民政部国家减灾中心副主任冯金社（左三）、省民政厅副厅长唐白玉（右二）一行，在永州市委常委、副市长刘事青（左一）陪同下，到蓝山县慰问受灾灾民

⑥ 2017年8月7日，永州市民政局新老班子集体合影

① 2015年5月10日，国务院参事刘志仁（左二）到祁阳金丽鸽业有限公司指导工作

② 2006年6月17日，民政部救灾司司长王振耀（前排中）、省民政厅厅长余长明（后排中），到祁阳三口塘镇检查灾民倒房恢复重建工作

③ 2008年11月，省民政厅厅长余长明（左三）到道县检查社会救助工作

④ 2008年7月31日，永州市委书记黄天锡（左二）走访慰问市军休所退休老干部

⑤ 2010年8月18日，省民政厅纪检组长赵强（右二）到冷水滩区调研“双拥”工作

⑥ 2019年1月13日，市民政局新老领导班子合影

①

②

③

④

① 2007年6月12日，副省长杨泰波（左四）到道县视察灾情

② 2012年10月23日，市委副书记、市长魏旋君（左）到冷水滩石牌楼社区看望盛金秀老人

③ 2012年10月30日，市政协主席唐定（中）调研市民政工作

④ 2013年3月14日，省民政厅副厅长邓磊（右二）察看永州市殡仪馆

⑤ 2005年4月18日，省军区政治部副主任胡建(右二)看望市消防支队官兵

⑥ 2005年9月6日，省民政厅副厅长刘金生（左二）到永州检查社会救助工作

⑤

⑥

①

②

①　2012年3月29日，国务委员、公安部长孟建柱（中）到冷水滩区梧桐社区视察工作

②　2013年8月17日，副省长张硕辅（左四）到蓝山县指导抗洪救灾工作

③　2014年7月14日，省民政厅副厅长李劲夫（左二），到永州市调研基层政权和社区建设工作

④　2014年10月21日，市委副书记、市长向曙光（右三）、市委常委、副市长蒋善生（右四），察看市民政局福利中心建设项目

⑤　2015年6月7日，市民政局党组成员、副局长陈炜到道县乐福堂乡指导避险救灾工作

⑥　2005年9月29日，省民政厅副厅长祝青云（右二）在市民政局副局长陈玉贵（左五）、纪检组长唐善林（左一）陪同下，检查市军供站、军干所和光荣院建设情况

⑦　2006年3月29日，市民政局党组书记、局长高增遗向省双拥模范城考察验收组汇报拥军优属情况

③

④

⑤

⑦

⑥

关注民生

①

②

③

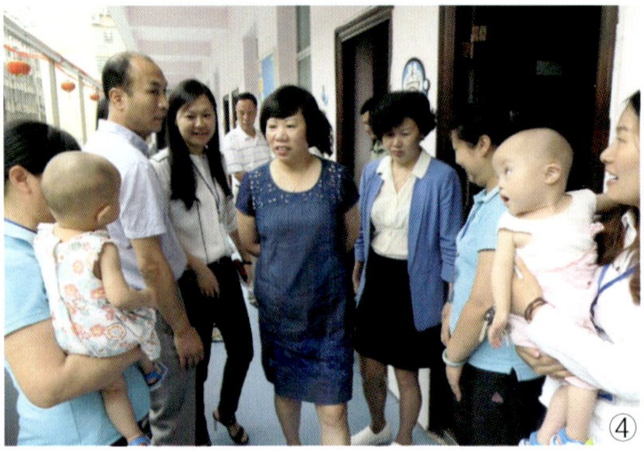
④

① 2015年8月26日，副省长蔡振红（中）到祁阳县调研

② 2015年9月24日，省民政厅厅长段林毅（右三）到江永县检查扶贫工作

③ 2007年11月5日，市民政局党组成员、纪检组组长唐善林（左一）检查双牌县福利中心建设

④ 2015年6月5日，省民政厅副厅长陈慈英（右四）到冷水滩区儿童福利院调研工作

⑤ 2010年6月21日，省民政厅副厅长杨明波（左二）在市民政局局长高增遗（左一）陪同下，指导零陵“6·20洪灾”抗灾工作

⑥ 2006年6月17日，民政部救灾司司长王振耀（左二）视察祁阳灾情

⑤

⑥

① 2013年8月30日，省民政厅厅长段林毅（右三）到蓝山指导“8·16洪灾”抗灾救灾工作

② 2013年5月18日，市委书记陈文浩（右三）到冷水滩区儿童福利院调研

③ 2015年4月15日，永州市康复医院在冷水滩举行中央财政支持社会组织参与社会服务项目“偏僻山区医疗巡诊救助”项目启动仪式

④ 2006年5月22日，道县发放救灾物资现场

⑤ 2013年8月24日，壹基金向蓝山县犁头乡犁头小学定向捐赠温暖包

①

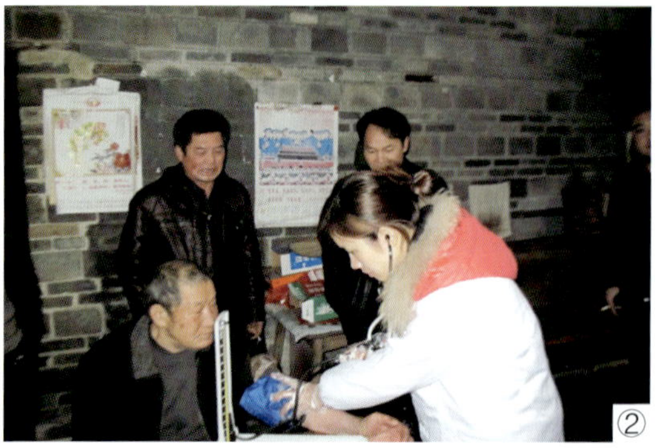
②

③

④

⑤

① 2014年1月4日，省委书记、省人大常委会主任徐守盛（右二）在蓝山所城镇岩口村菜园冲自然村与灾民亲切交谈

② 2012年12月，市康复医院到东安县芦洪市镇开展送医药下乡活动

③ 2015年10月8日，市民政局党组成员、副局长李爱玲（右一）看望慰问市军休所离休干部老党员王佐章

④ 2013年8月，永州市慈善总会在永州市八中举行爱心圆梦助学金发放仪式

⑤ 2015年10月10日，芝山医院在零陵区安康广场开展“心理健康，社会和谐”精神卫生日宣传活动

民政事业

①

②

① 2012年5月23日，省民政厅副厅长唐白玉（右三）在市民政局党组成员、市社会救助局局长郭德贵（右二）陪同下，检查社会救助工作

② 2013年12月28日，市委书记陈文浩（右三）在市民政局党组书记、局长肖余胜陪同下，查看倒房户住房重建工作

③ 2014年10月10日，市民政局党组成员、市老龄办主任李晓明（左一）考察道县社会福利院

④ 2012年，道县统一规范城市低保对象公示栏

⑤ 2007年5月29日，零陵区农村低保对象李爱国拿到低保金领取存折后的喜悦心情

⑥ 2010年8月18日，省民政厅纪检组长赵强（右三）在市民政局副局长周基良（左二）陪同下，验收市双拥模范城创建工作

③

④

⑥

⑤

① 2005年4月18日，市消防支队支队长黄寒冰（右一）向省军区政治部副主任胡建（左一）介绍消防支队拥政爱民情况

② 2005年4月17日，市委常委、永州军分区政委杨南平（中）向省双拥模范城考察验收组汇报拥政爱民情况

③ 2015年8月26日，省政府社会救助突出问题专项整治督查组组长贺丽君（右四）检查乡镇低保信息管理情况

④ 2014年市政府和冷水滩区政府联合举行开展《社会救助暂行办法》宣传月活动启动仪式

⑤ 2009年8月26日，市募委办与市慈善总会合作，开展“爱心改变命运福彩助学”大型慈善活动

⑥ 2015年9月，蓝山县民政局开展搭建救灾帐篷竞赛活动

① 2015年4月23日,省民政厅巡视员李劲夫（右二）察看白果市烈士陵园

② 2006年3月29日，省双拥领导小组、省军区政治部副主任胡建（右三）到永州考察验收双拥模范城建设

③ 2006年3月29日，省双拥模范城考察验收组领导召开（军分区）地方单位及优抚对象座谈会

④ 2014年10月15日，市政协召开社会化养老机构建设调研座谈会

⑤ 2008年6月27日，市民政局在道县设置灾民临时安置点

⑥ 2013年沱江镇春晓社区与居民开展联欢活动

① 2015年4月12日，省民政厅副厅长陈毅华（左三）到冷水滩区儿童福利院检查工作

② 2014年1月23日，市长严志辉（中）到冷水滩区儿童福利院调研

③ 2014年4月9日，市民政局党组成员、副局长陈宇永（左二）到宁远县湾井镇大屋地村指导灾后倒房重建工作

④ 2015年10月13日，市民政局副局长顾晓姣（左三）到宁远县福利院看望孤儿

⑤ 2015年2月14日，市委常委、常务副市长易佳良（左三）到蓝山县塔峰敬老院走访慰问

⑥ 2012年11月7日，市民政局党组副书记、副局长罗建南（右三）视察零陵区梳子铺敬老院

目　录

概　述

一

永州市位于湖南省南部，湘江上游，五岭北麓。东邻郴州市辖的临武、嘉禾、桂阳县和衡阳市辖的常宁市。南与广东省清远市辖的连州市、连南瑶族自治县、连山壮族瑶族自治县，广西壮族自治区贺州市辖的八步区、平桂区、富川瑶族自治县接壤。西与广西壮族自治区桂林市辖的恭城瑶族自治县、灌阳县、全州县相接。北与邵阳市辖的新宁县、邵阳县和衡阳市辖的祁东县相连。是华南、华中两大经济区域的结合部，湖南通向沿海的前沿基地。

永州市民政局负责对 14 个县级民政局和 8 个直属单位的业务管理和工作指导。1994—2015 年，21 年来，永州民政事业在改革创新中发展，获民政部表彰 9 次，湖南省人民政府、省民政厅表彰 49 次，市级奖励 96 次。

《永州市民政志（1994—2015）》全面记述了永州民政事业在社会进程中取得的成就、经验及所遇困难。全书内容较丰富，地方特色鲜明，为了解永州民政事业提供了充实的资料，并有一定的存史价值。

二

1995 年，永州市委、市政府开展撤区并乡建镇工作。3 月 4 日，省政府在长沙召开全省农村撤区并乡建镇、简政放权会议后，零陵地委、行署成立撤区并乡建镇工作领导小组，制定《零陵地区撤区并乡建镇行政区划调整工作方案》，召开撤区并乡建镇工作会议，要求撤销所有区公所，合并规模偏小的乡镇，对具备条件的乡改建为镇制。市民政局组成工作指导小组，下到各县市（县级市），按照省市会议精神，根据山系、水系走向，经济流向，矿藏和产业分布，交通、城镇和市场建设情况，以及群众的传统习俗和要求等，指导县市区划调整工作。6 月底，撤区并乡建镇工作顺利完成。

1996—2001 年，市政府根据国务院下发《关于开展勘定省、县两级行政区域界线工作有关问题的通知》，开展行政区域界线勘定工作。市民政局组建专门勘界领导小组，对省界湘桂线、湘粤线，地市界邵永线、郴永线、衡永线，以及永州市县界进行勘定。在省区界勘定中，湘桂线从 1996 年 9 月 10 日开始，至 12 月 10—20 日，经过两省区勘界工作者的努力，顺利完成 1074 千米的界桩埋设任务。1998 年湖南和广东两省开始对湘粤线全长 558.13 千米勘界工作。在勘界过程中，边界线的界桩定位、制作和埋设工作比较顺利，争议较大是“江华—连南的麻石洞（小龙林场）地段”和“宜章—乳源”的锰坑后（石坑崆）地段，后经国务院裁决，于 2001 年 5 月全线贯通。地市界线郡永线、郴永线和衡永线的勘察工作，从 1997 年开始，到 1999 年基本完成。在地市界勘界过程中虽然永州市的东安县与邵阳市的新宁县对舜皇山主峰和高桂山、富兴岐、唐家山及黄泥洞林场的苗竹湾、慧竹坪等地争议较大，后在省勘界办领导协调下，最终于 2000 年 4 月达成协议。县区界线全长 1552.45 千米，从 1997 年 3 月 16 日开始，到 2001 年 3 月全部勘定完成。

2002 年，市委、市政府对市民政局的职能、内设机构、领导职数和人员编制进行大调整。市民政局根据市委、市政府关于市直机关机构改革的总体部署和要求，结合市政府批复的“三定”方案，按照“工作需要、群众参与、综合考评、竞争上岗和组织决定”的基本原则，组织实施局机关科级职位竞聘上岗。在人员精简方面，局党组按照“带职分流、定向培训、加强基层、优化机构”的原则，采取多种形式进行人员分流。通过机构调整改革，市民政局在职能扩大、任务增加的情况下，局机关工作人员不仅未增加，反而减少，各科室负责人的年龄和学历结构更加优化。

2003—2015 年，市民政局根据市政府决定，组织实施 5 年一次的边界联合检查。在行政区域界线联合检查中，永州市政府与比邻的省地市积极开展创建平安边界活动，签订创建平安和谐边界责任书，成立矛盾纠纷联防联调工作领导小组，建立纠纷排查机制、纠纷调解机制、信息交流机制和联席会议机制，加大对边界矛盾的预防、排查和化解工作，保证了边界双边群众平安和谐相处。2007 年，永州市勘界办被民政部评为“全国行政区域界线管理工作先进集体。”

2015 年，市民政局按照市委、市政府提出的“分级负责、合大并强、民主集中、依法依规”的指导思想，以及“五不变”“两保护”的原则，指导全市合乡（镇）并村工作，12 月，完成省定合乡（镇）任务。至 2016 年 1 月 10 日，全市建制村合并工作顺利完成，超过省定精简幅度 1.9 个百分点。祁阳县、江永县和零陵区珠山镇、新田县龙泉镇分别被省人力资源和社会保障厅、民政厅授予“全省乡镇区划调整改革先进县”和“全省乡镇区划调整改革先进乡镇”称号。

三

1996 年，永州市进行第三次村委换届选举后，市民政局立即着手村级财务、审计、资金监督、村民会议等制度建设。2002 年，市民政局根据《民政部关于在全国推进城市社区建设的意见》精神，按照“便于整合社区资源、便于管理、便于服务、便于功能发挥”原则，在充分考虑社区居民群众的认同感、归属感、社区的稳定性和资源分布等因素后，对社区居委会进行大调整，将 145 个居委会调整划分为 118 个社区居委会。

2003—2004 年，市民政局狠抓社区基础建设。市民政局针对全市 33.8%的居委会没有办公用房或办公用房窄、条件差的状况，向市委、市政府提出改善社区办公用房报告，市委、市政府给予高度重视，将社区建设列入重要议事日程，多次召开中心城区社区建房工作专题会议，研究社区建房资金、建设用地、建房报建办证行政收费等问题，提出每个居委会办公用房面积不低于 90 平方米，中心城区所有社区办公活动用房最低面积不少于 300 平方米标准。市财政、规划、国土和房产等部门予以大力支持，市民政局成立领导小组，具体负责社区办公用房改扩建工程。通过两年多的社区办公用房建设，社区办公条件得到极大改善。

2006 年，永州市第六次居委会换届选举采取直接选举与间接选举两种方式。由于首次推行直接选举，市民政局在零陵区朝阳办事处选择沙沟湾和杨梓塘两个社区，分别进行直接和间接选举试点。市民政局还举办骨干培训班，对全市县（区）选举工作人员进行培训，并在沙沟湾社区直接选举投票日召开现场观摩会，介绍试点工作经验，以指导全市居委会换届选举工作。

2007—2013 年，市民政局加强对基层自治组织规范化建设。市民政局在行政村开展民主议事、村务公开和村级财务管理“三项制度”的建设和创新，对各项惠农政策、村级财务、村组集体土地征用补偿款、以及农村集体资产资源的使用、承包、租赁、出让作出明确规定。在社区开展“三四五”和谐社区创建活动。2007 年，江华瑶族自治县永新社区被省民政厅评为“创建和谐社区先进单位”。2009 年，冷水滩区被民政部评为“全国和谐社区建设示范城区”。2013 年，江华瑶族自治县沱江镇春晓社区被民政部评为“全国和谐社区先进单位”。

2014—2015 年，市民政局开展“幸福社区”建设活动，通过 3~5 年时间，全市 80%以上的社区基本建成坚强有力、运转协调的组织体系；管理有序、清洁优美的生活环境；安全稳定、治安良好的社会秩序；诚信互助、团结友爱的人际关系；内容丰富、健康向上的文化氛围；配套齐全、机制完善的服务功能；渠道畅通、救助及时的保障网络。

四

1996—2004 年，市民政局认真落实退役士兵安置政策。1996 年，成立永州市退役士兵安置工作领导小组，对符合 1987 年国务院《退伍义务兵安置条例》规定安置条件的农村退役士兵，采取“按系统分配任务，包干安置”的办法进行安置。1999 年，市安置办为帮助农村退伍士兵就业，采取亲帮邻助办法，推荐其到沿海经济发达地区就业。对部分住房困难的农村退伍士兵，发放一定建房款给予帮助。在冬季征兵时，开始实行城镇青年应征入伍发放安置卡制度，作为以后入伍的城镇士兵退伍安置工作的凭证。2000 年，市民政局、市财政局联合出台《关于城镇退伍军人待安置期间发放生活补助费的通知》，对城镇退伍军人在待安置期间发放生活补助费。2002 年，市政府出台系列鼓励企业接收安置退役士兵和退役士兵自谋职业的奖励政策。2003 年，市劳动局、民政局结合用人单位生产、工作需要，按就地就近原则，从农村退伍义务兵中招收转迁户、粮关系的劳动合同制工人。2004 年，市安置办争取地方财政，优先解决军队离退休人员医疗费超支问题，对军队离退休人员住房，实行军队统一住房制度改革，由国家和军休人员个人合力负担，实行住房补贴、货币补差办法。

2005—2010 年，市民政局组织开展创建省级“双拥模范城”活动。2005 年，市双拥办利用新闻媒体和国防教育等形式，在全市开展“双拥”宣传活动。各级政府在财政困难的情况下，不仅保证各类抚恤补助达到民政部和省民政厅规定的标准，还多方筹集资金，加强军休所、光荣院建设，改善居住和生活环境，不断提高军休干部、光荣院集中供养人员和优抚对象的抚恤标准和生活补贴。对革命伤残军人乘坐火车、长途汽车、飞机，给予优先购票和减收票价优待。对军转安置子女安排就近入托入学，对现役军人配偶工作给予照顾。企事业单位与驻永州部队开展结对子活动。2006 年，湖南省政府、省军区授予永州市“双拥模范县市”称号，授予东安县“双拥模范县”称号。2007 年，市民政局、市委宣传部、市财政局组织开展关爱优抚对象“五个一”活动。2008 年，市民政局开展扶持优抚对象“奔小康”活动。2010 年，湖南省委、省政府、省军区第二次授予永州市和东安县“双拥模范城”称号。东安县电力局被评为“湖南省爱国拥军模范单位”，零陵区民政局被评为“湖南省关爱优抚对象先进单位”，零陵区人民武装部被评为“湖南省拥政爱民模范单位”。

2013 年，市安置办依据《退役士兵安置条例》，采取主动协调、分类化解、积极挖掘岗位潜力等多渠道安置办法，解决市直单位长期存在的退役士兵安置遗留问题。

2015 年，市政府召开“双带双促”优秀退役军人表彰大会，对在“双带双促”活动中表现突出的优秀创业退役军人予以表彰，并在永州电视台、《永州日报》开辟专栏，宣传其先进事迹。

五

1999—2007 年，市民政局加快社会救助体系建设。1999 年，市政府启动城市低保工作，7 月，各县城关镇完成建制任务。2002 年，市委、市政府把低保工作列为十件大事之一，成立低保工作领导小组。2003 年，针对城市低保扩面过程中存在的“平均发放”“滥保乱保”“应保漏保”等低保乱象，市民政局开展城市低保全面整治工作。2004 年，市民政局在东安县、新田县开展农村大病医疗救助试点。2005 年，市民政局在道县、新田县开展农村低保试点。2007 年，全市所有县区均完成农村低保建制任务。

2008 年，永州市发生冰冻灾害后，市民政局迅速启动应急响应，成立抗冰救灾工作领导小组，由局长高增遗任组长，领导小组下设查核统计报灾、捐赠物资接收、经费后勤保障、高速公路及市内交通干线救援和救灾物资运送发放 5 个小组，做好查灾、核灾、报灾和救灾工作，及时下拨救灾款物，确保灾民“有饭吃、有水喝、有衣穿、有被盖、有房住”。在开展农村低保扩面工作中，市民政局推广宁远县试点经验，建立由县（区）社会救助局、乡镇民政所、社区工作人员和评议小组共同实施的“三级联评”制度，在“三榜”公示基础上，增加审批结果在申请人住所地公示的程序，并与工商、房产、国土、劳动、电力、交警等部门联动，进行信息比对，以确保“阳光操作”。对城乡低保户、五保户、百岁老人、城乡低保边缘户等救助对象，实行资助救助、门诊救助、住院救助、临时救助、慈善援助相结合，与城镇居民医疗保险、新型农村合作医疗救助制度有机衔接的“五位一体”新型医疗救助体系。2009 年，宁远县政府被民政部授予“全国社会救助工作探索创新奖”。

2010—2015 年，市民政局对社会救助实行规范化管理。2010 年，市民政局开展社会救助“阳光行动”，全面清查城乡低保和农村五保对象。是年，道县、江华瑶族自治县被评为“2010 年度全省社会救助规范化建设优胜单位。”2012 年，市民政局在城市低保工作中，开展“五个统一，五个规范”示范窗口平台创建活动，将农村低保村级民主评议改为县（区）、街道（镇）、村（居）委会三级联合研究评审，以防止民主评议流于形式、干部或宗族势力操纵等问题。2014 年，市民政局开展城市低保专项整治工作，组织社区干部对所联系的低保对象进行 100%入户调查、100%民主评议、100%公示。在开展社会救助专项治理和低保集中动态管理中，社会救助实行公开、公正原则，将不符合条件或条件好转的城市低保对象予以清退，以维护社会公平正义。

六

1996—1998 年，永州市老龄事业得到长足发展。1996 年，市民政局按照民政部、省民政厅部署，把社会福利院住房维修改建、设备添置列入重要议事日程，在社会福利院中设立医疗室、康复室，并配备专职人员，使社会福利院生活医疗卫生条件得到逐步改善。1998 年，市政府首先对芝山、冷水滩城区高龄老人实行优待服务。两城区年满 70 周岁以上高龄老人，凭身份证办理“永州市老年人优待证”，持优待证老人，可免费乘坐市内公共交通汽车。老年人若其合法权益受到侵害提起诉讼，司法部门提供法律帮助，实行立案、审案、结案、执行“四优先”原则。

1999—2001 年，市民政局积极探索倡导国家资助、社会各方面力量兴办社会福利事业的新路子，引进社会力量和民间资本参与养老事业，建立一批民间养老机构。

2002 年，市民政局启动为期两年的“社区老年福利服务星光计划”，积极争取省级项目资金，对光荣院、敬老院、社会福利院和儿童福利院进行功能性改扩建，实施绿化、亮化和美化工程。12 月 25 日，湖南省委书记杨正午到道县福利院视察时，赞扬环境优美，像一座公园。

2010 年，市委、市政府办出台《关于进一步加强老年人优待工作的实施意见》，对 60 周岁以上老人，在养老、医疗保健、生活服务、文化休闲和维权服务等方面，出台一系列优惠政策。

2013 年，为解决农村独居、空巢、高龄老年人养老难问题，市民政局启动农村幸福院建设，利用村（居）闲置办公楼、学校教学楼、五保之家等场所进行改造，幸福院内设休息室、阅览室、娱乐室、厨房等设施。市募委办在全市开展“福彩送福·快乐过年”“福彩有礼·端午情浓”“走进敬老院·关爱五保老人”“福彩·阳光天使”等大型公益活动。

2014 年，市民政局积极探索养老机构与医疗卫生融合发展新模式。江永县社会福利中心与江永县现代医院联合创办全市首家医养结合养老机构。双牌县福利中心被民政部确定为全国 124 家公办养老机构改革试点单位之一，并被省老龄委授予“敬老文明号”称号。

2015 年，市政府将社会福利院（中心）、农村幸福院等城乡养老服务设施建设，列入市政府重点民生实事项目范围，对社会力量兴办养老服务机构，在规划、土地供给、税费、信贷、资金、医养融合 6 个方面给予政策扶持。市慈善总会、市钓鱼协会、冷水滩区政协开展关爱空巢老人慈善捐助活动，为空巢老人、特困户、敬老院五保老人、贫困失学孤儿，发放慰问金和物资。

七

1996—2000年，永州市政府积极推进殡葬改革。1996年，市政府召开全市殡葬改革工作动员大会，市民政局通过《永州电视台》等新闻媒体、采取宣传车上街入巷和农村巡回播放殡葬政策、发放宣传资料、悬挂横幅标语等形式，对群众进行殡葬改革宣传教育。1998年，市政府印发《永州市殡葬管理规定（试行）》，提倡火葬。

2003年，国务院颁布《城市生活无着的流浪乞讨人员救助管理办法》，收容遣送改制为救助管理，市民政局所辖收容遣送站，按照新救助管理办法，将收容遣送站更名救助管理站，拆除各种隔离性的铁栅栏，清除监所模式痕迹，硬化活动场地，清理原收容遣送站各种表册、资料、规章制度、宣传标语，对不属于生活无着的流浪乞讨人员予以遣返，对多年积压滞留在收容遣送站的痴呆傻等智力障碍人员、精神病人以及正在接受治疗的重病人员，继续提供生活照料、医疗救治等服务。

2008—2010年，市民政局成立清理规范行业协会和市场中介组织工作领导小组，按照“统一部署、部门负责、分工协作、分步实施”的原则，对行业协会和市场中介组织、社会团体拉赞助，行政事业单位工作人员在社会组织中兼职，以及社会团体“小金库”开展专项治理活动。

2011—2012年，市民政局在救助管理站和流浪未成年人保护中心开展“阳光和尊严行动”、“保护儿童、告别流浪”为主题的“接送流浪孩子回家”专项行动。各级救助站联同公安、城市管理、卫生等相关部门，加大对重点区域的巡查力度，对发现的流浪乞讨人员，劝导他们到救助管理站接受救助，对坚持不愿接受救助的流浪乞讨人员，现场提供御寒衣物等，及时护送流浪乞讨残疾人、未成年人、老年人和其他行动不便人员到救助管理机构接受救助。婚姻登记机构建立“守望幸福婚姻”劝和机制，组建离婚劝和调解小组，为离婚对象开展心理疏导、调解劝和。

2014年，市民政局在婚姻机关开展“三创一展示”活动。在组织道县婚姻登记人员参加全国、全省业务比赛中，取得全国第二、全省第一的好成绩，道县、零陵婚姻登记机关成功创建为全国4A、3A级婚登机关。

八

民政工作关系民生、连着民心，是社会建设的兜底性、基础性工作。在新时代，永州市民政局党组领导将以习近平对民政工作的重要指示精神为指导，在市委、市政府的正确领导下，率领全市民政系统工作者，围绕“五化”民政建设总要求，突出“改革、基层、项目、管理”工作重点，攻坚克难，真抓实干，把民生工作做实做好。坚持以人民为中心的发展思想，深化“放管服”改革，创新社会治理，着力发展基本社会服务，抓住人民最关心最直接最现实的利益问题，从人民群众关心的事情做起，从让人民满意的事情抓起，按照“扫盲区、补短板、除死角”的原则，在养老服务、儿童福利、减灾救灾、殡葬设施、社工人才、信息化建设等重点领域，启动建设一批民生重点项目，解决好群众关切的“为难事”。聚焦脱贫攻坚，聚焦特殊群体，聚焦群众关切，按照“兜底线、织密网、建机制”的要求，做好低保和特困人员包括生活困难的老年人、重度残疾人、重病患者、困境儿童等的基本生活保障工作，织密扎牢托底的民生“保障网”，确保人民群众安居乐业、社会秩序安定有序。加强社区治理体系建设，抓好社区网格化管理，推进民生保障精准化精细化，不断提高公共服务共建能力和共享水平。认真落实党组履行党风廉政建设主体责任，扎实开展党风党纪教育，深入推进“互联网+监督”系统，努力建设一支政治可靠、业务精通、为民务实、忠诚担当、清正廉洁的民政干部队伍，为全面建成小康社会、全面建设社会主义现代化国家做出新的贡献。

大事记

1994 年

4 月 28 日 零陵地区民政局成立婚姻管理协会。

5 月 17 日 湖南省委常委会批准永州市祁阳县、蓝山县为革命老区。

7 月 6 日 世界联合国人道主义事务部救灾专家小组一行到东安县和冷水滩市考察水灾情况。

10 月 14 日 零陵地区民政局成立纪检组和监察室。

11 月 零陵地区举行第二届居委会换届选举工作。

是年 永州市政府从第 4 批离退休干部开始，采取集中与分散安置相结合方式，对军队离退休干部进行安置。

1995 年

5 月 成立永州市拥政爱民拥军优属工作领导小组。

6 月 12 日 零陵地区残疾人福利基金会成立。

6 月 零陵地区完成撤区并乡建镇工作。

11 月 21 日 零陵地区民政局更名为永州市民政局。

11 月 零陵地区社会福利有奖募捐委员会办公室更名为永州市社会福利有奖募捐委员会办公室。

是年 零陵地区收容遣送站更名为永州市收容遣送站，永州市殡仪馆更名为永州殡仪馆。

1996 年

5 月 永州市退役士兵安置工作领导小组办公室成立，归属永州市民政局管理。

9 月 10 日 永州市勘界办组织开展湘桂线勘定工作。

是年 永州市政府举行第三次村委会换届选举，永州市老龄办将 10 月定为全市敬老爱老宣传庆祝活动月。零陵地区芝山医院更名为“永州市芝山医院”，零陵地区康复医院更名为“永州市康复医院”。

1997 年

1 月 10 日 冷水滩军供站归口永州市民政局管理。

3 月 28 日 经市人事局批准，市民政局开始实施国家公务员管理制度。

3 月 永州市政府组织开展邵永线勘定工作。

6 月 新田县民政局正式设立。

8 月 全市进行第三次居委会换届选举。

10 月 24 日 东安县民政局正式设立。

是年 先后成立永州市社会福利院、双牌县社会福利院、江华瑶族自治县社会福利院、蓝山县社会福利院、永州市有奖募捐社会福利资金分配、投放评审委员会。

1998 年

3 月 10 日 永州市勘界办组织开展湘粤线勘定工作。

3 月 23 日 永州市政府组织开展郴永、衡永线勘定工作。

5 月 21 日 永州市婚姻服务中心成立。

7 月 3 日 市人事局批复市地名办、军休办纳入实施国家公务员制度管理范围。

8 月 冷水滩区、芝山区对年满 70 周岁以上高龄老人，开始凭身份证办理“永州市老年人优待证”。

11 月 30 日 永州市彩票发行中心成立，彩票中心与募委办合署办公。

江永县社会福利院成立。

1999 年

6 月 永州市直辖城区建立并施行城市居民最低生活保障制度。

7 月 各县城关镇全部建立并施行城市居民最低生活保障制度。

10 月 永州市开始实行城镇青年应征入伍安置卡制度。

是年 永州市进行第四次村委会换届选举。

2000 年

7 月 7 日 永州市政府第 4 次常务会议决定，永州殡仪馆上收永州市民政局管理。

2001 年

3 月 1 日　永州市老龄办开始对百岁以上老人发放长寿保健补助费。

是年　市民政局对全市优抚对象和优抚安置事业单位进行全面普查。祁阳县寿星老年公寓、冷水滩区夕阳红老年乐园、永州敬老山庄幸福园成立。市民政局确定市潇湘医院承担涉外送养儿童体检工作。

2002 年

1 月 13 日　永州市政府对市民政局进行第一次机构调整。

4 月 20 日　永州市回龙圩管理区民政局正式设立。

6 月　冷水滩军供站更名为永州市军用供应站。

6 月　蓝山县民政局正式设立。

12 月 25 日　湖南省委书记杨正午视察永州市社会福利院和道县福利院。

是年　永州市委、市政府将低保工作纳入为民办实事十件大事之中。市民政局将 145 个居委会调整划分为 118 个社区居委会。东安县应阳养老院成立。

2003 年

5 月　永州市殡葬事业管理处正式设立。

5 月　永州市社会福利院与芝山区社会福利院分开办公。永州市社会福利院将市康复医院代管的托老院收编，成立集儿童部、老年部、康复部、医务室于一体的综合性社会福利院。

6 月 20 日　永州市收容遣送站更名为永州市救助管理站，管理方式由收容遣送改制为救助管理。

7 月　永州市勘界办组织开展第一轮区域界线联合检查，主要检查湘桂线。

7 月 7 日　永州市收容遣送站和祁阳县、道县、宁远县收容遣送站更名为救助管理站。

是年　永州殡仪馆更名为永州市殡仪馆，直属永州市殡葬事业管理处管理。永州市老龄办组织开展“银龄行动”。

2004 年

1 月　湖南省民政厅将湖南省福田茶场移交永州市管理。

10 月　永州市政府第 78 次常务会议决定湖南省福田茶场由零陵区代管。

11 月 永州市农村退役士兵安置开始向职业教育和技能培训转变。

是年 永州市民政局确定永州市人民医院为涉外送养儿童体检定点医院。永州市政府将农村敬老院建设列入为民办实事项目。永州市政府在东安县、新田县开展农村大病医疗救助试点。

2005 年

3 月 永州市政府决定在全市建立城乡一体医疗救助制度。

6 月 28 日 《永州地名志》正式出版。

是年 永州市进行第六次村委会换届选举，首次实行村支两委交叉任职。永州市开展省级“双拥模范城”创建活动。永州市民政局在道县、新田县开展农村低保试点，将农村五保户供养和特困户救助合并纳入农村低保。

2006 年

3 月 21—23 日 湖南省军区政治部副主任胡建带领工作组对永州市“双拥模范城（县）”创建工作进行考察验收。

4 月 18 日 湖南省民政厅副厅长刘金生到双牌县考察社会救助体系建设工作。

5 月 17 日 湖南省区划地名工作会议在永州市江华县召开。

6 月 9 日 湖南省民政厅副厅长杨明波到永州市考察福利彩票发行工作。

6 月 17 日 国家民政部救灾司司长王振耀到祁阳县八宝镇、大忠桥镇视察抗灾救灾工作。

8 月 22 日 经湖南省民政厅批准，道县、宁远县、江永县、蓝山县和双牌县社会福利院自行开展涉外送养工作。

8 月 2 日 湖南省省长周伯华、省政府秘书长袁建尧、省民政厅厅长余长明等领导到道县视察抗灾救灾工作。

10 月 19 日 湖南省民政厅副厅长张成桂带领福利事务处、慈善办负责人到永州市考察指导福利设施建设工作。

11 月 17 日 湖南省民政厅副厅长杨明波带领省民间组织管理局副局长王建中，到祁阳县考察农村专业经济协会和行业协会管理工作。

是年 永州市政府将农村低保工作确定为“八件实事”之一。

2007 年

1 月 12 日 永州市纪委常委、市监察局副局长乔晋平一行，到市民政局检查

2006 年党风廉政建设责任制落实情况。

3 月 祁阳县康乐老年公寓、祁阳县永康老年公寓、零陵区霞天老年公寓成立。

6 月 4 日 湖南省民政厅副厅长杨明波与省民间组织管理局局长余跃，到永州市检查指导农村专业经济协会工作。

4 月 永州市编办批准设立永州市慈善总会办公室。

4 月 永州市金洞管理区民政局正式成立。

6 月 8 日 民政部政研中心副主任朱勇，到永州市调研“农村最低生活保障制度建设”工作。

6 月 9 日 民政部国家减灾中心副主任冯金社到道县重灾区视察灾情。

6 月 11 日 湖南省副省长杨泰波到道县重灾区察看灾情。

6 月 永州市建立农村居民最低生活保障制度。

8 月 31 日 永州市民政局部署开展城市低保集中整治活动。

9 月 28 日 湖南省宗教界在省广电中心举办首届才艺汇演，为新田县枧头镇彭梓城小学捐款 17 万元。

10 月 20 日 永州市慈善总会开展“慈善一日捐”活动。

11 月 2 日 湖南省民政厅纪检组组长赵强，到永州市督查农村敬老院建设、灾后恢复重建和城乡低保工作。

是年 永州市政府将冷水滩区军休所和零陵区军休所成建制上收，合并设立永州市军队离退休干部休养所。

2008 年

1 月 14 日 湖南省革命老根据地经济开发促进会批准江华瑶族自治县为革命老区。

2 月 16 日 永州市委书记曾庆炎到金洞林场晒北滩乡、双牌县五星岭林场、江华县小圩镇察看灾情，慰问灾民。

3 月 27 日 永州市民政局在东安县召开受灾群众生活安排和灾后恢复重建工作会议。

4 月 11 日 湖南省民政厅副厅长唐白玉到永州市检查指导“农村安居工程”建设工作。

5 月 永州市为四川汶川特大地震受灾群众募集善款 2048 万元。

6 月 3 日 永州市勘界办联合桂林市、贺州市勘界办对湘桂线进行第二轮边界检查。

6 月 16 日 民政部减灾中心副主任闫志壮、湖南省民政厅副厅长唐白玉，到江华瑶族自治县指导抗洪救灾工作。

6月19日 湖南省委书记张春贤，省委常委、副省长于来山，省委常委、统战部部长李微微，副省长徐明华，国家民政部减灾中心副主任闫志壮，省民政厅厅长余长明，省民政厅副厅长唐白玉等领导到永州市察看灾情，指导抗灾救灾工作。

7月4日 湖南省革命老根据地经济开发促进会批准道县为革命老区。

7月31日 永州市委书记黄天锡到市军休所看望慰问军队离退休老干部。

8月1日 永州市召开优秀退役军人表彰大会。

8月26日 永州市委书记黄天锡到江华瑶族自治县指导救灾工作。

9月1日 永州市福彩中心联合市慈善总会为30名特困学生发放助学金。

11月3日 湖南省民政厅厅长余长明、厅党组成员老龄办主任陈毅华率工作组到永州市开展实践科学发展观调研活动。

是年 永州市完成彩票销售1.22亿元，销售总量排名由上年全省第六名上升到第三名，永州市募委办被湖南省民政厅授予“组织工作一等奖”和“销售总量一等奖”。永州市民政局实行资助救助、门诊救助、住院救助、临时救助、慈善援助相结合，与城镇居民医疗保险、新型农村合作医疗救助制度有机衔接的“五位一体”的新型医疗救助体系。

2009年

2月12日 湖南省民政厅党组副书记、副厅长杨明波率领救灾处副处长刘素荣到永州市检查指导救灾工作。

3月13日 湖南省救灾减灾工作会议在永州市召开。

3月19日 湖南省老区办主任吴跃进带领省老区办工作人员到江华瑶族自治县考察老区项目建设工作。

4月18日 湖南省审计厅处长任建波一行到新田县审核农村安居工程。

9月9日 永州殡仪馆新址、日月同辉陵园落成营运并举行揭牌仪式。

12月3日 湖南省民政厅副厅长、党组副书记杨明波一行到永州市祁阳县和东安县督查因灾倒房恢复重建工作。

是年 永州市政府结合第二轮边界联合检查，部署开展“平安边界”创建活动。永州市销售福利彩票1.6亿元，增长率为41%，销售总量排湖南省第二位。湖南省民政厅授予永州市募委办“组织工作一等奖”和“销售总量一等奖”。

2010年

2月6日 湖南省民政厅副厅长张成桂率领省慈善总会、省民政厅工作人员深入江华瑶族自治县慰问贫困林农。

2月26日 民政部信息中心副司长张杰一行6人到江华瑶族自治县指导低保网络信息系统建设工作。

4月8日 湖南省民政厅副厅长陈慈英带领工作组到永州市检查指导民政信息化和军休管理工作。

4月22日 民政部社会救助司副司长王治坤到宁远县调研社会救助工作。

4月 青海省玉树县发生7.1级地震，永州市慈善总会在冷水滩河西步步广场门前举行全市募捐箱投放启动仪式。

8月18日 湖南省老龄工作年中分析会暨城乡居家养老服务工作现场会在永州市祁阳县召开。

10月13日 湖南省人大常委会法工委主任钟实、副主任罗俊盛、省民政厅副厅长张成桂、省慈善办主任杨柯一行到永州市开展《湖南省募捐条例（草案）》立法工作调研。

12月28日 永州市委书记黄天锡看望市军休所老干部。

2011年

3月29日 湖南省民政厅党组成员、省老龄办主任陈毅华一行到永州市检查乡镇民政机构人员配备、工作经费预算等情况。

5月30日 永州市各级救助管理站和流浪未成年人保护中心全面开展“阳光和尊严行动”，以及“接送流浪孩子回家”专项行动。

6月 新田县消防大队为受灾群众送去生活用水。

7月28日 永州市民政局召开“排忧解难服务月”活动动员大会。

8月15日 湖南省民间组织管理局局长余跃、调研员常立宪到永州市调研社会组织管理工作。

11月1日 湖南省民政厅党组成员、社会救助局局长李文玉带领省社会救助局城市处处长颜秋明到永州市检查社会救助工作。

12月15日 永州市委、市政府在市广电局演播大厅举行永州市首届慈善人物颁奖晚会。

2012年

1月17日 永州市委书记张硕辅一行走访慰问市军休所离退休老干部。

3月14日 永州市政协副主席周秀英到市芝山医院察看整体搬迁项目建设情况。

5月9日 永州市民政局设立中共永州市社会组织工作委员会办公室，与民间组织管理科合署办公。

6月26日 民政部信息中心主任陈光耀到永州市民政局指导信息化建设工作。

7月 永州市凤凰园经济开发区社会事务局正式成立。

9月21日 民政部民间组织管理局局长孙伟林一行到双牌县调研社会组织管理工作。

10月22日 永州市委书记张硕辅深入零陵区慰问五保老人、百岁老人。

12月25日 民政部优抚安置局副局长李树峰到永州市军供站检查工作。

2013年

3月12日 永州市勘界办组织开展省界湘桂线和区界线第三轮联合检查。

8月 双牌县福利中心顺利通过ISO9001：2008质量管理体系认证，成为湖南省首家通过认证的养老机构。

是年 永州市民政局开始办理涉港澳婚姻登记业务。

2014年

1月8日 永州市委、市政府决定对自主就业退役士兵发放一次性经济补助。

9月 民政部确定双牌县福利中心为全国124家公办养老机构改革试点单位。

是年 永州市康乐馨养老中心、冷水滩区颐和园养老公寓、祁阳县永和养老中心成立。

2015年

5月20日 祁阳县民政局与湖南大森林医药有限公司共同兴办祁阳县永和养老公寓，成为永州市首家集医疗、养老、康复为一体的大型养老机构。

7月 道县、江华瑶族自治县、蓝山县、双牌县革命烈士纪念设施建设主体工程完工。

8月24日 永州市政府对市民政局进行第二次机构调整。

9月30日 永州市委、市政府、市政协、永州军分区在市烈士纪念园举行“烈士公祭活动”

10月 永州市委、市政府将农村低保纳入实施精准扶贫战略“1+X”体系。

12月 永州市政府完成合并乡镇任务。

12月23日 永州市乡镇区划调整改革工作领导小组开展并村工作。

是年 永州市政府对年满90~99周岁的老年人每月发放高龄生活补贴。

第一章　机构队伍

第一节　机构

一、市级机构

1995 年 11 月 21 日，国务院批准零陵地区撤区建市后，零陵地区民政局更名为永州市民政局。

1997 年 1 月 10 日，永州市政府办公室下发《关于印发永州市民政局职能配置、内设机构和人员编制方案的通知》，按照“精简、统一、效能”原则，对市民政局的内设科（室）和人员编制进行调整。办公室加挂政工科牌子，社会救济科加挂社会福利科牌子，优抚科加挂永州市双拥办公室牌子，安置科加挂市退伍军人安置办公室、军队离退休干部安置办公室牌子，基层政权建设科加挂社会事务科牌子，区划地名科与市地名办合署办公，计划财务科和纪检组加挂审计科和监察室牌子。核定市民政局行政编制 23 名，其中局长 1 名，副局长 3 名，正副科长 17 名，机关后勤配事业编制 2 名。

2002 年，永州市政府对市民政局的职能、内设机构、领导职数和人员编制进行第一次大调整。1 月 13 日，市政府办公室下发《关于印发永州市民政局职能配置、内设机构和人员编制规定的通知》，新增民办非企业单位登记管理、城市居民最低生活保障、城市社区建设、涉外收养 4 个职能；将市经济委员会承担的组织协调抗灾救灾职能、市政府老龄委员会办公室职能划入市民政局；把最低生活保障金发放审定工作、殡葬服务、弃婴带养教育以及老年人寄养服务 4 个职能，下放给市民政局直属事业单位；取消国家一、二、三级殡仪馆的上报评定、一级居委会的评定和老区县的确定初审 3 个职能；新设社会福利和社会事务科；将社团管理科更名为民间组织管理科、社会救济科更名为救灾救济科（加挂革命老区办公室牌子）、基层政权建设科更名为基层政权和社区建设科（加挂区划地名科牌子）。

为搞好这次行政机构调整，市民政局根据市委、市政府关于市直机关机构改革的总体部署和要求，结合市政府批复的“三定”方案，制定《市民政局机构改革人员定岗实施方案》《市民政局非领导职务设置方案》《市民政局机构改革人员分流实施方案》和《市民政局科级干部竞争上岗工作实施意见》等机构调整改革方案，按照“工作需要、群众参与、综合考评、竞争上岗和组织决定”的基本原则，组织实施局机关科级职位竞聘工作。通过竞聘，莫国平任优抚科科长，罗周玖任复员退伍军人安置科科长，陈炜任社会福利和社会事务科科长，王阳宝任老龄工作委员会办公室副主任，蒋卫东任办公室主任，吴承进任办公室副主任，孙文波任民间组织管理科科长，万平波任救灾救济科科长，邹越任基层政权和社区建设科科长，陶少军任计划财务科科长，严丽任市民政局主任科员，何解顺任军队离退休干部管理办公室主任，肖捌妹任地名委员会办公室主任，曾宪元任农村养老保险办公室主任，王治国任军队离退休干部管理办公室正科级干部。

市民政局党组还按照“带职分流、定向培训、加强基层、优化机构”的原则，对局机关人员进行调整分流。将局机关部分人员充实到局属事业单位；鼓励具有一定专业知识和工作经历、适合从事专业技术和管理工作的人员，返回专业技术岗位，继续从事专业技术或管理工作；对 2001 年年底前年龄在 40 岁以下（不含 40 岁）人员，经本人申请，组织安排，进行相应的学历教育和定向培训；对已达到退休年龄或已丧失工作能力，不能坚持正常工作的人员，及时办理退休手续或病退手续；鼓励机关工作人员辞去公职自谋职业或到其他所有制单位工作。通过以上措施，市民政局在职能扩大、任务增加的情况下，局机关工作人员不仅未增加，反而减少，由原 23 人减少为 22 人，其中副处级以上局领导 6 名，正副科长 11 名，主任科员 2 名，副主任科员 1 名，机关后勤人员 2 名。这次机构调整，各科室负责人岗位轮换率达到 100%，平均年龄由 42 岁下降到 39 岁，大专以上学历由 82% 增加到 100%。

2008—2012 年，市委、市政府对市民政局的职能和人员编制进行部分调整。2008 年 2 月 15 日，市编制委员会为市民政局增加行政编制 5 个，国家公务员职位增加到 26 个。2011 年 4 月 25 日，市政府取消福利彩票发行额度的职责，将市级社会福利资金资助项目评审工作交由社会中介组织承担，增加指导基层群众自治组织和社区组织干部人才队伍建设职能，新设政工法制科，增添 3 个机关行政编制。2012 年 5 月 9 日，市民政局设立中共永州市社会组织工作委员会办公室，与民间组织管理科合署办公，核定全额拨款事业编制 2 名，其中主任 1 名，副主任 1 名。

2015 年 8 月 24 日，市政府对市民政局机构编制和职能进行第二次大调整。取消涉港、涉澳婚姻登记管理服务职能，把市社会救助局的职能划入市民政局；将市社会救助局10名工作人员划转到市民政局机关，其他工作人员连人带编划转到市地名委员会办公室；增设社会救助科、特困人员供养科和低收入家庭认定科；民间组织管理科更名为社会组织管理科；机关行政编制不变，仅对科局领导职位作了调整，增加副局长1名、正副科级领导5名。

至2015年，永州市民政局有职能科室13个，行政编制32名，机关全额拨款参照事业编制2名。局级领导12名，科级领导17名。

1994—2015年永州市民政局历届领导班子一览表

表1-1

届　别	职　务	姓　名	任免时间
1994年	局长	盘德力	1994年
	党组书记	刘　贤	1994年
	副局长	李增法	1994年
	副局长	周作文	1994年
	副局长	唐先明	1994年
1995至2000年	局长、党组书记	盘德力	1995至2000年
	副局长	李增法	1995至2000年
	副局长	周作文	1995—1999年
	副局长	雷纯仁	1995至2000年
	副局长	胡晓猛	1995至2000年
	副局长	谭昌怡	1995至2000年
	副局长	陈玉贵	1996至2000年
	副局长	罗建南	1997年
2001至2011年	局长、党组书记	高增遗	2001至2011年8月
	党组书记	肖余胜	2011年8月
	副局长	雷纯仁	2001年
	副局长	李增法	2001至2003年
	副局长	陈玉贵	2001至2010年
	副局长	谭昌怡	2001至2008年
	副局长	何挺松	2001至2011年
	老龄办主任	李晓明	2001至2011年
	纪检组长	唐善林	2002至2010年
	副局长	罗建南	2003至2011年
	副局长	周基良	2004至2011年
	副局长	曹文德	2008至2010年
	副局长	陈宇永	2008至2011年
	救助局长	郭德贵	2008至2011年
	殡管处主任	陈　炜	2008至2011年
	副局长	熊华清	2009年至2011年
	副局长	顾晓姣	2011年

续表1-1

届　别	职　务	姓　名	任免时间
2012 至 2015 年	局长、党组书记	肖余胜	2012 至 2015 年
	副局长	罗建南	2012 至 2015 年
	副局长	顾晓姣	2012 至 2015 年
	副局长	李爱玲	2015 年
	副局长	何挺松	2012 至 2014 年
	副局长	周基良	2012 至 2015 年
	老龄办主任	李晓明	2012 至 2015 年
	副局长	陈宇永	2012 至 2015 年
	副局长	谢华民	2012 至 2015 年
	副局长	吴林峰	2015 年
	救助局长	郭德贵	2012 至 2015 年
	副局长	陈　炜	2012 至 2015 年
	副局长	熊华清	2012 至 2015 年
	纪检组长	王庆华	2014 至 2015 年
	副局长	谢江南	2015 年

二、市局直属机构

（一）湖南省福田茶场

湖南省福田茶场，是市民政局管理的正处级事业单位，原是湖南省民政厅直属的安置农场。

1969 年 10 月，湖南省革命委员会决定，将福田茶场移交给湖南省毛泽东思想学习班办福田五·七干校。1973 年 10 月撤销干校，恢复办场。1977 年 5 月，改名为湖南省福田茶场。2004 年 1 月，湖南省民政厅依照湘府阅《关于福田茶场整体移交永州市有关问题的会议纪要》，将福田茶场移交永州市管理。10 月，市政府第 78 次常务会决定，将福田茶场交由零陵区代管，为差额拨款正处级事业单位。2009 年 3 月，市政府第 31 次常务会决定，将福田茶场收归市民政局管理。2015 年，福田茶场领导职数 6 名，其中正职 2 名、副职 4 名。

1994—2015 年度湖南省福田茶场历届领导班子一览表

表 1-2

届　别	职　务	姓　名	任免时间
1994—1997 年	场　长	艾天福	1994 年 3 月至 1997 年 3 月
	党委书记	罗建南	1994 年 3 月至 1997 年 3 月
	纪委书记	蒋建国	1994 年 3 月至 1997 年 11 月
	副场长	奉光保	1994 年 3 月至 1996 年 5 月
	副场长	胡克斌	1994 年 3 月至 1997 年 11 月
	副场长	唐动发	1996 年 5 月至 1997 年 11 月
	工会主席	陈土生	1994 年 3 月至 1997 年 11 月
1997—2001 年	场　长	胡克斌	1997 年 12 月至 2001 年 11 月
	党委书记	艾天福	1997 年 3 月至 1998 年 8 月
	纪委书记	蒋建国	1997 年 12 月至 2001 年 11 月
	副场长	唐动发	1997 年 12 月至 2001 年 11 月
	副场长	王敦勋	1997 年 12 月至 2001 年 11 月
	副场长、工会主席	廖家艳	1999 年 2 月至 2001 年 11 月
2001—2004 年	场长	唐动发	2001 年 11 月至 2004 年 12 月
	党委书记	胡克斌	2001 年 11 月至 2004 年 12 月
	纪委书记	胡绍金	2001 年 11 月至 2004 年 12 月
	副场长	王敦勋	2001 年 11 月至 2004 年 12 月
	副场长、工会主席	廖家艳	2001 年 11 月至 2004 年 12 月
2004—2009 年	场　长	唐动发	2004 年 12 月至 2009 年 5 月
	党委书记	唐甫忠	2004 年 12 月至 2009 年 5 月
	纪委书记	孙建国	2004 年 12 月至 2009 年 5 月
	副场长	王敦勋	2004 年 12 月至 2009 年 5 月
	副场长	廖家艳	2004 年 12 月至 2009 年 5 月
	副场长	莫国平	2004 年 12 月至 2009 年 5 月
	工会主席	雷干农	2004 年 12 月至 2009 年 5 月

续表1-2

届　别	职　务	姓　名	任免时间
2009—2012 年	场　长	唐动发	2009 年 5 月至 2012 年 5 月
	党委书记	唐甫忠	2009 年 5 月至 2012 年 5 月
	纪委书记	孙建国	2009 年 5 月至 2012 年 5 月
	副场长	王敦勋	2009 年 5 月至 2012 年 4 月
	副场长	廖家艳	2009 年 5 月至 2012 年 5 月
	副场长	莫国平	2009 年 5 月至 2012 年 5 月
	工会主席	雷干农	2009 年 5 月至 2012 年 5 月
2012—2015 年	场　长	唐动发	2012 年 5 月至 2015 年 8 月
	场　长	雷安术	2015 年 9 月至 2015 年 12 月
	党委书记	唐动发	2012 年 5 月至 2015 年 12 月
	纪委书记	孙建国	2012 年 5 月至 2015 年 12 月
	副场长	廖家艳	2012 年 5 月至 2015 年 12 月
	副场长	莫国平	2012 年 5 月至 2015 年 12 月
	工会主席	雷干农	2012 年 5 月至 2015 年 12 月

（二）永州市军队离退休干部休养所

永州市军队离退休干部休养所，是市民政局管理的副处级全额拨款事业单位。

市军休所前身为冷水滩区军休所和零陵区军休所。2007 年，市政府将冷水滩区军休所和零陵区军休所成建制上收，合并设立永州市军队离退休干部休养所。2015 年，核定领导职数为所长 1 名、副所长 2 名，副科级职数 3 名。邹越任党总支书记、所长。

（三）永州市军用供应站

永州市军用供应站，是永州市民政局管理的正科级事业单位。

1990 年 9 月，零陵地区军供站更名为冷水滩军供站。1997 年 1 月 10 日，市编委批准冷水滩军供站为全额拨款事业单位。2002 年 6 月，冷水滩军供站更名为永州市军用供应站。2015 年，核定领导职数 4 名，其中站长 1 名、副站长 3 名。

（四）永州市救助管理站

永州市救助管理站，是市民政局管理的正科级事业单位。

1995 年，零陵地区收容遣送站更名为永州市收容遣送站。2003 年，永州市收容遣送站更名为永州市救助管理站。2010 年，市救助管理站被列入事业单位参照公务员管理范围。2014 年，市救助管理站被确定为全额拨款事业单位。2015 年，核定市救助管理站领导职数 3 名，其中站长 1 名、副站长 2 名。

（五）永州市芝山医院

永州市芝山医院，是市民政局管理的正科级事业单位。

1992 年，医院更名为零陵地区芝山医院。1996 年，医院更名为永州市芝山医院。2010 年，医院被确定为永州市优抚医院、中心城区流浪乞讨精神病人定点救治医院。2014 年，永州市芝山医院和永州市潇湘医院合并组建为永州市精神病医院，被湖南省卫生厅确定为永州市精神卫生中心，被永州市公安局确定为药瘾毒瘾强制医疗场所。2015 年，核定院领导职数 4 名，其中院长 1 名、副院长 3 名。

（六）永州市康复医院

永州市康复医院，是市民政局管理的正科级事业单位。

1992 年 3 月，成立零陵地区康复医院。1996 年更名为永州市康复医院，对外称永州市潇湘医院。2007 年，永州市康复医院被确定为永州市优抚医院。2009 年，市政府批准同意市康复医院为市级医疗救助示范试点单位。2014 年，市政府将永州市芝山医院和永州市潇湘医院（永州市康复医院）合并组建为永州市精神病医院，保留永州市康复医院和永州市优抚医院牌子。

2015 年，核定领导职数 5 名，其中院长 1 名、副院长 2 名、副院级干部 2 名。

（七）永州市社会福利院

永州市社会福利院，是市民政局管理的正科级事业单位。

2009 年，市民政局在冷水滩区上岭桥镇桐木井村境内新建社会福利院。2015 年，核定领导职数为院长 1 名。

（八）永州市殡仪馆

永州市殡仪馆，是市民政局管理的正科级事业单位。

1994 年，永州市殡仪馆归口永州市（县级市）民政局管理。1995 年，县级永州市更名为芝山区，永州市殡仪馆更名为永州殡仪馆，归口芝山区民政局管理。2000 年，永州市政府第四次常务会议研究决定，将永州殡仪馆上收永州市民政局管理。2002 年，永州殡仪馆被确定为差额拨款正股级事业单位。2003 年，永州殡仪馆更名为永州市殡仪馆，直属永州市殡葬事业管理处管理，为副科级差额拨款事业单位。2011 年，永州市殡仪馆升格为正科级差额拨款事业单位。2015 年，核定领导职数 4 名，其中馆长 1 名、副馆长 3 名。

三、县（区）级机构

1993 年，零陵地区有县（区）民政局 8 个，即冷水滩市（县级）民政局、永州市（县级）民政局、双牌县民政局、祁阳县民政局、道县民政局、宁远县民政局、江永县民政局、江华瑶族自治县民政局。

1997 年 6 月，新田县民政局设立。10 月 24 日，东安县民政局设立。2002 年 4 月 20 日，永州市回龙圩管理区民政局设立。6 月，蓝山县民政局设立。2007 年 4 月，永州市金洞管理区民政局设立。2012 年 7 月，永州市凤凰园经济开发区社会事务局设立，加挂民政局牌子。

在内设股室方面，各县（区）民政局根据情况不同而不同，基本设置 5~7 个股室。蓝山县民政局设置 5 个股室，冷水滩区和道县设置 7 个股室。在人员编制方面，各县区民政局差别较大，一般在 10 人左右，最多的是江华瑶族自治县民政局，有人员编制 18 人，最少的是回龙圩管理区民政局，有人员编制 3 人。

2015 年，随着民政部门职能的增加，各县（区）民政局内设机构也相应增加，一般设置 6~9 个职能股室。零陵区、双牌县和江永县民政局内设机构均为 6 个，冷水滩区、道县和新田县民政局为 7 个，祁阳县和东安县民政局为 8 个，江华瑶族自治县民政局为 9 个，回龙圩管理区民政局和宁远县民政局分别为 14 个和 13 个。

第二节　队　伍

一、人员编制

1997—2015 年，永州市民政局人员编制除 2002 年行政机构调整改革减少 1 人外，总的趋势是增加的。

1997—2015 年永州市民政局人员编制一览表

表 1-3 单位：个

年　份	行政编制	全额事业编制	年　份	行政编制	全额事业编制
1997—2001 年	23	—	2002—2007 年	21	—
2008—2010 年	26	—	2011 年	29	—
2012—2014 年	29	2	2015 年	32	2

二、业务培训

1997 年，市老龄委为落实好退休人员两项待遇政策，在冷水滩举办全市首届《中华人民共和国老年人权益保障法》培训班，对 116 名学习宣传骨干进行培训。

2004 年 11 月，市安置办举办培训班，免费为 50 名农村籍优秀退役士兵进行一个月的计算机、保安员技能培训。通过培训考试，培训学员均获得国家认可的计算机上岗证和公安部认可的保安员岗位培训证书。

2006 年，市民政局举办第六次社区居民委员会换届选举业务骨干培训班，学习省委、省政府办公厅《关于认真做好全省第六次社区居民委员会换届选举工作的通知》，组织参训人员到直接选举试点社区现场观摩。

2011 年，市民政局组织全市新任民政局局长（党组书记）参加全省民政业务培训。

2012 年，市民政局组织局机关工作人员进行第四轮行政执法换证培训。组织自主就业退役士兵进行职业技能培训。

2013 年 11 月 7—8 日，市民政局在零陵区举办全市优抚知识培训班，培训对象为各县（区）民政局分管领导和优抚股长，培训内容主要是优抚对象档案管理、评残业务和涉军群体维稳工作等政策。市民政局还邀请市委党校校长、教授文锦菊和市委宣传部副部长王再兴分别为全局党员干部宣讲十八大报告和十八届三中全会精神。

2014 年 4 月，市民政局在市委党校举办为期一周的社会工作者职业水平考前培训，260 多名民政干部职工参加培训。9 月中旬，市民政局在市委党校举办为期一周的基层民政业务理论培训班，全市 280 名乡镇、街道民政干部参加培训。11 月，市民政局在永州职业技术学院举办首届养老护理员职业技能培训，全市社会福利院、农村敬老院、光荣院、民办养老院等养老机构的负责人及养老护理员 120 人参加培训，其中 100 人获得由湖南省人力资源与社会保障厅颁发的国家职业资格证书。

2015 年 9 月 19 日，市民政局在永州市养老护理人员培训基地举办第二期养老护理员职业技能培训班，全市农村敬老院、光荣院、民办养老院等养老机构的负责人以及养老护理员近 180 人参加培训。培训时间为 8 天，培训内容包括老年人生理、心理特点及护理特点，老年人的清洁卫生、睡眠、饮食照料、排泄照料及安全保护用具的使用，以及养老机构消防安全知识等，同时，还进行实用性强的操作练习。省消防协会宣教员谭塘峰、永州职业技术学院护理系主任谢玉琳担任授课老师。10 月 14 日，市民政局邀请省民政厅政策法规处副处长喻建中就行政复议和行政诉讼法进行专题讲座。

第二章　行政区划与地名管理

第一节　区划变更

一、撤区并乡建镇

1994 年年底，零陵地区辖 11 个县市，55 个区，375 个乡（镇）。

1995 年 3 月 4 日，湖南省政府在长沙召开全省农村撤区并乡建镇、简政放权会议。会后，零陵地委、行署按照湖南省委、省政府《关于全省农村撤区并乡建镇简政放权工作意见》文件精神，成立由行署专员卞翠平为组长的撤区并乡建镇工作领导小组，制定《零陵地区撤区并乡建镇行政区划调整工作方案》。3 月 13 日，地委、行署召开全区县市机构改革和撤区并乡建镇、简政放权会议，对撤区并乡建镇工作进行安排部署，提出要撤销所有区公所，合并规模偏小的乡镇，对具备条件的乡改建为镇。新设乡镇规模以 3 万人、土地面积 100 平方千米左右为宜，全区共设置乡镇 200 个左右。会后，各县市（县级市）政府，根据山系、水系走向，经济流向，矿藏和产业分布，交通、城镇和市场建设情况，以及群众的传统习俗和要求等，制定县市区划调整方案。4 月 25 日，各县市政府按规定上报撤区并乡建镇方案。5 月 8—12 日，地区撤区并乡建镇工作领导小组，对各县区上报的撤并工作方案进行审核后，报湖南省民政厅审批。6 月底，撤并工作完成，零陵地区撤销 55 个区公所，乡镇由 375 个合并为 188 个，减少 187 个。乡镇平均面积由原来的 58.4 平方千米，增加到 123.1 平方千米，人口由原来的 1.4 万人，增加到 3.02 万人。

1995年零陵地区撤区并乡建镇情况一览表

表2-1 单位：个

县（市）	合并后的乡镇数			
	合计	乡	民族乡	镇
永州市	12	6	—	6
冷水滩市	13	10	—	3
祁阳县	27	12	1	14
东安县	16	7	—	9
双牌县	12	8	1	3
道县	23	14	4	5
宁远县	17	8	4	5
新田县	19	14	1	4
蓝山县	15	6	5	4
江永县	12	4	4	4
江华县	22	12	1	9
总计	188	101	21	66

2008—2014年，市政府对乡镇进行微调。2008年6月10日，经省政府批准，市政府撤销内下林场，设立内下乡。是年，全市达189个乡。2010年8月19日，经省政府批准，市政府撤销道县道江镇，设立濂溪和西洲街道办事处。撤销祁阳县浯溪镇，设立龙山、长虹和语溪街道办事处。9月28日，经省政府批准，市政府撤销道县柑子园乡，设柑子园镇。11月12日，经省政府批准，市政府将金洞镇析出胜利、睦源、下司口、中棚、油榨铺、桐子山6个建制村，设立万宝山乡。12月30日，市政府撤销道县上关乡，设立上关街道办事处。撤销道县白芒铺乡，设立白芒铺镇。新设五星岭乡和打鼓坪乡。是年，全市乡镇为189个。2013年，经省政府批准，市政府撤销道县富塘乡，设立富塘街道办事处。撤销万家庄乡，设立万家庄街道办事处。撤销宁远县舜陵镇，设立文庙、舜陵和桐山3个街道办事处。是年，全市乡镇共186个。2014年，撤销新田县大坪塘乡，设立大坪塘镇。撤销宁远县保安乡，设保安镇。是年，全市共186个乡镇。

二、合乡（镇）并村

2015年，湖南省人民政府为贯彻落实中国共产党第十八次全国代表大会和十八届三中、四中全会，以及湖南省委十届九次全会精神，加快推进农村改革，增强乡镇经济发展活力，促进城乡一体化发展，决定在全省开展新一轮乡镇区划调整改革。9月29日，湖南省委、省政府印发《关于开展乡镇区划调整改革工作的意见》，提出乡镇区划调整改革的基本原则、任务、时间安排和配套政策措施。

9月30日，市委、市政府根据省委、省政府下达的具体任务，结合本市实际，提出“分级负责、合大并强、民主集中、依法依规”的指导思想，制定全市合并乡镇的任务为35个，减幅19%，与省定任务持平。建制村合并2016个，比省定任务多合并12个村，减幅为39.8%。强调并村工作要依照法律法规和政策进行，确定“五不变”“两保护”原则，即：坚持农村基本经营制度不变，现有国家、集体、个人财产性质不变，依法形成的经济关系不变，自然村原有名称不变，以及扶贫村待遇不变。保护农村集体经济组织成员合法权益，保护和开发利用历史文化村、历史文化遗址遗迹和具有地域特色的村庄。

10月20日，市委、市政府召开乡镇区划调整改革工作动员会。市政协主席唐定，市委常委、市委组织部长董石桂，市委常委、市委秘书长颜海林，市政府副市长、市公安局长刘新良出席，各县区党委、政府、乡镇主要领导参加会议。会议由市委副书记张严主持，市委书记陈文浩作动员报告。会后，市委、市政府成立乡镇区划调整改革工作领导小组及其办公室，出台《关于开展乡镇区划调整改革工作的实施意见》，把乡镇区划调整改革工作列入县区政府的绩效考核。为加强宣传，提高广大人民群众对合乡（镇）并村工作认识，市民政局在《永州日报》开辟“乡镇区划调整改革”专栏，在永州广播电视台《永州新闻联播》《直播永州》开辟“区划调整”专栏，开展宣传活动。市乡镇区划调整改革工作领导小组，每周听取县（区）合乡并村进展情况汇报，每半月发一期简报通报各县区合并工作。11月18日，冷水滩区、东安、祁阳、江永、道县、蓝山和双牌7个县区完成方案报批，完成时间排全省前10位。11月19—20日，零陵区、江华瑶族自治县和新田县完成方案报批，完成时间在全省排名前15位。至12月，永州市乡镇数由186个合并为151个，撤并乡镇35个，精减幅度为19%，完成省定任务。

12月23日，永州市乡镇区划调整改革工作领导小组开始并村工作，下发《关于切实做好建制村合并工作的指导意见》，提出合并后建制村总量控制在3044个以内，合村工作在2016年5月底前全面完成。25日，市乡镇区划调整改革领导小组，在宁远县召开全市乡镇区划调整改革推进会议，市委副书记、市乡镇区划调整改革领导小组组长张严，对前段乡镇区划调整改革工作情况进行小结，对下一段合村工作进行安排。为解决好并村工作中村干部重组安置、资产债务和社会稳定问题，市乡镇区划调整改革领导小组推介宁远县在区划调整改革中创新的“既要并村更要强村，先做减法再做加法”的成功做法，坚持高位推动，组建高规格领导小组。县委书记任组长，县长和人大、政协相关领导任副组长，组建 18 个专项督查指导小组，以推进并村工作；突出顶层设计，精准并村强村路径。重点解决好干部重组安置问题、资产债务问题和社会稳定问题；因地制宜村改社区合并一批，根据历史沿革恢复一批，按省市政策合并一批。至 2016 年 1 月 10 日，全市建制村由原来 5060 个合并保留 2960 个，减少建制村 2100 个，精简幅度达 41.5%，超过省定精简幅度 1.9 个百分点。5 月 23—27 日，市乡镇区划调整改革领导小组，分 4 组对各县开展检查验收，全部合格。8 月 12 日，市委办、市政府办印发《关于表彰全市乡镇区划调整改革工作先进集体和先进个人的通报》，授予市委组织部、市委宣传部、市民政局、市民宗委、市财政局、宁远县、道县、蓝山县、金洞管理区“永州市乡镇区划调整改革工作先进单位”称号；授予唐一平等 50 人“永州市乡镇区划调整改革工作先进个人”称号。9 月 20 日，祁阳县、江永县零陵区珠山镇、新田县龙泉镇分别被省人力资源和社会保障厅、民政厅授予“全省乡镇区划调整改革先进县”和“全省乡镇区区划调整改革先进乡镇”称号。

2015—2016 年永州市合乡并村基本情况一览表

表 2-2　　　　单位：个

单位		撤并乡镇情况			合并建制村村情况			备注
		原乡镇数	现有乡镇数	撤并乡镇数	原建制村数	现有建制村数	减少建制村数	
冷水滩区行政区	冷水滩管辖区	11	9	2	287	171	116	
	经开区	1	0	1	25	15	10	
零陵区		12	10	2	507	299	208	
祁阳县行政区	祁阳县管辖区	22	19	3	808	481	327	
	金洞管理区	8	4	4	70	42	28	
东安县		17	15	2	501	301	200	
双牌县		14	11	3	195	114	81	
道　县		17	15	2	542	326	216	
江永县行政区	江永县管辖区	11	9	2	210	96	114	
	回龙圩管理区	1	1	0	15	9	6	
宁远县		16	16	0	687	406	281	
蓝山县		15	14	1	358	209	149	撤销 10 个办事机构
新田县		19	12	7	356	196	160	

续表2-2

单位	撤并乡镇情况			合并建制村村情况			备注
	原乡镇数	现有乡镇数	撤并乡镇数	原建制村数	现有建制村数	减少建制村数	
江华县	22	16	6	499	295	204	
合　计	186	151	35	5060	2960	2100	

第二节　行政区域界线管理

一、行政区域界线勘定

（一）省区界勘定

1996年，永州市政府根据国务院下发《关于开展勘定省、县两级行政区域界线工作有关问题的通知》，开展对湘桂线的勘定工作。湘桂线全长1074千米，永州段622.42千米。9月10日，湘桂两省区勘界办在桂林市召开第一次勘界工作会议，两省（区）政府分管领导、民政厅分管副厅长、区划地名处处长、省区边界6个地市分管专员（市长）、民政局长、区划地名科科长、以及两省边界有关县区分管副县长、民政局长参加会议。永州市副市长林克屏、勘界办主任谭昌怡、副主任陈炜及边界县区的副县区长、勘界办主任等20余人参加会议。会议确定湘桂线勘界工作的组织领导，对勘界工作具体实施步骤进行安排。9月15日至10月15日，两省区勘界办组织县、乡、村三级干部群众到边界进行实地踏界，经过一个月，行程1000多千米，完成湘桂线地形图标绘工作。11月，两省区共同拟定35个界桩制作埋设方案，12月10—20日，边界县区按照要求完成界桩埋设任务。

1998年，湖南和广东两省勘界办，开始对湘粤线长约558.13千米省界进行勘定。3月10日，湖南省勘界工作领导小组和广东省勘界工作领导小组，在广东韶关召开勘界第一次联席会议，永州市勘界办主任谭昌怡、副主任王阳宝参加会议。会议通过《湖南省与广东省联合勘定行政区域界线实施方案》，商定联合勘界工作的具体安排。3月28日至9月16日，永州市勘界办组织江华县、蓝山县与广东省连州市、连山县、连南县召开多次勘界协商会，对边界进行合图和友好协商，组织人员实地勘定，贯通部分行政区域界线走向。9月16—20日，湘粤联合勘界领导小组在湖南省郴州市召开湘粤联合勘界第二次联席会议，两省及沿线4个地级市和12个县（市）68人参加会议，商定界桩的定位、制作、埋设等工作，全线共布设界桩14个，湖南省负责1~7号界桩，广东省负责8~14号界桩。12月24—27日和2000年9月1—10日，湘粤联合勘界领导小组分别召开湘粤联合勘界第三、四次联席会议，就“江华—连南”的麻石洞（小龙林场）地段和“宜章—乳源”的猛坑石（石坑崆）争议地段进行协商谈判，因分歧较大，没有达成协议。11月，湖南和广东两省政府将以上两个争议地段报请国务院裁决，国务院于2001年5月作出裁决，湘粤线全线贯通。是年，永州市民政局被省人民政府授予“全省勘界工作先进集体”称号。

（二）地市界勘定

1997年，对邵永线的勘定。邵永线全长161千米，涉及永州市的东安县和冷水滩区，邵阳市的新宁县和邵阳县。3月，邵阳、永州两市勘界办，联合拟定并向省勘界办呈报《邵阳市与永州市关于联合勘定行政区域界线的实施方案》，组建联合勘界工作领导小组。邵阳市由副市长赵成瑜任组长，市政府副秘书长李晓红、市民政局长王文清、副局长朱国良，邵阳县副县长谢树新、新宁县副县长刘德胜任副组长。永州市由副市长林克屏任组长，市政府副秘书长刘建林、市民政局长盘德力、市民政局纪检组长谭昌怡、东安县副县长蒋东友、冷水滩区副区长伍拱辉任副组长。6月10日，邵永联合勘界工作领导小组，在邵阳县委招待所召开邵永线勘界工作会议，安排邵永线勘界工作。11月19日，邵永联合勘界工作领导小组，在新宁县崀泉宾馆召开核界会议，在确定新宁县边界线时，两县对舜皇山主峰和高挂山、富兴岐、唐家山及黄泥洞林场的苗竹湾、慧竹坪等地争议较大。此后，两市勘界办又多次召开协商会，仍未达成一致意见。2000年4月13日，永州、邵阳两市勘界办又在永州市冷水滩区银鑫宾馆，召开第十五次协商会议。湖南省勘界办领导、东安、新宁两县谈判代表参加会议。经过三天三夜不间断谈判，在省勘界办领导的协调下，最终于4月16日达成协议，舜皇山主峰和高挂山、富兴岐、唐家山及黄泥洞林场的苗竹湾、慧竹坪等地归永州市，邵永线全线贯通。

1998年，对郴永、衡永线的勘定。郴永线全长317.6千米，涉及永州市的祁阳、新田、宁远、蓝山与郴州市桂阳、嘉禾、临武县。3月23日，郴州、永州两市勘界办共同制定《郴州市与永州市关于联合勘定行政区域界线的实施方案》。4月10日，两市勘界办在郴州市召开联合勘界工作会议，进行第一次协商合界，通过友好协商，大部分边界争议地段得到解决，80%的界线贯通。1999年4月20—22日，郴州、永州两市勘界办在嘉禾县再次召开协商会议，对余下的20%边界争议线进行协商合界，最后达成一致意见，郴永线全线贯通。

衡永线全长377.79千米，涉及永州市的东安、祁阳县，衡阳市常宁市、祁东县。永州和衡阳两市边界线历史上从没有勘定过，基本上由传统习惯线和争议线组成。1998年4月2日，两市成立衡永线勘界工作领导小组，共同研究制定《衡阳市与永州市关于联合勘定行政区域界线的实施方案》，确定区域界线以国土详查资料和现有地图资料为基础，通过8次会议协商，于1999年12月22日全线贯通。

2001年3月，永州市民政局被省人民政府授予“全省勘界工作先进集体”称号

（三）县区界勘定

1997年3月16日，永州市勘界工作领导小组，开始对19条全长1552.45千米县区界线进行勘界。市勘界工作领导小组印发《永州市勘定县、区行政区域界线总体方案》，经过4年勘界工作，于2001年3月全部完成勘定。是年，永州市民政局被省人民政府评为“全省勘界工作先进集体”。

1997—2001年永州市县区界线勘定时间一览表

表2-3

界线名称	界线长度（千米）	勘界启动时间	完成勘定时间
祁阳—双牌	4.58	1997年7月	1998年9月
芝山—双牌	152.7	1998年5月	2001年3月
芝山—祁阳	52.96	1997年7月	1997年9月
蓝山—江华	70.3	1999年6月	1999年11月
宁远—江华	8.6	1998年4月	1998年8月
道县—江华	80.7	1997年5月	1998年9月
江永—江华	54.19	1997年6月	1998年9月
道县—江永	46.8	1997年11月	1998年12月
宁远—蓝山	105.1	1998年8月	1999年11月
道县—宁远	122	1999年4月	2000年7月
双牌—道县	74.1	1997年6月	1998年5月
芝山—冷水滩	62.3	1998年5月	1998年9月
双牌—宁远	82	1997年6月	1999年5月

续表2-3

界线名称	界线长度（千米）	勘界启动时间	完成勘定时间
祁阳—宁远	52.69	1997 年 7 月	1998 年 9 月
冷水滩—东安	181	1998 年 5 月	1999 年 12 月
祁阳—新田	47.05	1997 年 7 月	1997 年 9 月
芝山—东安	80.9	1999 年 5 月	1999 年 8 月
冷水滩—祁阳	115.94	1999 年 2 月	1999 年 10 月
宁远—新田	158.09	1999 年 5 月	1999 年 10 月

二、边界线联合检查

（一）第一轮区域界线联合检查

2003 年，永州市政府根据国务院颁布的《行政区域界线管理条例》和湖南省民政厅《关于开展行政区域界线联合检查，加强行政区域界线管理工作的通知》文件精神，成立勘界办公室，决定实施 5 年一次的联合检查。6 月 9 日，湖南省勘界办下发《关于联合检查湖南省与广西壮族自治区行政区域界线的通知》，决定 7—8 月，对湘桂线的全州—芝山、东安—全州、双牌—全州、富川—江华、江华—钟山、八步—江华，共 11 段界线进行检查。联检期间，湘桂两省勘界办召开会议 20 次，相互走访协商 60 多次，对 30 个界桩的文字进行重新描绘，清除周围的杂草、遮挡物，解决江永和江华县与广西富川县勘界后新出现的插花地争议 5 处。2004 年 7 月 17—18 日，芝山区和冷水滩区勘界办对芝冷线 76 千米界线和 4 个界桩进行检查。8 月 21—24 日，芝山区和祁阳县勘界办，对芝祁线 52.63 千米的界线进行实地检查。8 月 23—24 日，东安县勘界办与邵阳县勘界办对邵永线东安—邵阳 74.3 千米段，进行联合检查。8 月 25—27 日，东安县勘界办与新宁县勘界办对东安—新宁段 127.4 千米进行检查。9 月，对祁新线和祁宁线界桩的检查。通过检查，上述县级界线界桩无异常，无边界纠纷。

2005 年 7 月 14 日至 10 月 11 日，衡阳市勘界办与永州市勘界办，对衡永线的祁东、常宁、冷水滩、东安、祁阳等县市（区）377.79 千米的边界和 7 个界桩逐段进行实地踏勘，发现 430411006 号界桩实际座落地名称与原勘界资料上描述定位不一致，经双方确认，勘界资料上的常宁市洋泉镇杉树村，实为常宁市洋泉镇新瓦村，祁阳县石鼓源乡借古岭村，实为祁阳县上司源乡南冲源村，并予以更正。同时，430411006 号界桩因祁阳县南冲源村为修通与常宁新瓦村的公路而有所移动，后经两市勘界办共同商定，将 430411006 界桩从原位置按边界线走向向北平移 20 米，并于 8 月 22 日埋设好拍照留存。430411003 号桩座落地勘界资料上显示为祁阳县羊角塘镇丝塘村，实为黄丝塘村，430411004 号桩因车辆碰撞发生倾斜，经双方同意在原地进行重新埋设。

2007 年 9 月，永州市民政局被民政部授予“全国行政区域界线管理工作先进集体”称号

2007 年 6 月 18 日，祁阳县勘界办与双牌县勘界办，对祁双线 4.68 千米界线和 2 个界桩进行实地察看时，发现 112123260 号界桩被挖掘。经调查了解，该界桩因山林权属纠纷被村民挖掘损毁。后通过协商调解，村民同意原勘定界线，双方制作新的界桩，在原地重新埋设，并拍照留存。6 月 26—28 日，冷水滩区勘界办与祁阳县勘界办，对冷祁线 115.94 千米界线和 4 个界桩进行联合检查时，发现位于冷水滩区竹山桥镇龙门寺村，与祁阳县茅竹镇上升村交界处的 110321003 号桩被人挖掘，为不引起两县区边界矛盾纠纷，经双方协商，将该桩向北平行前移 15 米重新埋设。7 月 15 日至 8 月 25 日，永州市江华县、蓝山县，清远市连山县、连南县、连州市组织人员分别对江华—连山段 24.9 千米及 4344001 号桩，江华—连州段 20.75 千米及 4344002 号桩，江华—连南段 10.8 千米，蓝山—连州段 46.18 千米及 4344003 号桩进行联合检查。经双方检查，四段界线地形地貌无明显变化，实地走向清晰可辩，三个界桩完好无损，边界地区无矛盾纠纷。是年，永州市勘界办被民政部授予“全国行政区域界线管理工作先进集体”称号。

（二）第二轮行政区域界线联合检查

2008 年 4 月 3 日，广西壮族自治区民政厅和湖南省民政厅，联合印发《关于开展广西壮族自治区与湖南省行政区域界线联合检查工作的通知》，决定开展湘桂线第二轮边界联合检查。在边界联检中，市地名办与市综治办联合下发《关于转发中央社会综合治理委员会等十部门关于开展平安边界建设的意见》的通知，将平安边界创建工作纳入综合治理年度考评。市县成立平安边界建设领导小组，积极开展平安边界创建工作。6 月 3—5 日，湘桂线第二轮联合检查工作第一次联席会议在桂林市召开，永州市勘界办与桂林市、贺州市勘界办就联检工作进行商议。6 月 18 日至 7 月 9 日，贺州—永州沿线的富川、八步、江永、江华对 265 千米界线的 9 个界桩进行联合检查。6 月 6 日至 8 月 25 日，桂林—永州段毗邻县区勘界办对界线进行实地检查。7 月 12—13 日，江永县与恭城瑶族自治县勘界办检查恭城—江永段 79 千米的界线及界桩 2 个。7 月 10—30 日，道县与全州勘界办对两县 38 千米界线以及 2 个界桩进行检查。7 月 18 日至 8 月 14 日，全州与东安县勘界办对两县 96 千米界线和 4 个界桩进行检查。8 月 9—10 日，江永县与灌阳县勘界办检查了两县 45 千米界线和 1 个界桩。同年，市勘界办对宁远—新田、道县—宁远、蓝山—江华三条县级界线进行检查。经检查，除个别界桩有损坏和丢失并重新埋设外，边界两侧地物、地貌无明显变化，边界群众和谐相处。

2009 年，永州市勘界办与衡阳市、邵阳市勘界办，联合开展衡永线和邵永线和 4 条县区界线的第二轮边界联合检查，同时，进行“平安边界”创建活动，县与县之间签订《创建平安和谐边界责任书》，制定永州市民政局调处边界纠纷工作方案。市司法局与广东省清远市司法局、广西壮族自治区贺州市司法局、郴州市司法局签订粤、湘、桂四市（省际）边界人民调解协作协议。粤、桂、湘三省行政接边地级市及县（区）成立矛盾纠纷联防联调工作领导小组，并设办公室负责协调协作调解事宜。各接边地区乡镇、村（居）建立矛盾纠纷联合调解委员会，负责收集、传递、反馈纠纷信息，调解边界纠纷。在解决跨界矛盾纠纷时，承办方及时向协作方提出具体协作事项，协作方以“异地优先、以邻为重”原则，克服地方保护主义，为承办方提供便利和协助，不偏袒本方人员，促进矛盾纠纷得以公平、公正解决。

（三）第三轮行政区域界线联合检查

2013 年，永州市根据湖南省民政厅安排，开展省界湘桂线和县区界线的第三轮联合检查。3 月 12—14 日，湖南省与广西壮族自治区联合检查工作会议在冷水滩区召开。两省区民政厅分管副厅长、边界线毗邻的市、县（区）民政局分管领导、区划地名办主任参加会议。会上，广西壮族自治区民政厅区划地名处副处长孙高明，宣读《湖南省与广西壮族自治区行政区域界线第三轮联合检查实施方案》，湖南省民政厅副厅长邓磊、广西壮族自治区民政厅副厅长张光廷作讲话，要求 7 月底前完成各段界线的毗邻有关县（自治县、区）的内、外业检查。3 月 15 日至 5 月 14 日，双方自检，5 月 15 日至 7 月 15 日进行联合检查。参加联检的工作人员，按照《湖南省人民政府与广西壮族自治区人民政府联合勘定的行政区域界线协议书》、附图、界桩成果表、界桩登记表，实地逐段、逐点详细核对边界线走向及界桩等现状，对检查出的问题，双方心平气和、友好协商进行解决。在联检的同时，双方开展创建平安边界活动，签订创建平安边界协议。6 月 18—21 日，湖南省民政厅区划地名处长艾天福，在市民政局局长肖余胜陪同下，深入江华、江永、道县等县区指导联检工作。

2014 年，永州市与邵阳市、衡阳市勘界办对市界邵永线、衡永线进行联合检查，并对零陵—冷水滩、宁远—祁阳、蓝山—宁远和道县—双牌 4 条县区界线的联检工作。4月23日，永州市民政局与邵阳市民政局联合下发《关于联合检查永州市与邵阳市行政区域界线的通知》，7月16—24日，东安县与新宁县对两县127.4千米的界线和4个界桩进行检查。8月21日至9月2日，东安县民政局与邵阳县民政局对两县74.3千米的界线和2个界桩进行检查。经检查，界线及两侧地物、地貌无明显变化，界线清晰可辨，界桩无丢失损毁和移动，双边群众无因界线引发矛盾纠纷。10月9—10日，永州市与邵阳市勘界办在东安县召开邵永线联检工作总结会，对联建成果资料进行验收、汇总。12月12日，永州市与郴州市、广东清远市及广西贺州市的司法部门负责人，在永州市召开边界人民调解协作领导小组第四次联席会议，探讨省边界人民调解工作。湖南省司法厅党组成员、副厅长刘道龙，永州市政府副市长、公安局长蒋建湘出席会议。会议各自介绍人民调解工作情况及先进经验，对今后边界工作提出要按照“构建社会和谐边界”总目标，坚持“以防为主、调防结合、维护稳定、共同繁荣”的工作原则，建立纠纷排查机制、纠纷调解机制、信息交流机制和联席会机制，加大对边界矛盾纠纷的预防、排查和化解工作。

2015年，永州市民政局根据《湖南省2015县级以上行政区域界线联合检查年度计划》，开展市界郴永线和祁阳—新田等4条区县界的联检工作。6月10日至8月18日，桂阳县政府与祁阳县政府勘界办对11.7千米和2个界桩进行检查。6月18日至8月20日，新田县民政局与桂阳县民政局工作人员对两县122.9千米的界线和4个界桩进行检查。期间，新田县民政局与嘉禾县民政局对两县63.1千米的界线和3个界桩进行检查。6月1日至10月30日，蓝山县民政局与临武县民政局对两县54.61千米的界线和1个界桩进行检查。经检查，上述各条市县界线清晰可辨，界桩无丢失损毁和移动现象，界桩两侧地物、地貌无明显变化，双边群众平安和谐相处。

第三节　地名管理

一、命名更名

（一）中心城区主要街道命名更名

1995年，零陵地区改设地级永州市后，市中心城区面积不断扩大，加上冷水滩、芝山两区连城，中心城区出现一地多名、一名多用、名不符实等现象。1996年，永州市区划地名办为规范中心城区地名管理，根据国务院1986年颁发的《地名管理条例》和民政部《地名管理条例实施细则》的相关规定，本着“尊重历史、照顾习惯、体现规划、易找好记”原则，开展地名设标、地名命名、更名和地名数据库建设等工作。

2002 年，市地名办对冷水滩区、芝山区地名命名工作进行调查研究，并在 3 月、5 月和 12 月召开 4 次地名命名座谈会，邀请市委、市人大、市政府、市政协相关领导，民政、规划、城建、文化、公安等有关单位人员，以及企业、学校等社会知名人士，对冷水滩、芝山城区街道地名命名进行认真研究，反复论证修改。12 月，市区划地名办将命名方案呈报市政府。

2003 年 1 月 24 日，永州市地名办将命名方案分送地名委员会各成员单位进行修改。3 月 25 日，永州市政府常务会议对方案进行讨论。会后，市地名办根据常务会的意见和要求，对命名方案进行修改。7 月 4 日，市委常委扩大会议对命名方案进行研究，经过认真讨论后原则上予以通过。7 月 15 日，命名方案在《永州日报》上刊登，广泛征求群众修改意见。8 月 27 日，永州市人大主任会议对命名方案进行研究，提出以下意见：针对原南北为道，东西为路的命名原则与宽 42 米以内为路，60 米以上为大道的原则互相矛盾，建议取消这两条原则，只命名 3 条连城主干线为大道；建议保留育才路；芝山区在命名上因使用柳宗元及相关名称太多，建议适当取消一些以柳文化命名的街道；要尊重历史，尊重群众，能不改名的道路尽量使用现有名称，非改不可的要广泛征求群众意见，集中民意，方便群众。11 月 3 日，市地名办将各种意见综合修改后，向市政府呈报《关于冷水滩、芝山两城区主要街道命名的请示》。12 月 19 日，永州市政府印发《关于冷水滩、芝山城区主要街道命名的批复》，同意该命名方案。

（二）中心城区地名规划编制

2013 年 6 月 5 日，市政府办下发《关于印发〈永州市 2013—2020 年城市地名规划编制工作实施方案〉的通知》，决定以《永州市 2010—2020 城市总体规划》为依据，对冷水滩区、零陵区、永州经济开发区、生态新城的自然地理实体和人文地理实体命名进行规划。成立由市政府副秘书长周国定任组长，市民政局局长肖余胜、市住建局调研员卿镇文，以及冷水滩区、零陵区、经济开发区分管副区长为副组长，市民政局、冷水滩区民政局、零陵区民政局、经济开发区民政局、市生态新城协调办工作人员为成员的永州市地名规划编制工作领导小组。冷水滩区、零陵区、经济开发区、生态新城随之成立地名规划编制工作领导小组，安排人员和经费，开展辖区内的地名规划编制工作。12 月，编制完成《永州市 2013—2020 地名规划（草案）》。2014 年 6 月 17 日，市民政局向市政府提交《关于召开市地名委员会成员单位会议和地名专家论证会的请示》，经过市地名委员会和地名专家论证，市政府审批通过《永州市

2013—2020 地名规划（草案）》。12 月 25 日，市政府下发《关于〈永州市中心城区地名规划（2013—2020）〉的批复》，地名规划正式实施。

二、标志设置

（一）国道两侧村镇地名标志设置

1995 年，民政部、交通部、建设部为促进改革开放，活跃市场经济，沟通城乡交往，保证公路交通的通畅运行，方便群众的生产生活，联合印发《关于在国道两侧设置地名标志的通知》，要求从 1996 年起，用 3 年时间在全国国道两侧统一设置村镇地名标志。1996 年 6 月 25 日，湖南省民政厅、交通厅、建设厅在邵东县召开全省国道两侧村镇设置地名标志会议。随后，永州市地名办制定实施方案，对设标工作进行安排。7 月 31 日，各县区完成摸底统计。8 月，全市所有国道设标工作全面开展。12 月，国道设标工作全部完成。

（二）城市地名标志设置

2000 年 3 月 9 日，民政部、交通部、工商行政管理局、质量技术监督局联合下发《关于在全国城市设置标准地名标志的通知》，要求 2000—2004 年，用 5 年时间完成全国城市标准地名标志（街、路、巷、楼、门牌）设置。2001 年，永州市民政局组织冷水滩区、零陵区民政局和社区工作人员，对冷水滩、芝山两城区的主要道路进行调查摸底，经过 2 个多月工作，统计出两城区共有道路 180 条，需要设置路牌 1200 块，街、巷、楼牌 2000 块。

2002 年 4 月，市地名办制定《永州市地名标志设置工作总体方案》，提出从 2002 年 4 月起，到 2004 年年底，用 3 年时间完成全市县城以上城市的设标任务。4 月 29 日，永州市地名办向市政府呈送《关于统一更换全市门牌的请示》。12 月，市地名办向市政府呈送《关于地名设标工作有关事情的请示》，建议政府采取出让路牌广告位的方式，解决路牌设置经费，市委副书记、市长刘爱才批准同意这种筹资方式。

2003 年 5 月，市政府成立由常务副市长崔永平任组长，市民政、规划建设、交通、工商、质监、财政、物价、城管、电业等部门负责人为成员的城市地名标志设置工作领导小组。5 月 6 日，第一批 10 个带有灯箱广告位的标准路牌在芝山区南津南路埋设完成。8 月 11 日，市民政局印发《全市标准地名标志制作设置规范》，对标牌的制作标准、规格、设置要求进行规范。10 月 27 日，市委常委、常务副市长崔永平在市政府二楼三会议室，召开市地名设标工作协调会议，明确设标工作经费采取招商引资、受益单位出资、财政拨款等方式解决。11 月 27 日，永州市地名办与永州市新视觉广告有限公司签订《共同设置永州市道路路牌（地名标志）的协议书》，由新视觉广告有限公司投资500万元，在零陵路、凤凰路、潇湘东路、沿江路等主要街道上设置路牌230块。

2004年，市地名办着手门牌和小街小巷的路牌设置工作。2005年，市地名办开始背街小巷的路牌设置工作，通过反复摸底调查，冷水滩区共有背街小巷138条，需要设置路牌334块。11月9日，市地名办对路牌设置项目进行公开招标，8家单位报名参加投标，因报价低没有达到技术要求，或报价高于预算，致使这次招标流标。11月25日，再次进行招标，中标单位大连路明公司因人举报不具备投标资质，因而再次废标。2006年8月17日，在市民政局三楼会议室再次招标，最终温州宝兴印业以39.40万元中标，并于8月23日签定合同开工建设，2007年1月23日，工程完工并通过验收。

2008年8月1日，新的国家地名标志标准《地名标志 GB17733—2008》施行，各县区严格按照新国标执行，新设路牌1360块，村牌3858块，门牌65600块。

2010年，因原广告路牌公司管理不善，路牌无人维护，影响市容市貌，市民政局决定重新引进新的公司对路牌进行维护，并在城区主要道路增设路牌200块。10月9日，市政府秘书长蔡自新，在政府9楼会议室召开路牌整改工作协调会。会议通过市民政局《关于永州市中心城区冷水滩区城市路牌整改方案》，同意引进新投资商设置维护路牌，要求市公用事业局、城管执法局、市电业局大力支持配合。

2013年，市民政局结合永州市创建国家卫生城市工作，督促市一帆广告有限公司加强路牌维护管理，对破损、毁坏的路牌及时修复，并新增设路牌30块。

三、地名书籍编纂

2003年5月30日，市政府办印发《关于编辑〈永州地名志〉的通知》，决定由市地名办组织编辑《永州地名志》，并成立以常务副市长崔永平为主任的永州市地名志编辑委员会。8月11日，市民政局印发《关于编写〈永州地名志〉各县、区专稿的通知》，对地名志编辑的指导思想、工作方案、主要内容、编辑组稿要求等进行规范。2004年，各县区陆续上报本县区地名志专稿，市地名办对稿件进行初审。12月，书稿通过专家评审通过，后经再次修改，永州市政府批准《永州地名志》。全书汇集各类地名6985条，其中行政区划和居民地名称5510条，自然地理实体和人工建筑物名称1035条，革命纪念地、名胜古迹和风景游览地名称195条，行政企事业单位名称245条。2005年6月28日，《永州地名志》出版。

第三章　村民自治组织与社区建设

第一节　村民自治组织

一、村委会换届

1996年3月，永州市政府进行第三次村委会换届选举工作。市政府依照1988年《中华人民共和国村民委员会组织法（试行）》，制定第三次村委换届选举实施方案，对选举的原则、程序、方法等作出明确规定。市民政局召开村委会换届选举动员大会，对换届选举工作进行安排。这次选举，采取“一人一票”直接差额选举，全市312个村共选举产生新一届村委会成员1215人，其中，村委会主任311人，委员904人；平均年龄35岁；在村委会成员中，女性313人，占村委员成员总数的25.8%；中共党员755人，占村委会成员总数的62.13%。

1999年，永州市进行第四次村委会换届选举。在这次选举中，市政府除注重村主任思想政治素质外，强调将文化素质和技术专长的能人选进村委会领导班子。通过换届选举，全市5101个村委共选出村主任5101人，副主任3126人，委员15303人，其中，有技能专长的占40%，高中以上文化的占45%。

2005年，为防止农村宗派势力干扰选举，解决好一些村级财务等遗留问题，市民政局在第六次村委会换届选举中，遵照国家民政部的指示精神，首次在村委会选举中实行村支“两委”交叉任职，村支书、主任实行一肩挑。由于村支“两委”行政职数大幅度减少，永州市换届选举工作呈现情况复杂、矛盾集中和竞争激烈等特征。为顺利开展选举工作，确保各个选举环节规范到位，市民政局建立信息周报制，及时掌握各地选举动态，加大县区选举工作督查力度；通过会议、文件、电话等形式，介绍各地经验，强调选举委员会要把好推选关、选民登记关、候选人提名关和正式选举关；确定专门班子，制定专门措施，加强对重点村、难点村选举工作的指导。祁阳县选举委员会组织专门班子对各乡镇进行排查，共排查出难点村70

个，以便于在指导村委会换届选举中做到未雨稠缪，有的放矢；加强信访接待，坚持“积极稳妥、因地制宜、依法处理”原则，对每一起来信来访，调查到村，处理到位，件件有落实，不准拖延、推诿和积压。由于市、县、乡三级党委、政府高度重视，各级民政部门切实履行职责，选举取得园满成功。全市5077个村普遍进行直选，村民参选率达91%。村主任和村支书一肩挑比例为50%，干部职数较上届减少2145人。村委会党员比例达64%，村主任中党员占88%，高中以上文化程度占54%。是年，祁阳县和市民政局基层政权和社区建设科，分别被湖南省民政厅评为“第六次村委会换届选举先进县”和“村民自治先进单位”。

2008年，永州市开展第七次村委会换届选举。参加这次换届选举的村5086个。在这次换届选举中，各乡镇村通过思想发动和宣传教育，群众的民主法制意识普遍增强，全市选民参选率比上一届提高四至五个百分点。双牌县泷泊镇城关村100%的选民自觉按要求参加投票选举。东安县鹿马桥镇酸枣坪村选民主动放下手中农活，自觉按规定和要求参加集中投票选举。江永县夏层铺镇、祁阳县大村甸镇、东安县大庙口镇等很多乡镇，所辖村全部一次选举成功。5月27日，湖南省委副书记、省长周强，在对江永县村委选举和农村基层民主政治建设检查中，给予充分肯定。

2008年5月27日，湖南省委副书记、省长周强（左三）到江永县检查农村基层民主政治建设工作

2011年，永州市进行第八届村民委员会换届选举，全市5096个行政村全部在省规定的8月底前顺利完成换届选举。6月10—12日，湖南省村“两委”工作督查组组长甘力琛一行到祁阳县山口塘镇满明村、双牌县茶陵乡联合村进行实地督查时，对全市村委会换届选举工作给予“准备工作扎实、领导非常重视、严格依法依规、突出重点村难点村、高度重视舆情监控”的评价。

2014年，永州市进行第九届村委会换届选举。在这次村委会换届选举中，市委、市政府出台《永州市村党组织和第九次村民委员会换届选举工作方案》。为搞好选举工作，市民政局加强对村级财务清理工作指导，帮助建立管理台账，并在全市统一推行祁阳县选举“工作模块法”和双牌县乡村互动“填空法”。祁阳县“工作模块法”即祁阳县委、政府为规范选举工作，制定村委会换届选举工作流程图、村选举办法及各环节样本印发给乡镇，各乡镇结合本乡镇实际，制定村委会换届选举工作模块，各村根据自身情况据实填写选票。双牌县乡村互动“填空法”，即采取乡村上下互动方式，由村选举委员参照选举规程中的“村选举办法”结合本村实际情况草拟本村的“村选举办法”，然后上报乡镇，由乡镇对“村选举办法”进行审查并提出修改建议，各村村民代表会议根据乡镇修改意见，再进行讨论修改，确定本村的选举办法，并报乡镇备案，最后在正式选举中实施。在这次村委会选举候选人提名工作中，双牌县泷泊镇村委会在充分尊重民意的基础上，鼓励农村致富能手、复转军人、外出务工经商返乡农民、回乡大中专毕业生、大学生村干部、镇乡机关和企事业单位提前离岗退休干部职工，通过法定程序参与选举村委会成员的竞争。蓝山县积极探索村支部换届竞争上岗，变过去“闭门相马”为“赛场选马”，把一些年轻有为、学历较高、有一技之长、能致富、会经营、懂管理的人才推荐出来，发挥能人村官引领作用。

2014年5月12日，市民政局副局长熊华清（左二）在东安县井头圩镇新开甸村指导村民委员会换届选举工作

市民政局为保证选举程序和选举结果合法有效、村民满意、竞选人信服，局领导深入重难点村指导村委会选举工作。永州市经济技术开发区仁湾镇老鸭窝村，在换届选举中，由于宗族矛盾，在候选人资格问题上，现任村主任与群众初选候选人就候选人资格产生分歧，引发竞选双方轮番上访。市民政局对此高度重视，副局长熊华清亲自带队进村入户调查核实，开展法规政策宣传讲解，耐心做好思想工作，最终息访息诉，使该村依法进行村委换届选举。

这次村委会换届选举，参加村委会换届选举的村5087个，登记选民总数为342.45万人，参与投票325.97万人，参选率达95.19%。选举产生村委会成员14932人，其中党员8890人，占59.54%；女性成员5475人，占36.67%；高中及大专以上的7807人，占52.28%。新一届村委会的性别、文化及政治结构进一步优化。

二、村委会管理

1996 年，永州市民政局在冷水滩区岚角山镇岚角山村、仁湾镇横冲村开展民主法治示范建设试点，重点是建立健全村民委员会工作制度、学习制度、村民会议制度等各项规章制度，制定村民委员会工作职责和村规民约。1998 年，市民政局开展以建立村务公开栏为主要形式的民主管理。全市 4982 个村，有 4683 个村开展村务公开工作，占全市村总数的 94%；建永久性公开栏 4489 个，占全市村总数的 90.1%；有 4883 个村完成财务清理工作，占全市村总数的 98%。是年，东安县被省民政厅评为“全省村民自治示范县”。

2004 年，村民委员会换届后，市民政局指导督促村委员会及时做好公章、办公场所、办公用具、财务账目、固定资产、工作档案、债权债务等资产和资料移交工作，成立民主理财小组和民主监督小组，完善村集体资产监管制度和村务公开制度。在财务管理方面，规范报账程序。村务所有收支发票，经手人必须取得有效的原始凭证，注明用途并签字盖章，交民主理财小组审核，由民主理财小组长签字或盖章后方可报销。并规定发票在 100 元之内由村民委员会主任审批，100 元~1000 元，由村民委员会主任和村党支部书记审核签字，经村民代表会议会审，5000 元以上开支发票，必须由村民会议通过，才能报账记账。村事务每半年公开一次，村级财务每季度公开一次。

2007 年，永州市民政局开展民主议事、村务公开和村级财务管理“三项制度”的建设和创新。下发《关于进一步加强村务公开民主管理工作的通知》，对各项惠农政策、村级财务、村组集体土地征用补偿款、以及农村集体资产资源的使用、承包、租赁、出让作出明确规定。制定村务公开民主管理示范乡镇、示范村考核标准，确定冷水滩区岚角山镇的政务公开栏和岚角山镇的角山村、阳甸村的村务公开栏为示范点，规范全市乡镇政务公开和村务公开。2009 年，市民政局统一村务公开栏的设置大小和上墙内容，规定筹资筹劳必须实行村民大会“一事一议”，使村务公开，民主管理进一步制度化。

2012 年，市民政局开展“村务公开民主管理”示范创建活动。在活动中，市民政局采取以下措施：健全组织，公开宣传广泛化。市民政局在县区乡镇组建村务公开民主管理领导小组和督促小组，加强村务公开工作领导，并通过广播、会议、座谈、标语和专栏等形式，大力宣传村务公开的方针政策和法律法规；抓住热点，公开内容全面化。各行政村村务公开内容坚持凡是群众关心的、凡是群众想知道的、凡是群众有疑虑的都要公开的原则，有针对性地进行调整和规范；注重实效，公开形式多样化。各乡镇、行政村采取建立村务公开登记簿、设立固定公开栏，向群众进行村务公开；强化监督，决策程序民主化。各行政村经过民主选举成立民主理财小组，村级财务凭证，有经办人签字，有事由、有村负责人签字，有民主理财小组集体审查盖章，做到群众明白和干部明白。2013年11月，湖南省民政厅对永州市村务公开示范县区、示范乡镇和示范村进行抽样检查。通过检查，对永州市村务公开工作给予“民主决策全覆盖、财务公开至明细、党员干部联系到户、承诺事项实打实、监督评议无缝隙、全程张榜公布接受群众监督”的评价。

2014年，全市确定11个示范创建乡镇。蓝山县358个行政村均设立固定村务公开栏，村务公开率达100%。9月11—12日，永州市民政局在蓝山县组织召开全市村务公开民主管理经验交流暨现场观摩会，进一步推进全市村务民主管理工作。

第二节　社区建设

一、社区换届

1994年11月，零陵地区举行第二届居委会换届选举工作。地委行署成立选举委员会，制定换届选举工作实施方案，开展多种形式宣传活动，动员选民参加社区换届选举。全市283个居委会共选出居委会领导成员1124人，占应选总额的94.3%，其中女性当选469人，占当选总数的41.7%。选举结束后，各县区党校对居委会领导成员分期分批进行轮训。

1997年，永州市进行第三次居委会换届选举。8月，市民政局在冷水滩区肖家园街道办事处6个居委会、2个家属委员会进行差额选举试点。市民政局基政科、各县（区）民政基政股、冷水滩区民政局、肖家园街道办事处分别抽调工作人员，下到试点居委会和家属委员会，指导换届选举试点的宣传发动、推选居民代表、进行选民登记、组织居民小组提出居民委员会候选人等工作。在冷水滩区北街居委会首次实行差额选举中，居委会提名的两名主任候选人，在正式选举中落选，为冷水滩首例。9月5日，全市居委会正式选举，选举产生新一届居民（家属）委员会成员52名，其中居民（家属）委员会主任8人，居民委员会副主任9人，居民（家属）委员会委员22人，平均年龄41.4岁。

2006年，市民政局根据省委、省政府办公厅《关于认真做好全省第六次社区居民委员会换届选举工作的通知》文件，在居委会换届选举中，采取直接选举与间接选举两种方式。由于首次推行直接选举，市民政局在零陵区朝阳办事处选择沙沟湾和杨梓塘两个社区，分别进行直接和间接选举试点。在试点中，市民政局严格依法依规办事，实行领导建议与群众民意相结合，市、区、办事处三级联动，进行全方位指导，全过程跟踪，力求做到指导在前，发现问题在前，纠正错误在前。同时，市委、市政府将市审计局和市农经委等单位领导纳入市选举委员会中，在县、区、乡镇成立党委、政府主要领导挂帅的专门领导机构和工作机构，多次召开专门会议，研究选举要求、方法和步骤等工作。广泛征集意见，编制直接选举和间接选举方案。在试点社区沙沟湾社区举行直接选举投票时，市民政局还组织县区选举工作人员现场观摩，学习试点工作经验。是年，全市共118个社区居委会全部完成换届工作。

2009年，市民政局根据《中共湖南省委办公厅湖南人民政府办公厅关于认真做好全省第七次社区居民委员会换届选举工作的通知》，制定《永州市第七次社区居民委员会换届选举工作实施方案》。这次换届在候选人推选方面实行“两个提倡”：提倡社区居委会党支部书记、主任一肩挑，提倡社区居委会两委成员交叉任职。具体程序为：推荐的社区党支部书记人选，先参加社区居委会的选举，选上后，再推荐为党支部书记人选。如果选不上社区居委会主任，就不再推荐为党支部（党总支、党委）书记人选。新当选的社区居委会中的党员成员可以通过党内选举，兼任社区党支部成员。在选举方式上，社区采用直接选举还是间接选举方式，由各县区党委和政府遵循民主选举程序，尊重选民意愿，不搞“一刀切”。是年，永州市224个居委会中，实行直接选举的居委会93个，占选举总数的41.5%。实行间接选举的居委会131个，占选举居委会总数的58.5%。通过选举，社区党组织书记与居委会主任交叉任职的116个，占总数的51.8%。新居委会成员中有党员708名，占居委会成员总数的78%。

2015年，为适应社区网格化管理需要，市委、市政府将中心城区居委会换届选举工作提前到2015年10月，至2016年1月，中心城区40个居委会换届选举工作全部完成。

二、社区管理

1997年8月8日，湖南省民政厅社区服务工作会议在长沙召开，副省长庞道沐在工作报告中，首次提出社区服务，并确定民政部门是社区服务的主管部门。

2002年，永州市民政局根据民政部关于在全国推进城市社区建设的意见精神，按照“便于整合社区资源、便于管理、便于服务、便于功能发挥”原则，在充分考虑社区居民群众的认同感、归属感、社区的稳定性和资源分布等因素，对社区居委会进行调整，将145个居委会调整划分为118个社区居委会。

2003年，新居委会成立后，市委、市政府针对全市33.8%居委会没有办公用房或办公用房窄小、办公条件差状况，把社区建设列入重要议事日程，提出每个居委会办公用房面积不得低于90平方米标准，中心城区所有社区办公活动用房面积最小不少于300平方米标准。市委、市政府、市人大多次听取市民政局关于社区建设的情况汇报，市委副书记、市社区建设领导小组组长邓三龙，市委常委、常务副市长崔永平带领相关部门负责人，多次深入社区现场办公，为社区解决建房选址、规划设计和资金落实等问题。7月16日，市委常委、常务副市长崔永平召开研究中心城区社区办公用房建设专题会议，决定投入建房资金1160万元，用于中心城区58个社区（含黄阳司镇社区1个）新建、改扩建或购置办公用房，并明确工作责任，建立社区建（购）房督办制度，以确保社区居委会办公用房达标。

2004年9月，省民政厅厅长余长明（右二）视察永州冷水滩社区工作

2004年，市委、市政府对每个社区居委会下拨20万元建房补助，按土地成本价为每个需要新建办公用房的社区，提供1亩以内的建设用地。在社区办公用房报建办证过程中，除工本费外，其他行政收费一律免收。在报建审批、拨款、验收和颁证等方面，市财政、规划、国土和房产等部门给予优先安排，提供快捷服务。市民政局统一规范社区建房规模、进度、质量、建筑标识，以及资金的管理和落实。

2007年，市民政局根据党中央、国务院大力发展社区服务的部署，下发《关于深入开展农村和社区平安建设的意见》，开展“三四五”和谐社区创建活动。“三”即“三必访”：新转入社区的党员必访，群众有困难必访，居民病逝必访。“四”即“四个一”：社区工作人员为居民做一件实事好事，参加一次义务劳动，向党支部反映一条信息，提一条合理化建议。“五”即“五包”：包一户党员特困户，做他们的贴心人；包一名“两劳释放人员”，做他们的知音；包一名孤寡老人，做他们的好儿女；包一名下岗职工，做他们的参谋；包一名残疾人，做他们的好帮手。是年，江华县永新社区被省民政厅评为“创建和谐社区先进单位”。

2009，永州市各县区社区通过加快城市社区建设，全市119个城市社区有110个拥有独立产权的办公用房，面积均达到300平方米以上，社区全部建成“六室四站”，即党组织活动室、居委会办公室、警务室、老年活动室、图书室、档案室；帮扶救助服务站、劳动保障服务站、文化活动服务站、计生卫生服务站。是年，冷水滩区被民政部评为“全国和谐社区建设示范城区”。

2012年，为进一步加强社区建设，市委、市政府办公室转发市民政局基层政权和社区建设领导小组办公室《关于市区两级领导及单位联点帮扶创建和谐文明社区的工作方案》，提出社区建设“一强六好”帮扶目标，即“班子强、自治好、管理好、服务好、环境好、治安好、风尚好”。市委、市政府将联点帮扶社区建设工作纳入各级党委、政府的目标管理和绩效考核内容。在实施过程中，市委、市政府主委采取以下措施：实行市区两级共同联点，建立市级领导和县（区）单位共同对口联系帮扶社区的体制机制，安排相应的人力、物力和财力；落实帮扶单位责任制，确定帮扶的各单位一把手为主要责任人；加大督促检查力度，每月一调度，每季一督查，每半年一评比，每年召开一次牵头单位责任领导例会；强化经费保障，市、区财政安排适当经费，确保联点帮扶工作的顺利开展。同时，市民政局确定冷水滩区杨家桥街道长丰社区、梅湾街道逸云路社区、菱角山街道车站社区等51个中心城市社区为市级联点帮扶社区，安排结对帮扶社区的领导及市区直单位，研究制定《城市社区建设指标评价体系》，对和谐文明社区创建工作提出具体的定量考核办法和细则。在联点帮扶中，新田县投入2600多万元，加大社区办公用房改扩建，使新田各社区办公用房面积均达到1000平方米以上。为方便群众办事，使社区群众足不出社区就办好事，民政、人社、卫计等9个职能部门将60项基本公共服务职能下放到社区，每个社区统一建设好党群活动中心、养老托老场所、休闲健身场所、便民服务站、网格管理站、综治信访维稳站，以及图书阅览室、医疗卫生服务室、心理疏导室、警务室等学习、娱乐和健身场所。江华瑶族自治县沱江镇阳华社区利用党群活动中心平台，以党建为龙头，充分发挥党员先锋模范作用，创建服务型、自治型、平安型、文化型“四型”社区，并在社区全体党员中全面推行“12345”工作法。即：每名党员帮扶1户特困家庭户，联系2名流动党员，带动3名下岗失业人员实现再就业和创业，做到四新：有新思路、新目标、

2012年5月22日，省民政厅副厅长唐白玉（左一）到江华瑶族自治县阳华社区检查社会救助工作

新措施、新成效，合力创建五好党支部。是年，阳华社区被人力资源和社会保障部评为“全国充分就业星级示范社区”。

2013 年，永州市民政局开展“社区规范管理年”活动。4 月，印发《永州市“社区规范管理年”活动实施方案》，提出社区管理“十规范”，即规范社区工作用房功能布局及标牌标识，规范社区组织命名，规范社区工作机制，规范社区工作队伍管理，规范社区岗位职责，规范社区工作制度，规范社区工作流程，规范社区资产管理，规范社区财务管理及规范社区档案管理。在这次活动中，江华瑶族自治县沱江镇春晓社区推行网格听民声，实现服务零距离，努力创建“两型社区”“和谐社区”。是年，沱江镇春晓社区被评为“全国和谐社区先进单位”。

2014 年，永州市委、市政府开展“幸福社区”建设活动。5 月 23 日，市委、市政府办公室印发《关于推进幸福社区建设的实施意见》，力争通过 3~5 年时间，全市 80%以上的社区达到幸福社区标准，即：基本建成坚强有力、运转协调的组织体系；管理有序、清洁优美的生活环境；安全稳定、治安良好的社会秩序；广泛动员、共驻共建的参与意识，诚信互助、团结友爱的人际关系；内容丰富、健康向上的文化氛围；配套齐全、机制完善的服务功能；渠道畅通、救助及时的保障网络。具体工作目标是：自治好、服务好、治安好、环境好、风尚好和机制好。为此，市委、市政府强化组织领导，将社区建设纳入城市建设和发展总体布局，纳入党委重要议事日程，纳入政府履行社会管理公共服务的重要内容；加强社区办公服务用房等基础设施建设；加强社区网格化建设和管理；加强经费保障，将社区工作经费、人员报酬、服务场所建设等经费纳入县区财政预算，积极争取国家、省相关社区建设、社区改革等专项配套资金，以及社会赞助资金；强化目标管理，将各单位、各部门重视、支持、配合参与社区建设工作纳入目标管理综合考核范围。

2015 年，永州市民政局对社区事务项目进行清理整顿，通过清理整顿，全市共减少 26 类进社区的公共事务、25 类进村的公共事务；清理减少 288 块进社区的牌子、233 块进村的牌子；清理减少 13 类进社区的工作机构、13 类进村的工作机构；清理减少涉及社区的 12 类检查评比事项、涉及村的 11 类检查评比事项；清理减少 21 类进社区的工作台账、20 类进村的工作台账。

第四章 双拥优抚

第一节 拥军优属

一、领导慰问

1995 年 5 月，经永州市委、市政府、永州军分区批准，成立永州市拥政爱民拥军优属工作领导小组，市长卞翠屏任组长，市委副书记谭政和永州军分区政治部主任唐先秋任副组长，市委宣传部等 21 个市级行政部门负责人为成员。领导小组办公室（简称“双拥办”）设置在市民政局内，市民政局分管双拥工作的副局长胡晓猛兼任办公室主任，负责日常工作。7 月 31 日，市长卞翠屏、市委副书记谭政带领市委办、市政府办、市双拥办负责人分别走访慰问驻永团以上部队，共赠送慰问金 5 万元。是年，元旦、春节期间，市县（区）各级领导走访生活困难军队退役人员 1000 人次，共发放慰问金 106 万元、慰问物资 2600 件（折合人民币 13 万元）。

1996—2005 年，永州市委、市人大、市政府和市政协有关领导带领相关部门负责人，每年在元旦、春节、“八一”期间，开展走访慰问驻永部队和困难军队退役人员。

2006 年 7 月 30 日，永州市委书记陈文浩，市委副书记、市长严志辉和副书记唐松成，分别在市民政局局长高增遗、副局长陈玉贵、副局长何挺松陪同下，走访慰问驻永部队团以上单位，共赠送慰问金 6.5 万元；走访慰问军队退役人员特困户 20 户，每户赠送慰问金 1000 元。元旦、春节期间，市各级领导共走访生活困难军队退役人员 6915 人，发放慰问金 106 万元、慰问物资 2640 件（折合人民币 13 万余元）。市民政局投入资金 30 万元，为 222 户生活困难军队退役人员家庭修缮住房；筹集资金 48 万元，为 3138 名生活困难军队退役人员解决医疗费。2007 年，永州市委、市政府授予永州市委办公室等 20 个单位“双拥工作先进单位”称号，授予永州市政府副秘书长刘建林等 30 位同志“双拥工作先进个人”称号。2008 年，永州市双拥工作领导小组召开优秀退役军人表彰大会，对唐金桥等100名退役军人进行表彰。

2009年7月31日，永州市委、市政府、永州军分区联合主办庆祝“八一”建军节军警民联欢晚会。市委书记黄天锡，市人大常委会主任李良铁，市人民政府常务副市长唐松成，市委常委、市纪委书记刘湘凌以及永州军分区有关领导出席联欢晚会。会上为全市新入伍的战士家庭发放《光荣军属》牌匾2200块。

2011年，市双拥工作领导小组在华天大酒店召开“八一”建军节座谈会。市委书记张硕辅，市委领导，驻永部队负责人和复退军人、残疾军人、军队离退休干部、军烈属代表共60余人参加座谈会，市委书记张硕辅主持座谈会。代表们畅谈国家改革开放取得的辉煌成绩，表达对党和政府关心帮助复退军人、残疾军人、军队离退休干部、军烈属的感激之情。

2011年，市双拥工作领导小组在华天大酒店召开“八一”建军节座谈会

2015年，“八一”建军节前夕，永州市委、市政府在市民政局召开全市“双带双促”优秀退役军人表彰大会，对黄爱华、贺发源、谢金宝、陈勇、周顺元、何永沛、刘恩华、姜上煌、张修任、尹三元、何守保、胡仕英、黄飞等13名优秀创业退役军人进行表彰。是年，市军供站规范化建设取得优异成绩，被民政部、解放军总后勤部授予“全国军供正规化建设先进单位”称号。

2015年，市委、市政府在市民政局会议室召开全市“双带双促”优秀退役军人表彰大会

二、双拥活动

1996—1997年，永州市政府投入155.2万元，对光荣院进行维修改造，全年共维修旧房24.6平方米，改造危房1500平方米。

2005—2006年，永州市委、市政府部署开展创建省级“双拥模范城”活动。市双拥办出台《关于印发〈永州市创建省级双拥模范城成员单位目标责任考核标准〉的通知》，并利用新闻媒体、大型双拥宣传广告牌和国防教育基地，在全市开展“双拥”宣传活动。各级政府在财政困难的情况下，首先保证各类抚恤补助达到国家规定标准，对革命伤残军人乘坐火车、长途汽车、飞机等交通工具，给予优先购票和减收票价优待，对军转干部子女就近安排入托入学，对现役军人配偶安排工作给予照顾。企事业单位与驻永部队开展结对子活动。湖南科技学院与零陵区人武部、永州火车站与武警永州支队、永州职业技术学院与武警永州市消防支队、永州市第四中学与91954部队、冷水滩电线电缆有限公司与冷水滩区人武部、中国联通永州分公司与永州军分区结成对子，开展形式多样的双拥活动。

驻永部队积极参与地方生产建设，开展扶贫帮困、支持希望工程和科技助民等活动。每个团级单位负责建立一个扶贫点或援建点，每名团级以上军官负责援助一名贫困学生。驻东安县川岩乡的76129部队，为帮助当地改变落后面貌，先后多次与乡领导、村委会干部召开商讨会，与群众进行促膝谈心，指导村委会制定完善村规民约，向村民提供科技致富信息，帮助村民余新民创办水果、养殖示范基地，为川岩乡绿化公路林带1000米，开挖树沟1500米，植树造林12000株，建成两条“军民共建林”。为群众修建沼气池10座，挖卫生井8口，建节能省柴灶40个，帮助清理垃圾100多吨。县人武部、县武警中队、县消防大队积极开展学雷锋活动，出动500多人次，到车站、广场、交通要道打扫清洁卫生。经常深入居委会、光荣院、福利院为孤老、病残、烈军属运煤、送柴、扫地、洗衣，排忧解难。4月17—18日，省双拥模范城考察验收组对永州市双拥模范城建设进行考察验收。4月17日，永州市召开双拥模范城验收汇报会，市民政局党组书记、局长高增遗向省双拥模范城考察验收组汇报拥军优属工作；市委常委、常务副市长崔永平汇报全市双拥工作情况；市委常委、永州军分区政委杨南平汇报拥政爱民工作情况。4月18日，零陵区委副书记胡冬向省双拥模范城考察验收组汇报零陵区军警民联防情况。省军区政治部副主任胡建考察冷水滩区岚角山军供粮站、市消防支队，召开地方单位及优抚对象座谈会和驻永部队官兵座谈会。2006年3月，省双拥领导小组再次对永州市双拥模范城建设进行验收，市民政局党组书记、局长高增遗向省双拥模范城考察验收组作拥军优属情况汇报，市委常委、常务副市长崔永平汇报全市双拥工作情况，省双拥模范城考察验收组召开地方单位及优抚对象座谈会。

2005年4月18日，市委常委、常务副市长崔永平（左二）向省双拥模范城考察验收组汇报全市双拥工作情况

是年，湖南省委、省政府、省军区授予永州市“双拥模范县市”市民政局“爱国拥军模范单位”、东安县“双拥模范县”称号，授予东安县民政局“爱国拥军模范单位”、东安县民政局长雷双姣“爱国拥军模范个人”、永州军分区“拥政爱民模范单位”、永州市消防支队政治处主任涂万林“拥政爱民模范”，纪天军等7名军队退役人员“双拥工作先进个

2006年7月，永州市民政局被省委、省政府、省军区授予“爱国拥军模范单位”称号

人”称号。

2008年，永州市民政局开展扶持优抚对象“奔小康”活动。投入资金134.47万元，扶持938名优抚对象创业；投入资金113.85万元，对生活、就医和住房特别困难优抚对象，给予生活救济、医疗救助和住房维修改造补助。

2008年，军分区司令员陈华（左二）、政委张美学（左三）深入双牌县扶贫点指导新农村建设

2010年4月22日，某空军飞机在试飞中出现故障，坠落在道县仙子脚镇沙田村桐子坪山沟，道县县委、县政府得知情况后，立即组织本地部队、干警、村民6000余人保护现场，进行搜救。全市各行业、各单位采取不同形式，开展双拥活动。通过省双拥模范城创建工作验收，湖南省委、省政府、省军区第二次授予永州市和东安县“双拥模范城”称号。东安县电力局被评为“湖南省爱国拥军模范单位”，零陵区民政局被评为“湖南省关爱优抚对象活动先进单位”，零陵区人民武装部被评为“湖南省拥政爱民模范单位”。市民政局优抚科科长何解顺、冷水滩区民政局局长陈劲风被评为“湖南省关爱优抚对象活动先进个人”。东安县民政局局长邓贵春、冷水滩区政府办副主任邓检生被评为“湖南省爱国拥军模范个人”。冷水滩区人民武装部部长刘洁被评为“湖南省拥政爱民模范个人”，道县人民武装部政工科科长冯含春被评为“湖南省关爱优抚对象活动先进个人”。谢金宝等11名军队退役人员被评为“湖南省优秀复员退伍军人”。

2011年，东安县民政局投入资金30万元，对全县所有“双拥”宣传牌进行更换和翻新。投入资金190多万元，对驻永76129部队青松线10KV线路进行全线升级改造，新建川岩基站、豹虎岩基站和石板铺基站。2014年，永州市双拥办协助部队解决干部子女上学29人次，为部队大龄青年牵线搭桥3人次，处理和维护现役军人合法权益13起，协调解决现役军人涉法问题2人次。

2015年，永州市科技局与驻永部队互设联络员，保持联系沟通。部队在训练、工作和执行任务中遇到科技方面的困难和问题时，市科技局领导和科技人员在第一时间赶赴现场给予支援帮助。市司法局建立军人法律援助站，为现役军人家庭涉法问题提供法律援助。市电大、党校为部队官兵进行在职培训。市教育局为驻永部队干部子女解决上学问题。

第二节　优待抚恤

一、牺牲、病故抚恤

1996 年，永州市政府根据民政部、财政部《关于提高部分优抚对象抚恤补助标准的通知》精神，从 1996 年 7 月 1 日起，提高“三属”“三红”人员抚恤补助标准，其中“三属”人员定期抚恤金在 1995 年标准的基础上，每人每月提高 5 元；农村烈士遗属、因公牺牲军人家属，由原每月 60 元提高到 65 元；病故军人家属由原每月 55 元提高到 60 元；小城镇烈士遗属、因公牺牲军人家属由原每月 60 元提高到 65 元；病故军人家属由原每月 65 元提高到 70 元；大城镇烈士遗属、因公牺牲军人家属由原每月 75 元提高到 80 元；病故军人家属由原每月 70 元提高到 75 元。“三红”人员中，在乡退伍红军老战士每月提高 49 元，每月达 300 元；在乡西路红军老战士，每月提高 65 元，达 200 元；红军失散人员每月提高 15 元，达 70 元。是年，“三属”“三红”人员为 1023 人，共计抚恤金为 98.6 万元。

1997—2015 年，永州市政府先后 17 次调整提高“三属”和“三红”人员的抚恤补助标准，特别是从 2005 年起，对“三属”“三红”人员抚恤补助标准，有较大幅度增长。2005 年，农村烈属抚恤补助标准每年是 4200 元，到 2015 年提高到 19120 元；城镇烈属抚恤补助标准，2005 年是 2640 元，到 2015 年提高到 15410 元；在乡退伍红军老战士抚恤补助标准，2005 年是 22870 元，2015 年提高到 41750 元。在乡退伍红军老战士、在乡西路军红军老战士和红军失散人员的生活补助标准，在 2003 年标准的基础上，每人每月分别提高到 8820 元、8040 元和 2730 元。

至 2015 年，永州市享受抚恤补助对象 1332 人，共计抚恤金为 23212.6 万元。

二、伤残抚恤

1996 年 1 月 1 日，永州市民政局根据民政部下发的《关于提高部分优抚对象抚恤补助标准的通知》，提高在乡革命伤残军人抚恤标准。因战伤残特等每年提高 1000 元，达 3240 元；因公伤残特等每年提高 980 元，达 3080 元；因战伤残一等每年提高 600 元，达 2460 元；因公伤残一等每年提高 590 元，达 2330 元。

1997 年，永州市政府对在乡特一等伤残军人发放生活补贴每人每月 150 元。1999—2003 年，对伤残军人每年不同程度提高抚恤标准。2004 年，永州市政府对新旧残疾等级对应关系进行套改，特等套改一级，一等套改三级，二等甲级套改五级，二等乙级套改六级，三等甲级套改七级，三等乙级套改八级。警察伤残人员、国家机关工作伤残人员、有伤残证件的民兵民工，参照本套改办法执行。2006 年，市政府对一至十级伤残人员抚恤标准提高 30%。2008 年，对一至六级残疾军人全部参加城镇职工基本医疗保险，其个人缴费部分由政府从优抚医疗补助经费中解决。2009—2014 年，市政府每年都不同程度提高伤残军人、伤残人民警察、伤残国家机关工作人员、伤残民兵民工残疾抚恤标准和生活补贴。

2015 年，经调整残疾抚恤标准，一级残疾，因战的每人每年为 60210 元，因公的每人每年为 58310 元，因病的每人每年为 56400 元；二级残疾，因战的每人每年为 54490 元，因公的每人每年为 51620 元，因病的每人每年为 49690 元；三级残疾，因战的每人每年为 47810 元，因公的每人每年为 44930 元，因病的每人每年为 42080 元。

三、双定补助

1996 年 6 月 18 日，永州市民政局印发《关于提高在乡老复员军人生活补助标准的通知》，提高永州市在乡老复员军人生活补助标准。抗日战争时期入伍的每人每月由 26 元提高到 30 元；解放战争入伍的每人每月由 22 元提高到 30 元；建国后入伍的每人每月由 15 元提高到 25 元。调整后的补助标准从 1996 年 1 月 1 日起执行，提高标准的经费支出由省、市财政负担 40%，县区财政负担 60%。优抚对象的范围由原来的义务兵拓宽至老复员军人、“三属” 和伤残军人。1999 年，市民政局根据民政部、财政部《关于提高部分优抚对象抚恤补助标准的通知》规定，从 1999 年 1 月 1 日起，提高在乡老复员军人生活补助，在原标准的基础上每人每月增加 20 元。

2001 年，市民政局对优抚对象开展全面普查。普查结果，永州市在乡老复员军人 16900 人，精简下放的在乡老复员军人 1718 人，投诚起义的在乡老复员军人 955 人，地下武装 103 人，在乡革命伤残人员 1577 人，在职革命伤残人员 1302 人，“三属” 人员 913 人，红军失散人员 6 人，享受双定补助的退伍军人 5155 人。是年，祁阳县民政局、东安县民政局、宁远县民政局、蓝山县民政局被省民政厅评为“全省优抚安置普查工作先进单位”。市财政局副局长雷隆相、市民政局优抚科科长邹越、江华县民政局副局长唐光友、冷水滩区民政局副局长王建芳被省民政厅评为“全省优抚安置普查工作先进个人”。

2002 年，根据省民政厅（湘民优发〔2002〕4 号）文件精神，从 1 月 1 日起，市政府提高 20 世纪 60 年代精减下放人员中在乡老复员军人生活补助标准，在享受原工资40%的救济费或定期定量救济费的基础上，平均每人每月增加35元，月标准达到55元。2003年，市政府对在乡老复员军人每人每年安排医疗补助费60元，全市共为18899名在乡老复员军人安排医疗补助费113万元。2005—2006年，市政府又连续三年提高带病回乡退伍军人“双定补助”标准。

2006年，根据省民政厅（湘民优发〔2006〕5号）文件精神，在现行补助标准基础上，每人每年增加240元；带病回乡退伍军人每人每月提高70元。

2007年，市政府对在农村和城镇无工作单位、且家庭困难的、1954年11月1日后入伍并参战的退役人员，按照每人每月100元的标准发放生活补助。根据民政部、财政部、劳动和社会保障部、卫生部《优抚对象医疗保障办法》精神，从8月1日起，将七至十级残疾军人、烈士遗属、在乡复员军人、带病回乡退伍军人等优抚对象纳入城镇职工基本医疗保险、城镇居民基本医疗保险、新型农村合作医疗和城乡医疗救助体系，按规定给予缴费补助。

2008年6月11日至7月10日，市民政局对11个县区的11个乡镇的16816名老复员军人进行抽查，年龄在75~80岁之间的占复员总数的80%左右，年龄最小的75岁，最大的90岁。在抽查中发现，这些老复员军人身体状况普遍较差，伴有各种老年疾病，行动不便，生活较困难。针对这一情况，市民政局开展为在乡老复员军人送温暖活动，在“八一”建军节期间，给每位在乡老复员军人发放200元慰问金。对在乡老复员军人、带病回乡人员、参战涉核人员，每月提高生活补助标准50元；企业退伍老兵每人每月提高生活补助标准150元。10月1日，伤残人员生活标准提高20%。2010年，市民政局对1953年12月31日前参军，后在企业退休的军队退役士兵每月提高100元生活补贴。

2011—2012年，永州市政府扩大双定补助范围。对1954年11月1日试行义务兵役制后至《退役士兵安置条例》实施前入伍、年龄在60周岁以上（含60周岁）、未享受到国家定期抚恤补助的农村籍退役士兵，发放老年生活补助，补助标准为每服一年义务兵役（不满一年的按一年计算），每人每月发放10元；对直接参与铀矿开采的军队退役人员，每人每月发放定期抚恤补助150元；对1953年12月31日前参军后在企业退休的军队退役士兵，每人每月增发100元生活困难补助费；对在乡老复员军人每人每月提高标准60元，带病回乡人员、参战涉核人员每人每月提高标准30元；新中国成立前加入中国共产党的农村老党员和未享受离退休待遇的城镇老党员每月提高标准30元。

2013年，永州市民政局从1月1日起，对1953年12月31日前参军后在企业退休的军队退役士兵，每人每月增发生活困难补助费180元。从10月1日起，对在乡老复员军人和上述人员中孤老对象，每人每月提高生活补助标准50元；参加抗美援朝战争的每人每月在上述标准基础上增发 20 元；带病回乡人员、参战涉核人员每人每月提高生活补助标准 35 元；新中国成立前加入中国共产党的农村老党员和未享受离退休待遇的城镇老党员每月提高标准 35 元。

2015 年，永州市民政局从 10 月 1 日起，对在乡老复员军人每人每月提高标准 200 元，带病回乡人员每人每月提高标准 50 元，参战涉核人员每人每月提高标准 100 元，新中国成立前加入中国共产党的农村老党员和未享受离退休待遇的城镇老党员每人每月提高标准 100 元。是年，永州市享受国家抚恤补助的在乡复员军人 9385 人，发放抚恤补助金 7545.54 万元；带病回乡退伍军人 1.5975 万人，发放抚恤补助金 6134.4 万元；参战退役人员 1.3858 万人，发放抚恤补助金 5321.472 万元；参核退役人员 538 人，发放抚恤补助金 206.592 万元；60 周岁以上农村退役老义务兵 4.0998 万人，发放抚恤补助金 2870.148 万元；部分烈士（错杀、平反）的子女 1593 人，发放抚恤补助金 53.235 万元。

四、优抚对象扶持

1998—2003 年，永州市民政局下拨资金 190.5 万元，为 403 户在乡老复员军人家庭新建或维修住房补助和减免医疗费用共计 104 万元。

2006 年 9 月 5 日，市民政局副局长陈玉贵（左二）到江永县走访“扶优奔康”对象

2006 年，市委、市政府开展扶持优抚对象“奔小康”活动。市民政局、市农业局、市林业局、市畜牧水产局、市科技局和市商务局联合印发《关于深入开展扶持优抚对象奔小康活动的通知》，当年对口扶持 13 户贫困户，即零陵区魏世祚、冷水滩区张春安、新田县尹三元、江华县刘忠云、祁阳县高友明和陈二元、双牌县盘德春、道县黄冠连和邓显新、江永县沈光保和蒋光荣、蓝山县黄少宝、宁远县谢海涛。

2007 年，市民政局、市委宣传部、市财政局联合印发《关于组织开展关爱优抚对象“五个一”活动的通知》，市民政局每年走访慰问重点优抚对象 1000 户，扶持优抚对象奔小康 1000 户，对优抚对象医疗救助解困 100 名，维修改造住房 100 户，宣传先进典型 100 名。各县（区）主要领导，每年在春节和“八一”期间，走访慰问困难军烈属、在乡老复员军人、伤残军人等重点优抚对象。对退伍回乡创业带动老百姓致富的退役军人，对住房困难的优抚对象给予资金支持，帮助维修改建住房。通过政府扶持，一部分优抚对象走上小康之路。谢海涛，宁远县清水桥镇谢家村人，1997 年 12 月应征入伍，2000 年 12 月退出现役，在政府扶持下，养殖黄牛 180 头，带动当地 30 名退伍军人就业。是年，被市政府评选为“双带双促”活动典型，《湖南日报》进行宣传报道。

2008 年 4 月 17—21 日，市民政局在永州市职业技术学院举办扶持优抚对象奔小康示范户技能培训班，培训内容为种植、养殖技术和农副产品市场营销。是年，全市民政部门扶持资金 260 万元，扶持优抚对象脱贫 528 名。

2009 年，市民政局、财政局、劳动和社会保障局、卫生局联合印发《永州市优抚对象医疗保障办法》，将各类重点优抚对象分别纳入城镇职工或居民基本医疗保险、新型农村合作医疗，帮助无力交费的优抚对象参保，全年为 258 名重点优抚对象支付参保经费 58.5 万元，为 86 名重点优抚对象免费做白内障复明手术。

2010 年，市政府投资 350 万元，为 58586 名在乡老复员军人家庭进行危房改造，建立优抚对象医疗费用“一站式”及时结算网络平台，方便优抚对象出院时医疗费用的结算，开展为在乡老复员军人送医送药下乡活动。11 月 21—25 日，市民政局在冷水滩区举办永州市第二届扶持优抚对象奔小康第二期技能培训班，全市 13 个县区 90 名退役士兵参加培训。培训班邀请市农业局高级农艺师现场授课，祁阳县养鸽大户何友富和香蕉种植大户李永亮在会上进行经验介绍。会后组织参训人员参观冷水滩区扶优奔小康示范户黄爱华的农业综合开发基地、祁阳县谢金宝的养鸽基地和李永亮的香蕉基地。

2011 年，市政府投资 245 万元，为 408 名重点优抚对象家庭的危房进行维修改造；投资 226 万元，扶持 443 名退伍军人自主创业；投资 152 万元，帮助 3036 名优抚对象解决医疗困难；投资 220 万元，为 4406 名在乡老复员军人送医送药。

2013 年，市民政局对 520 名优抚对象中患有特殊疾病、行动不便的 120 名重点优抚对象，组织开展医疗巡诊活动，免费为他们进行病情检查和诊断，建立健全优抚对象健康档案，以便于及时联系、及时送医送药。9 月，市民政局开展“手拉手、帮战友”扶持优抚对象创业活动。10 月，市民政局在冷水滩区和新田县组织开展第六期扶持退役军人奔小康，即“双带双促”活动培训班，永州市 70 名退役军人参加培训。12 月 5 日，永州市政府召开退伍军人“双带双促”工作动员会，各县区分管副县（区）长，人武部政委及政工科科长，人社局、民政局及市直有关部门负责人共120多人参加会议。会议按照“建好阵地、健全机制、发挥作用、富有特色”的要求，对今后“双带双促”活动进行部署安排。在市委、市政府的大力支持下，“双带双促”活动涌现一批积极参与经济建设和带头维护社会稳定的优秀退役军人。退役军人赵定山1990年9月退伍后，不甘平庸，在家乡第一个建立养殖场，养殖优质品种黑山羊，第一个发展高山土鸡养殖，第一个连片承包土地200亩，发展反季供港澳蔬菜基地。他安排退役士兵就业6人，养殖黑山羊500头，土鸡2000只，种玉米200亩，年产值近100万元。在他的示范带动下，家乡发展10多户种养大户，带动大家一起致富奔小康。退伍军人谢金宝，祁阳县浯溪镇人。1984年退役，2004年自主创业成立祁阳金丽鸽业有限公司，是一家集养殖、孵化、加工、销售肉鸽于一体的特色农业产业化养殖基地。2014年12月26日，又成立永州绿而康农业发展有限公司，注册资本600万元，主要经营有机无机肥、农村土地流转开发服务和农业技术指导培训。2015年，谢金宝创办的祁阳金丽鸽业有限公司存笼原种鸽5万多对，出笼肉鸽60万羽，年产值8000多万元，成为永州地区最大的养鸽基地。5月10日，国务院参事刘志仁考察祁阳金丽鸽业有限公司。

2015年，市政府召开“双带双促”优秀退役军人表彰大会，对在“双带双促”活动中表现突出的黄爱华、阳永红、周治宝、谢金宝、贺志勇、唐祖孔、翟芳超、王裕文、何守保、林传宇、唐小林、赵定山、郑土祥13名优秀创业退役军人予以表彰，并在永州电视台开辟“双带双促优秀事迹展播”专栏和在《永州日报》开辟“退役军人风采”专栏，宣传他们的先进事迹。

五、光荣院建设

1996年，永州市有光荣院11所，其中县（区）光荣院9所，镇办光荣院2所。9所县（区）办光荣院是：芝山区光荣院、新田县光荣院、江华县光荣院、东安县光荣院、双牌县光荣院、祁阳县光荣院、蓝山县光荣院、江永县光荣院和道县光荣院。2所镇办光荣院是：祁阳县文明铺镇光荣院和大村甸镇光荣院。1997年，市民政局投入资金155.20万元，帮助光荣院维修旧房24.6平方米，改造危房1500平方米。全市光荣院固定总资产达378.5万元，配备工作人员53名，接收孤老优抚对象144名。

2000年，江华县光荣院整体搬迁至沱江镇城内新街16号，新建光荣院占地面积1334平方米，建筑面积600平方米，床位40张。2001年，宁远县在县城水市路98号新建1所光荣院，占地面积14000平方米，建筑面积2500平方米，绿化面积1200平方米。院内设有标准化食堂、男女澡堂、健身房（场）、娱乐室、医务室、活动室、操场及健身室等。院内还划分工作、住宿、餐饮、健身、休闲、娱乐等区域，并实施绿化、美化、亮化工程，环境优美。各光荣院因地制宜开展种植、养殖、加工等生产经营活动，做到蔬菜、水果、肉、蛋、禽、鱼基本自给，实现“以副补院”。

2006年，湖南省民政厅下拨永州市光荣院改造资金165万元，对冷水滩区、零陵区、蓝山县、江华瑶族自治县、宁远县、道县光荣院进行改造，提高入住光荣院老人生活费。城市入住老人由每人每月105元提高到210元，农村入住老人由每人每月74元提高到160元；所有入居老人，零用钱由每人每月15元提高到50元，衣被费由每人每年40元提高到200元，医药费由每人每月60元提高到300元，取暖费由每人每年15元提高到50元。

2010—2015年，市政府不断提高光荣院入居老人生活标准和各类津贴。2010年，市政府从1月1日起，调整光荣院集中供养人员生活标准。城镇入住人员的生活费由每人每月260元提高到300元，农村入住人员生活费由每人每月210元提高到250元；所有光荣院（间）入住人员的零用钱每人每月提高到150元，衣被费300元，医药费500元，取暖费100元不变。2011年3月1日，民政部《光荣院管理办法》正式施行，永州市政府从10月1日起，又提高入住光荣院老人生活费。城市入住老人由每人每月300元提高到400元，农村入住老人由每人每月250元提高到350元。市民政局投入资金585万元，对宁远县、东安县、道县、双牌县、冷水滩区光荣院的医务室进行维修改造，并添置一些医疗器械。2015年，市政府从2016年1月1日起，又进一步提高光荣院集中供养人员的生活标准，由每人每月500元提高到600元，零用钱由每人每月150元提高到240元，取暖费由每人每年200元提高到300元，衣被费每人每年500元，医疗费每人每年500元。

第三节　烈士褒扬

一、烈士评审

1994年6月9日，祁阳县挂榜山林场邓家岭村村民蒋铁民，在广西博白县三江乡因抢救被洪水围困的学生牺牲，后被湖南省人民政府追认为革命烈士。7月23日晚，道县公安局干警廖广球在抗洪抢险中为抢救他人生命财产不幸牺牲，1995年1月，被湖南省人民政府追认为革命烈士。

1996—1999年，新田县公安局大坪塘派出所二级警司彭土顺，在搜捕金盆圩镇骆铭孙村少数刑事犯罪分子行动中光荣牺牲，宁远县公安局中和镇派出所所长李国勤，在中和镇慕投新村执行公务依法查处违法犯罪行为中牺牲，蓝山县塔峰镇半洞村村民雷渊运为抢救落水学生牺牲，被湖南省人民政府追认为革命烈士。

2002—2009 年，被湖南省人民政府追认为烈士的有：为保护宁远县天堂镇蒋家村公民生命财产牺牲的解放军总参谋部战士蒋国政；为调查本村山场杉树盗采面被犯罪分子杀害的蓝山县祠堂圩乡宅头村村民杨晋明；为扑救森林火灾牺牲的蓝山县洪观乡八五村村民刘高晴、刘六广；为保护国家财产勇斗歹徒牺牲的祁阳县信用合作联社杨家桥分社出纳、助理会计师谭翠莲；为保护国家保护与持枪抢劫歹徒搏斗牺牲的冷水滩区上岭桥农村信用社副主任莫晓辉、冷水滩区梅湾街道三多亭社区党委副书记陈本亮、冷水滩区梅湾街道办事处计生干部何兰君；在执行公务中被犯罪分子杀害的冷水滩区交警大队河西中队科员唐奎林；在东莞因抢救落水群众牺牲的祁阳县茅竹镇道塘村村民邓文国；为扑救森林火灾牺牲的宁远县仁和镇村民黄运才、唐格清、王小凤、黄日旺、黄清元、黄根发、黄福顺、黄会武、黄建明、黄强清；为抢救落水学生牺牲的祁阳县白水镇铁炉村村民高桂保；在抗击甲流疫情一线因劳累过度而引发心脏性疾病牺牲的永州监狱干警吴战。

2010—2015 年，被湖南省人民政府追认为烈士的有：在执行任务中被持枪罪犯杀害的零陵区人民法院水口山法庭庭长赵沪宁、副庭长蒋启东、珠山法庭副庭长谭斌；在执行公务中被犯罪分子杀害的道县祥霖铺镇派出所所长杨勇飞、道县仙子脚镇司法所所长胡贵军；在执勤中牺牲的祁阳县下马渡镇书家铺村民、中国人民武装警察部队陕西省总队二支队战士李志福；在参加首都反恐防暴实战演习中牺牲的、中国人民武装警察部队北京市总队第九支队战士雷志坚。被公安部政治部追认为烈士的有：在天津滨海新区瑞海物流危化品火灾救援中牺牲的蓝山县竹管寺镇成家村人、天津市公安消防总队开发区支队战士成圆和双牌县打鼓坪乡东河源村人、天津市公安消防总队开发区支队战士蔡家远。

2015 年 9 月 30 日，是国家烈士纪念日，永州市委、市政府在市烈士纪念园举行永州市烈士公祭活动，市委书记陈文浩，市委副书记、市长易佳良，市政协主席唐定，市委常委、副市长蒋善生，市委常委、市委秘书长颜海林，永州军分区司令员张恒洲以及零陵区委区政府主要领导、机关单位干部职工代表、驻永部队官兵代表、烈军属代表、复退军人代表、学生代表以及社会各界群众代表约 500 人参加公祭活动，市委副书记、市长易佳良宣读祭文。其他县（区）也开展不同规模的烈士公祭活动。

2015 年 9 月 30 日，永州市委、市政府、市政协、永州军分区在永州市烈士纪念园举行烈士公祭活动

公祭活动向烈士纪念塔献的花环

二、纪念设施

1994 年前，永州市主要烈士纪念设施有：蒋先云故居、郑作民故居、小源会议旧址、苏维埃红色政权旧址（红六军团司令部旧址）和金洞红军烈士墓。

蒋先云故居 蒋先云（1902—1927），字湘耘，湖南省新田县人，黄埔军校一期学员，中国共产党早期的优秀党员和革命烈士，无产阶级革命家、工人运动领袖、军事将领。1927 年 5 月 28 日，在率部北上河南，攻克临颍城的战斗中英勇牺牲。蒋先云故居位于湖南省新田县大坪塘乡大坪塘村，始建于清朝乾隆 1776 年，由蒋先云的高祖登堂公所建。建筑面积 457.5 平方米，整体呈“一池三堂两井十一间”格局，故蒋氏族人又称之为“月光堂（塘）”。

蒋先云故居

郑作民故居 郑作民（1902—1940），湖南省新田县高山人，黄埔军校第一期毕业生，国民革命军第二军中将副军长。

郑作民故居

1940年2月3日，在指挥部队反击日军重兵包围的突围中牺牲。郑作民故居，位于湖南省新田县高山乡高山村，建于1934年，带有典型的苏式建筑风格，占地面积2600平方米，建筑面积1000平方米。

祁阳县白果市烈士陵园红军墓

祁阳县白果市烈士陵园 2008年，金洞管理区在白果市乡修建白果市烈士陵园，重修红军烈士墓碑，纪念被国民党反动派杀害在阳明山脉红日山脚下仁光村老百姓家中养伤的11名红军战士。

小源会议旧址

小源会议旧址 位于湖南省新田县莲花乡小源村，始建于清咸丰年间，为该村刘氏宗祠，又名“丽正书斋”。旧址坐北朝南，砖木结构，硬山顶小青瓦一层半高楼房，房内设有戏台、天井等。东西长11.2米，南北宽7.3米，建筑面积82平方米。会议旧址之西50米处的一栋民居，为当时红六军团的指挥部旧址，时任红六军团中央代表的任弼时，军团长肖克，政委王震就居住于此。

2011年，永州市民政局对辖区内县级以上烈士纪念设施管理保护单位，以及未列入县级以上管理保护的零散烈士纪念设施，进行全面摸底调查。通过调查，永州市散葬烈士墓5916座，其中有名墓1133座，无名墓4783座。所有烈士墓全部建立详细的档案资料，并全部录入民政部的烈士纪念设施普查系统。7月14日，根据湖南省民政厅《全省零散烈士纪念设施建设管理保护工作实施方案》精神，永州市人民政府制定《永州市本级零散烈士纪念设施建设管理保护工作实施方案》，决定在中心城区建立市级革命烈士纪念园。

2012年，民政部及湖南省民政厅多次召开会议，对革命烈士纪念设施建设工作进行安排布署，中央下拨永州市革命烈士纪念设施建设资金5000万元，永州市配套资金1000万元，各县区筹集资金500万元，动工建设东安、祁阳、江永和江华瑶族自治县革命烈士纪念设施。是年，永州市民政局被湖南省民政厅授予“零散烈士纪念设施保护工作先进单位”称号。

2013 年，新田、双牌、宁远、蓝山、道县 5 县革命烈士纪念设施动工建设。

2014 年，祁阳、东安、江永、新田、宁远 5 县完成革命烈士纪念设施建设主体工程。永州市革命烈士纪念园建设，由永州市政府出资 1000 万元，委托零陵区政府代为建设，该项目进入征地阶段。

2015 年，永州市民政局对道县、江华瑶族自治县、蓝山县、双牌县革命烈士纪念设施建设工作进行督查。通过督查，四县的烈士纪念设施建设主体工程于 7 月底完工。是年，全市 10 处烈士纪念设施建设均完成主体工程。

永州市中心城市革命烈士纪念塔

道县革命烈士纪念塔

双牌县革命烈士纪念塔

江华瑶族自治县革命烈士纪念塔

江永县革命烈士纪念塔

蓝山县革命烈士纪念塔

宁远县革命烈士纪念塔

祁阳县革命烈士纪念塔

新田县革命烈士纪念塔

东安县革命烈士纪念塔

1934 年 8 月红六军团途经永州阳明山纪念碑

三、烈士传记名录

自鸦片战争以来，永州牺牲的烈士共 1788 名。2006 年，永州市按照湖南省烈编委的部署和省烈编办的要求，开展《三湘英烈传》（中华人民共和国成立后）和《湖南省革命烈士英名录》的编纂工作，永州市入《湖南省革命烈士英名录》的有 1524 人。

第四节 革命老区建设

一、革命老区认定

1994 年 5 月 17 日，湖南省民政厅《关于认定祁阳县为革命老根据地的批复》，批准祁阳县为革命老区。7 月 19 日，湖南省民政厅《关于认定蓝山县为革命老根据地的批复》，批准蓝山县为革命老区。

2008 年 1 月 14 日，湖南省民政厅《关于认定江华瑶族自治县为革命老根据地的批复》，批准江华瑶族自治县为革命老区。7 月 4 日，湖南省民政厅《关于认定道县为革命老根据地的批复》，批准道县为革命老根据地。2009 年 1 月 4 日，湖南省民政厅《关于认定新田县为革命老根据地的批复》《关于认定宁远县为革命老根据地的批复》，分别批准新田县和宁远县为革命老根据地。

2011年1月，永州市民政局局长高增遗，根据市委、市政府领导指示，安排局分管革命老区工作的副局长陈宇永，会同永州市史志办副主任高波，负责永州市冷水滩区、零陵区、东安县、双牌县、江永县、金洞管理区第四批革命老根据地的申报工作，及时组织召开相关县区民政局局长和史志办主任参加的动员会，对申报工作进行具体安排部署。由于国家有关政策调整，时至2013年申报工作没有取得实际性成果。2014年3月，市民政局局长肖余胜重新安排启动革命老根据地申报工作，再次组织召开相关县（区）民政局局长和史志办主任参加的动员会。市民政局副局长陈宇永和市史志办副主任高波，深入相关县（区）多次召开研讨调度会，组织人员分别到北京、南京以及周边省、市广泛收集资料，并对申报材料进行修改补充，于2015年年底按要求完成所有申报资料，上报湖南省革命老根据地经济开发促进会。最后，获湖南省革命老根据地经济开发促进会、湖南省党史研究室和省民政厅的审核通过。2016年1月14日，湖南省人民政府批准冷水滩区、零陵区、东安县、双牌县、江永县、金洞管理区为革命老根据地。

二、对革命老区的扶持

1996—2015年，湖南省老区办共计下达永州市扶贫发展资金737万元，用于革命老区的基础建设、农业技术人才培训、农业生产发展与开发等项目的支持，带动5000多人脱贫致富。

1996—2015年湖南省老区办下达永州市扶贫发展资金项目一览表

表4-1　　**单位：万元**

年度	项目实施单位（内容）	资金
1996年	市本级1万元、祁阳县6万元、蓝山县6万元	13
1997年	祁阳县8万元、蓝山县8万元	16
1998年	市本级2万元、祁阳县10万元、蓝山县8万元	20
1999年	市本级3万元、祁阳县11万元、蓝山县9万元	23
2000年	市本级6万元、祁阳县10万元、蓝山县9万元	25
2001年	祁阳县老区扶贫绿色基地9万元、祁阳县文明铺镇饮水工程1万元、蓝山县少数民族地区板栗、柿子开发9万元、新田县陶岭乡周家村美国黑提葡萄种植4万元	23
2002年	永州市农村实用技术培训1万元、祁阳县老区椪柑种植基地开发7万元、蓝山县田新乡赤桉工业原料林开发7万元、新田县陶岭乡周家村美国黑提葡萄种植6万元	21

续表4-1

年度	项目实施单位（内容）	资金
2003 年	祁阳县潘市镇源星村老区基地 6 万元、祁阳县潘市镇源星村老区基地板栗种植 3 万元、蓝山县大麻乡黑山羊养殖开发 4 万元	13
2004 年	市本级老区办农村实用技术培训 1 万元、祁阳县潘市镇源星村老区板栗种植 5 万元、祁阳县文明铺镇林场村老区扶贫基地养羊 3 万元、蓝山县大麻乡县老区黑山羊养殖 3 万元、蓝山县浆洞瑶族乡楠竹改造 5 万元	17
2005 年	市本级老区办农村实用技术培训 1 万元、祁阳县文明铺镇林场村老区扶贫养殖基地养羊 4 万元、祁阳县潘市镇源星村老区扶贫种植基地优质板栗种植 5 万元、蓝山县犁头瑶族乡八角等药材种植 5 万元、蓝山县新圩镇田心办事处油茶等山地综合种植开发 3 万元	18
2006 年	市本级老区办农村实用技术培训 1 万元、祁阳县肖家镇芭蕉村饮水工程 2 万元、祁阳县下马渡镇高子岭村修路 2 万元、祁阳县内下林场河上江村修路 2 万元、祁阳县大忠桥镇茶山村修路 2 万元、祁阳县浯溪镇修路 10 万元、祁阳县下马渡镇水冲村药材种植 4 万元、蓝山县汇源乡荆竹坪村修路 2 万元、蓝山县荆瑶乡药材八角基地开发 6 万元	31
2007 年	市本级老区办农村实用技术培训 1 万元、祁阳县老区办农村实用技术培训 2 万元、祁阳县大村甸乡函桥村修路 1 万元、祁阳县龚家坪镇杉木塘村修路 1 万元、祁阳县下马渡镇高子岭村修路 1 万元、祁阳县文富市镇中心村养鱼 2 万元、祁阳县浯口镇小江村椪柑种植 2 万元、蓝山县荆竹乡石壁村饮水工程 1 万元、蓝山县荆竹乡沙落村药材种植 3 万元、蓝山县紫良镇桐村养猪 3 万元	17
2008 年	市本级老区办农村实用技术培训 1 万元、祁阳县老区办农村实用技术培训 10 万元、祁阳县黄泥塘镇茶亭村水果种植 2 万元、祁阳县下马渡镇高子岭村饮水工程 1 万元、祁阳县龚家坪镇香塘铺村水利维修 1 万元、祁阳县浯口镇光明村肉鸽养殖 1 万元、祁阳县浯口镇小江村椪柑种植 1 万元、祁阳县下马渡镇水冲村药材种植 1 万元、蓝山县民政局老区办华盛黑山羊养殖 2 万元、蓝山县民政局老区办速生丰产楠竹低改 2 万元、蓝山县民政局老区办湘兰地大生猪养殖 2 万元、蓝山县新顺农牧业养猪 5 万元	29
2009 年	市本级老区办农村实用技术培训 2 万元、祁阳县浯溪镇肉鸽养殖 4 万元、祁阳县三口塘镇治坪村修路 2 万元、祁阳县潘市镇侧树坪村水利工程 2 万元、祁阳县羊角塘镇朱砂井村水利工程 2 万元、祁阳县下马渡镇高子岭村水利工程 1 万元、祁阳县下马渡镇胡台村修路 2 万元、祁阳县黎家坪镇太平村生猪养殖 3 万元、祁阳县文富市镇桃红苗圃苗木种植 1 万元、蓝山县太平圩乡生猪养殖 2 万元、蓝山县总市办事处上奎村生猪养殖 4 万元、蓝山县黄茅岭茶场茶叶种植 2 万元、蓝山县南岭柑橘种植基地柑橘种植 2 万元、江华县花江乡新庆村食用菌培植 2 万元、江华县东田镇崩塘要村果木种植 3 万元、新田县大平塘乡大平塘村烈士墓修缮 4 万元、新田县金陵镇天地山村修路 4 万元、宁远县九嶷山乡上洞仂村农田低改 1 万元、宁远县冷水镇毛家村蔬菜种植 2 万元、道县蚣坝镇金星村冰糖橙种植 2 万元、道县白芒铺乡洞村油茶种植 5 万元	52

续表4-1

年度	项目实施单位（内容）	资金
2010 年	市本级老区办农村实用技术培训 2 万元、道县县本级农村实用技术培训 2 万元、道县洪塘营乡杨梅种植 2 万元、道县蚣坝镇道州灰鹅养殖基地 2 万元、宁远县舜陵镇中心福利院院舍扩建 3 万元、宁远县舜陵镇李家寨村生猪养殖 2 万元、江华县桥头铺镇茅坪铺村速生林业开发 2 万元、江华县东田镇赴马营村果木种植 2 万元、江华县花江乡新庆村食用菌生产 2 万元、蓝山县太平圩乡上奎村生猪养殖 2 万元、蓝山县竹管寺镇湘蓝地大生猪养殖基地生猪养殖 4 万元、蓝山县楠市镇南岭果场柑橘品改 2 万元、新田县本级老区办实用技术培训 2 万元、新田县冷水井乡贺家村 3 万元、新田县陶岭乡大村村修路 2 万元、新田县三井乡修路 4 万元、祁阳县浯溪镇东风村金丽鸽业肉鸽养殖 3 万元、祁阳县羊角塘镇八歧杂交水稻繁育 2 万元、祁阳县潘市镇侧树坪村综合种植 2 万元、祁阳县下马渡镇河渠修缮 2 万元	47
2011 年	市本级老区办农村实用技术培训 3 万元、道县县本级农村实用技术培训 2 万元、道县白马渡镇雷家洞村综合养殖 3 万元、道县横岭乡厚朴种植 2 万元、宁远县湾井镇东安头村山兔养殖 3 万元、宁远县冷水镇综合养殖 2 万元、宁远县九嶷乡敬老院院舍维修 2 万元、江华县沱江镇六月香果业园蔬果保鲜开发 3 万元、江华县沱江镇县原种场蔬菜种植 2 万元、江华县沱江镇小洛坪村敬老院院舍维修 2 万元、蓝山县大桥乡冷配杂交牛养殖基地 3 万元、蓝山县塔峰镇西埠头村葡萄种植 2 万元	29
2012 年	市本级老区办农村实用技术培训 2 万元、道县高塘乡高塘村饮水工程 3 万元、道县柑子园镇五福村饮水工程 2 万元、宁远县水市镇鲁塘村楠竹种植 3 万元、宁远县清水桥镇洛家洞村综合种植 2 万元、江华县桥市乡上木源村茶叶种植 3 万元、江华县河路口镇大干头村综合种植 2 万元、蓝山县荆竹乡沙落村药材种植 3 万元、蓝山县塔峰镇西埠头村葡萄种植 2 万元、新田县本级老区办实用技术培训 3 万元、新田县冷水井乡贺家村修路 5 万元、新田县大坪塘乡留家田村修路 3 万元、新田县枧头镇枧头村综合种植 2 万元、新田县石羊镇厦源村修路 3 万元、祁阳县浯溪镇东风村金丽鸽业肉鸽养殖 2 万元、祁阳县潘市镇东江村楠竹种植 2 万元、祁阳县大江林场龙凼村竹鼠养殖 2 万元、祁阳县羊角塘镇枣子坪村杂交水稻基地杂交水稻种子培育 2 万元	46
2013 年	市本级老区办农村实用技术培训 3 万元、道县清塘镇塘枧村乡村道路 11 万元、道县白芒铺镇湾田村清水塘生猪养殖 3 万元、道县横岭乡枇杷山村药材种植 3 万元、宁远县鲤溪镇鲤溪村乡村道路 3 万元、宁远县冷水镇卜家岭村丘岗开发 3 万元、太平镇塘头岭村柑橘种植 3 万元、江华县桥市乡上木源村茶叶种植 3 万元、江华县涛圩镇石头寨村富兴公司综合种养 3 万元、蓝山县竹市镇总市办事处乡村水利 4 万元、蓝山县犁头乡优质楠竹种植 3 万元、新田县冷水井乡上庄村乡村道路 3 万元、新田县毛里乡石古湾村乡村道路 3 万元、新田县莲花乡兰田村班班冲乡村道路 5 万元、新田县新圩镇新圩村乡村道路 3 万元、新田县茂家乡罗溪村 3 万元、新田县枧头镇枧头村丘岗开发 3 万元、新田县民政局实用技术培训 4 万元、祁阳县黄泥塘镇茶亭村乡村道路 3 万元、祁阳县大自然蔬菜专业合作社蔬菜种植 3 万元、祁阳县文明铺镇香塘卜村油茶种植 3 万元、祁阳县茅竹镇优质柑橘种植 3 万元	78

续表4-1

年度	项目实施单位（内容）	资金
2014 年	道县白芒铺镇湾田村乡村道路 5 万元、道县仙子脚镇下白村乡村水利 4 万元、道县白马渡镇雷家洞村综合养殖 4 万元、宁远县鲤溪镇鲤溪村乡村道路 3 万元、宁远县中和镇茶子园村乡村道路 3 万元、宁远县冷水镇梅翠村乡村道路 3 万元、宁远县舜陵镇黄金桥村乡村道路 3 万元、宁远县中和镇兴隆村油茶种植 3 万元、江华县东田镇东田村乡村道路 3 万元、江华县桥市乡猴山村乡村道路 4 万元、江华县涛圩镇石头寨村综合种养 4 万元、江华县大路铺镇花地湾村水产养殖 3 万元、蓝山县犁头乡乡村道路 3 万元、蓝山县毛俊镇尚屏办事处乡村道路 4 万元、蓝山县竹市镇总市办事处蔬菜种植 3 万元、蓝山县火市乡雷家岭村茶叶种植 3 万元、新田县骥村镇砠坪村、黄公村乡村道路 6 万元、新田县冷水井乡上庄村、少步岭村乡村道路 6 万元、新田县莲花乡蓝田村、班班冲村乡村道路 6 万元、新田县枧头镇黑砠岭村乡村道路 3 万元、新田县石羊镇厦源村乡村道路 5 万元、新田县毛里乡火炉岭村乡村水利 3 万元、新田县冷水井乡贺家村丘岗开发 5 万元、祁阳县三口塘镇治平村乡村道路 3 万元、祁阳县龚家坪镇云排岭村乡村道路 3 万元、祁阳县羊角塘镇乡村道路 20 万元	115
2015 年	道县乐福堂乡清塘村道路建设 3 万元、道县梅花镇司空岩村水利建设 3 万元、道县白芒铺镇湾田村综合养殖 4 万元、道县营江办事处正岗头村综合养殖 3 万元、道县横岭乡药材种植合作社综合养殖 4 万元、宁远县鲤溪镇鲤溪村道路建设 3 万元、宁远县舜陵办事处黄金桥村道路建设 3 万元、宁远县水市镇龟形洞村舜水渔业水产养殖 3 万元、宁远县天堂镇健康水产养殖基地水产养殖 3 万元、江华县大石桥乡洞尾村道路建设 3 万元、江华县涛圩镇石头寨村富兴水果种植基地 4 万元、江华县桥市乡猴山村新时代养殖基地 3 万元、蓝山县新圩镇道路建设（红军路）8 万元、蓝山县新圩镇早禾办事处水利建设 3 万元、蓝山县塔峰镇奇客生猪养殖基地 3 万元、新田县莲花乡蓝田村道路建设 3 万元、新田县骥村镇黄公塘村道路建设 3 万元、新田县龙泉镇里厦村道路建设 3 万元、新田县大坪塘镇南塘村道路建设 3 万元、新田县石羊镇宏发圩村道路建设 5 万元、新田县金陵镇水利建设 3 万元、新田县知市坪乡水利建设 3 万元、新田县石羊镇厦源村油茶种植 4 万元、新田县石羊镇宅晚村丘岗开发 3 万元、祁阳县潘市镇源星村道路建设 3 万元、祁阳县文富市镇马鞭塘村道路建设 4 万元、祁阳县大忠桥镇莲鹤观村道路建设 5 万元、祁阳县羊角塘镇张阿塘村水利建设 3 万元、祁阳县大村甸镇丫塘村水果种植 3 万元、祁阳县科恩种养专业合作社 3 万元	104
总计		737 万元

第五章　军队退役离休安置

第一节　退役士兵安置

一、农村安置

1996 年 5 月，市政府成立永州市退役士兵安置工作领导小组，下设永州市复员退伍军人安置工作办公室（简称市安置办），归属永州市民政局管理，负责退役士兵安置工作。对农村退役士兵安置实行“从哪里来，回哪里去”的原则，安置工作主要是加强军地两用人才的自我开发和就地使用。各县区成立军地两用人才开发使用领导小组。宁远县首先成立以分管副县长为组长，政府办、民政局、武装部等部门负责人为成员的军地两用人才开发使用领导小组，各乡镇成立相应的领导小组或办事机构，各村指定民兵营长为联络员，形成一个军地两用人才开发使用服务工作网络。东安县把开发使用两用人才列入乡镇党委、政府的工作目标管理，组织生产基地两用人才先进代表到各乡镇巡回演讲，用身边的典型事迹激励退伍军人积极投身农村社会主义建设。11 月，在湖南省安置工作会议上，宁远、东安两县民政局就“开发使用军地两用人才工作”作经验介绍。

1997 年，市安置办向市内外相关单位积极推介军地两用优秀人才，输送 18 名懂汽车修理的退伍人员到七三一九工厂就业。各县区推荐 203 名退伍人员分别到广东、海南就业。至 1998 年，永州市登记接收农村军地两用人才中，有 396 人安排到企事业单位，97 人担任村负责人，110 人从事个体经营或创办经济实体，289 人成为种、养专业户。江华瑶族自治县两岔河乡退伍军人李志富，发展庭院经济，种植果木、酿酒、养猪、养狗和养鸭等，年收入达 5 万元。码市镇退伍军人单昌富，组织战友自筹资金兴办香菇种植场，实行种植、加工、销售一条龙服务，年产值达 130 万元。

1999 年，是党中央、中央军委实施 3 年裁军 50 万重大战略决策的第二年，市安置办一年承担接收两次退伍士兵的安置任务。为做好安置工作，市安置办对部分住房困难的农村退伍士兵，发放一定建房款给予帮助。对农村退伍士兵就业问题，则采取亲帮邻助办法，推荐到沿海经济发达地区就业。

2000—2003年，市劳动局、民政局根据湖南省劳动和社会保障厅、湖南省民政厅联合制定下发的《关于做好1999年度从农村退伍义务兵中招收劳动合同制工人工作的通知》精神，结合用人单位生产、工作需要，按就地就近原则，从农村退伍义务兵中招收转迁户、粮关系的劳动合同制工人。招收对象主要是服役期满、受过奖、回乡表现好以及个别有特殊困难、符合招工条件的农村籍退伍义务兵，对有突出贡献的可优先考虑。当年共招收符合的条件的7名农村退伍义务兵。1996—2000年，永州市从农村退伍义务兵中招收转迁户、粮关系的劳动合同制工人85人。2000—2003年，永州市共接收农村退伍义务兵两用人才5100人，开发使用4228人。

2004年，农村退役士兵安置工作开始向职业教育和技能培训转变。11月，市安置办举办培训班，免费为50名农村籍优秀退役士兵进行一个月的计算机、保安员技能培训。通过培训考试，培训学员均获得国家认可的计算机上岗证和公安部认可的保安员岗位培训证书。

2008—2009年，市政府为贯彻落实湖南省民政厅《转发劳动和社会保障部等部门关于进一步落实部分军队退役人员劳动保障政策的通知》精神，多方筹集资金，为农村复员退伍军人落实基本养老、基本医疗等政策，对生活有特殊困难的农村复员退伍军人，优先纳入农村最低生活保障和医疗救助范围，下拨伤病残军人安置保障经费。

2011年11月29日，国务院、中央军委颁发《退役士兵安置条例》，对农村退役士兵安置工作进行重大改革，重点是进一步消除城乡差别，使农村退役士兵享有和城镇退役士兵同等待遇。自此，农村退役士兵职业教育和技能培训工作逐步走上制度化、规范化轨道。

2012年，市政府成立退役士兵安置和教育培训工作领导小组，制定印发《永州市退役士兵职业教育和技能培训暂行办法》，建立“政府主导、个人自愿、城乡一体、免费参加”的退役士兵教育培训制度，选择23所有资质、信誉好、师资强的技术学校为退役士兵教育培训定点机构。

2014年1月8日，市委常委、副市长舒平主持召开“永州市自主就业退役士兵一次性经济补助发放”专题研究会议，决定对2011年11月1日以后，以自主就业方式退出现役的农村士兵，由接收地县级人民政府，按每服役一年不低于2000元的标准，发放一次性经济补助。

二、城镇安置

1996 年 4 月，零陵地区行政公署根据 1984 年《中华人民共和国兵役法》、1987 年《退伍义务兵安置条例》和省政府有关退伍军人安置工作的政策，制定下发《零陵地区行署办公室关于做好退伍义务兵、转业志愿兵安置工作的通知》，实行回入伍时户口所在市县区安置原则，对服现役期满 13 年以上的转业志愿兵、1991 年以后凭非农应征公民入伍批准书入伍的城镇退伍义务兵、因战因公负伤的二、三等伤残军人、在部队立二等功以上或获大军区以上荣誉称号的以及特招的农村籍退伍义务兵，采取“按系统分配任务、包干安置”政策，实行指令性安置。为完成湖南省民政厅下达的退役士兵年度安置任务，市委副书记谭政多次听取安置工作汇报，指导制定安置方案，组织召开全市退伍军人安置工作会议。冷水滩区政府为抓好安置工作，由主管民政工作的常务副区长周进盛挂帅，率领公安、劳动、财政、纪检、监察等部门抽调的干部，到民政局安置办协助安置工作。11 月 17 日，根据国务院、中央军委和省人民政府、省军区“新兵征集要严格控制非农户口青年的征集比例”的规定，永州市委召开常委扩大会议，研究决定自当年起，严格按照省征兵办分配的非农指标征集新兵，既不追加非农指标，也不允许挤占农村指标征集非农户口青年入伍。凡非农户口应征青年入伍批准书和入伍通知书没有加盖市安置办公章的，退伍后不得作为城镇兵安置就业。江华县委对非农占用农业指标入伍问题，作出“谁占用谁负责”的规定。蓝山县为彻底杜绝占用农村指标入伍，县委、县政府从纪检、人事、公安、粮食、民政部门抽调能力强的干部联合办公，禁止在农村搞临时户口入伍。

1999 年 10 月，市政府根据省民政厅、省人民政府征兵办公室《关于在全省实行城镇青年应征入伍发放安置卡制度的通知》精神，决定在冬季征兵时开始实行城镇青年应征入伍发放安置卡制度，以作为 1999 年以后入伍的城镇士兵退伍后安置工作的凭证，并明确以后城镇退伍士兵没有安置卡的，均视作挤占农村指标或异地入伍对待，当地政府不负责安排工作。安置卡由市民政局根据市征兵办分配到各县（区）征集城镇青年人数核发到各县（区）退伍安置部门。

2000 年 5 月，市民政局、市财政局联合出台《关于城镇退伍军人待安置期间发放生活补助费的通知》，对城镇退伍军人在待安置期间发放生活补助费，发放标准按当时城市居民最低生活保障线，确定为每月 104 元，从 1999 年 1 月 1 日实行。

2002—2003 年，市政府召开第 26 次常务会，研究制定系列鼓励企业接收安置退役士兵和退役士兵自谋职业的奖励政策。凡接受安置退役士兵的企业，每接收 1 人，给予 5000 元奖励。对完成市政府下达的安置任务有困难的部门或单位，按每人 4 万元的标准缴纳转移安置金，由单位上缴市财政局国库，用于发放退役士兵、士官自谋职业补偿金和企业奖励金。对服役期满两年的退役士兵，发给全市城镇在岗职工上年度年平均工资标准的两倍，每超期服役一年增加补助费 2000 元。对服役期满 10 年以上的转业士官，发给全市城镇在岗职工上年度年平均工资标准的四倍。对二、三等伤残军人自谋职业，除领取一次性经济补助外，另按国家有关规定享受伤残抚恤待遇。退役士兵除按上述规定给予一次性经济补助外，还另发自谋职业鼓励奖，其中一等功奖励本人自谋职业一次性补助费的 50%，二等功奖励本人自谋职业一次性补助费的 30%。补偿金来源于财政拨给和收取有偿转移金。

2004 年，永州市安置办对退役士兵安置采取先落户后安置的办法，将“千军万马”挤行政事业单位调整为转业士官、伤残军人、女兵和荣获二等功以上的退伍军人进行政事业单位，其余义务兵一律进企业，以减轻行政事业单位接收安置退役士兵的压力。为提高退役士兵自谋职业的积极性，市政府加强城镇退役士兵职业教育和技能培训工作，按照自愿参加、自选专业、免费培训原则，对自谋职业城镇退役士兵进行技能培训。

2005 年 8 月 30 日，市政府为解决历年来城镇退役士兵安置遗留问题，根据国务院下发《关于进一步做好城镇退伍士兵安置工作的通知》，以及省政府关于城镇退役士兵安置工作会议精神，在冷水滩召开全市退役士兵安置工作会议，各县区分管副县（区）长、民政局长和省市直单位领导参加会议。会后，各县（区）对历年来未安置的、安置后未上岗的、拖欠待安置期间生活费的、接收单位未按标准发放待岗期间生活费的、申请自谋职业未发给自谋职业补助金的事项，按照“六个百分百”的要求给予落实。是年，市安置办为历年来未安置下去的退役士兵开出安置介绍信安排上岗 195 人，督促上岗 16 人。全市补发待岗期间生活费 6912 元，补发自谋职业退役士兵补助资金 24.81 万元。

2008 年，市委、市政府实施“就业援助和促进军队退役人员就业与再就业”工程，对企业下岗失业转业志愿兵（士官）并持有转业志愿兵（士官）证和档案的，具有本市城镇户口、建立社会保险关系、持有《再就业优惠证》的城镇退役军人，给予公益性岗位就业安置，全市安排公益性岗位 1222 个，纳入城市低保范围 3005 名，落实企业残疾军人医疗待遇 565 名。

2011 年，国家颁布新修订的《中华人民共和国兵役法》和《退役士兵安置条例》，城镇退役士兵安置由原来的“系统分配、包干安置”转为以扶持就业为主，自主就业、安排工作、退休、供养等多种方式相结合的退役士兵安置体系，各级安置部门主动与人事、编办、财政等部门衔接，合理制定方案，采取政府指令性分配和鼓励退役士兵自谋职业相结合的办法。祁阳县被湖南省民政厅列为 2011 年职业教育和技能培训试点工作县，当年全县培训退役士兵 152 名，使用培训经费 45 万元。其他县（区）于 5 月全面开启退役士兵教育培训工作，培训城镇退役士兵共 252 人，推荐就业 200 余人。是年，永州市民政局被省民政厅评为“全省退役士兵安置工作先进单位”。

2012 年，市安置办举办自主就业退役士兵职业技能培训班

2012 年，永州市、县（区）安置部门将退役士兵积极教育和技能培训纳入安置工作重要日程，并相应成立退役士兵安置和教育培训工作领导小组，负责指导市、县（区）退役士兵安置和教育培训工作。市政府下发《永州市退役士兵职业教育和技能培训暂行办法》文件，建立“政府主导、个人自愿、城乡一体、免费参加”的退役士兵教育培训制度。市民政局将年度退役士兵职业教育和技能培训任务分解至各县（区），各县（区）将培训经费纳入当地财政预算，并将培训工作列入民政工作重点考核目标。祁阳县作为全省退役士兵职业教育和技能培训试点工作单位，根据市场需求和退役士兵学员特点，设置汽车驾驶、维修电工、计算机应用与维护、种植、养殖、酒店服务管理等课程，与大中型企业和当地工业园区重点企业合作，开展“订单式”定向就业职业教育和技能培训。是年，全市共支出培训经费 45 万元，培训退役士兵 152 人，推荐就业率达 98%。

2013 年，市安置办依据《退役士兵安置条例》和省政府的有关规定，采取主动协调、分类化解、挖掘潜力、多渠道安置的办法，解决市直单位长期存在的历年安置遗留问题。对市直单位遗留的 1980—2000 年退役士兵，采取按现有政策标准给予一次性经济补助的安置。对父母有一方为当地居民的 2001—2012 年退役士兵，采取随父母一方，由退役士兵本人自主选择安置地进行安置。对已改制的市直企业，采取由退役士兵户口所在地政府安置。对其余历年遗留的未安置退役士兵，采取主动协调，调整到县（区）进行安置。通过以上措施，市直单位长期存在的历年安置遗留问题得到全部解决。

2014 年 1 月 8 日，永州市委、市政府召开关于永州籍自主就业退役士兵一次性经济补助发放专题研究会，市委常委、副市长舒平主持会议。通过研究，决定对

2011 年 11 月 1 日以后自主就业方式退出现役的士兵，由接收地县级人民政府按每服役一年不低于 2000 元标准发放一次性经济补助。为充分激发退役士兵职业教育和技能培训参训热情，全市以“普惠培训，订单就业，鼓励创业，形成品牌”为指导思想，举办培训班 19 期，市财政下拨培训资金 702 万元，免费培训城镇退役士兵 795 人。是年，永州市退伍军人安置办被省民政厅评为“湖南省退役士兵安置和教育培训工作先进单位”。

2015 年，市政府采取政府领导、民政牵头、部门协调的退役士兵安置工作措施，在全省范围内率先完成符合政府安排工作条件的退役士兵安置工作。冷水滩区、东安县采取“考试考核、公开选岗”的阳光安置办法，根据退役士兵考试成绩和本人档案记载的服役表现情况计分，按得分高低顺序自愿选择安置岗位。

1996—2015 年，市民政局发放自主就业一次性经济补助资金 1527. 9 万元，发放待安置期间生活补助费 385. 4 万元。

第二节　离退休人员安置

一、待遇落实

1993 年，军队移交地方政府的三批军休干部，主要按军休干部入伍前户口所在地、配偶户口所在地和职别等情况，按政策采取集中安置方式。1994 年，永州市政府按照《关于做好第四批军队离退休干部志愿兵交接工作的通知》精神，从第四批离退休干部开始，采取集中与分散相结合的形式进行安置。

1995—2004 年，市政府主要落实军休干部的两项待遇。市军休办与市教委和中学领导协调，安排军休干部子女就业入学，争取地方财政优先解决医疗费超支问题。对军队离退休人员住房，实行统一住房制度，由国家和军休人员个人合力负担，再根据政策进行住房补贴、货币补差。

2005 年，市政府根据省委办公厅、省政府办公厅、省军区政治部联合下发的《关于进一步做好军队离休退休干部移交政府安置管理工作的意见》精神，对军休安置工作进行改革，移交政府安置形式由按批次移交改为按年度移交，安置方式以分散安置为主，住房不再实行集中建房，而是以购买经济适用房为主，也可以自理住房。永州市政府原为全市军休所安置预留建房土地，因房改政策变化被停建，配套资金被停拨。为解决离退休干部住房问题，市政府在道县军休所进行试点，将剩余土地交由开发商开发，拆除原有安置房重建，开发商补偿住户每户 120 平方米新建住房，补偿军干所4间门面，共1200平方米。

2008年，市政府下发《永州市市区职工住房货币分配实施办法的通知》文件，对军休干部住房按砖混三等成本价每平方米436元计算，发放住房补贴。

2012年，市军休办组织离退休干部党员到韶山参观

2010—2012年，市军休办按照湖南省民政厅《关于加强分散安置军队离退休干部服务保障工作的通知》精神，对分散安置离退休干部实行定人包干服务，定期邀请参加各项文体活动，每月打电话问候，每季度登门探望，及时为军休干部排忧解难。市财政准时足额发放军队离退休干部和遗属等各项工资、补贴，全部参加基本医疗保险和大病医疗保险，下拨一至四批军休房改经费并发放到位。各军休所开展多种形式的文体娱乐活动，还多次组织军休干部到红色教育基地参观学习。

2013年，市民政局提出“创建花园式军休之家”目标，制定军休基础设施提质改造三年行动计划。全市6个军休所多方筹措资金，改善软硬环境，使军休环境进一步改善。同时，市军休办在全省率先出台《军队离退休人员接收安置操作流程图》，以图表的形式将接收安置工作划分为部队须提供的档案材料、办理移交安置的手续、军队离退休人员安置地方享受的待遇、主要政策依据等板块，通过流程图使接收安置程序一目了然，方便离退休人员办理离退休移交手续。是年，永州市军休所荣获全省“五星级军休服务管理机构”称号，祁阳、道县军休所荣获全省“四星级军休服务管理机构”称号，宁远县军休所荣获全省“三星级军休服务管理机构”称号。

2015年，市军休系统紧扣湖南省民政厅提出的“奉献、创新、和谐、快乐”军休文化建设主题，积极探索文化养老新路子。市军休所从环境文化、节日文化、

2015 年 11 月 3 日，市民政局副局长谢江南（左二）到市军休所检查工作

日常文化着手，围绕军休文化建设主题，设置“军休标识”，并将“军休标识”贯穿于军休文化建设之中。在军休所大门口、文化墙创办新闻信息、军休活动专栏；在住宅楼栋区，制作文明用语、邻里和谐为主题的展板；在老干部活动区，制作军休理念、军休精神、军休目标的字画、挂图；在工作区域，制作诚信、道德、礼仪、仁孝、廉政等励志的名言警句。市军休所还将长期文化建设的实践经验加以归纳提炼，确立永州军休“孝德先行、文化养老、和谐军休、幸福家园”十六字工作方针，形成独具特色的“孝文化”和“舜德文化”的“永州军休大文化”。11 月，湖南省民政厅在市军休所召开军休文化现场会，市民政局党组领导亲自到军休所指导现场会的筹备工作。

二、军休所建设

（一）祁阳军休所

祁阳军休所

1983 年，祁阳县军队离退休干部休养所成立。军休所配备 4 名工作人员和车辆一台，开始接收军队离退休干部。1985 年，祁阳县军休所接收安置军队离退休干部 10 人。1992 年，祁阳县政府对军队离退休干部，采取发放住房补贴自购、自建和租赁住房的方式实行分散安置。1996 年，祁阳县军休所被省民政厅授予“先进军休所”称号。2012 年，祁阳县军休所获省民政厅“军休工作

先进单位”称号。2014 年，祁阳县军休所为建设庭院式军休所，按照《湖南省军休服务管理机构星级评定标准》，对军休所实施“硬化、美化、绿化、亮化和文化”工程，对整个院内进行硬化，铺设大理石地面，修建高标准人造草坪门球场，种植名贵树木和花卉，修建文化底蕴浓厚的休闲亭和军休文化长廊，为军休人员创造一个温馨、舒适的休养环境，是年，祁阳军休所被湖南省民政厅评为“四星级”军休所。2015 年，祁阳县军休所有在职职工 5 名，退休人员 4 名。军休人员 23 人，其中军休干部 15 人、遗属 8 人。全所占地面积 3300 平方米，建筑面积 3200 平方米，固定资产达 2000 余万元。

（二）道县军休所

1986 年，道县军休所建立，对军休人员实行集中安置，住房由军队保障。1998 年，军休所实行房改。2005—2007 年，军休所对老干部住房和基础设施进行全面维修改造，兴建 3800 平方米的军休综合服务大楼，对老干部居住危房进行新建。2010—2015 年，道县军休所对分散安置对象实行集中管理，所有待遇由军休所统一发放。军休所还对军休所院内布局及各种基础设施进行完善配套，新建 900 平方米地下车库、80 平方米文化石及文化墙、2600 平方米院内景观绿化。对办公室加层及外墙改造，室内装修装饰 1000 平方米，安置房外墙装修 1200 平方米，大门区进行全面改造。2011 年，道县军休所被省民政厅授予“全省和谐军休家园”称号。2014 年，道县军休所获省民政厅“四星级军休服务管理机构”称号。

道县军休所

（三）东安县军休所

1985 年 8 月 12 日，东安县军队离退休干部休养管理所成立。1998 年，东安军休所筹资 8 万元修建一栋面积 170 平方米的小门面。2002 年，市民政局拨款 20 万元给东安县军休所，建设一栋面积 400 平方米的办公楼。2004 年初，军休所采取所内自筹部分资金和老干所需住房者出资的办法，共计筹资 50 万元，建设一栋面积 1760 平方米的 5 层宿舍楼。2006—2015 年，军干所先后投资 126 万元对院内进行维

东安县军休所

修和改造。投资48万元，建起面积390平方米的军休活动楼，配备近10万元的运动、健身、娱乐器材和阅览书籍。投资48万元，对庭院进行美化、亮化、绿化改造，兴建喷泉广场和休闲广场，安装景观灯，装饰围墙，种植树木花草。投资15万元，改造和装饰军休服务楼。投资近5万元，装饰老宿舍楼和车库。

在精神文化建设方面，东安县军休所成立军休文化建设领导小组，以落实军休人员“政治待遇、生活待遇”为中心，围绕军休人员“老有所养、老有所医、老有所教、老有所学、老有所为、老有所乐”目标，开展军休文化建设，弘扬孝德文化，传承中华文明。以创建首个“中国德文化之乡”为契机，形成“舜风楚韵、德孝军休”——东安县军休所德文化特色。军休活动楼内设置保健室、棋牌室、麻将室、阅览室、健身房、球类运动室，悬挂各种相关的娱乐知识、运动常识、养生保健图片，形成以运动养生为主题的军休活动楼文化。2015年，东安军休所被市民政局评为“服务管理明星单位”。

（四）宁远县军休所

宁远县军休所

1985年10月，宁远县军队离休退休干部休养所成立，属宁远县民政局二级机构，为全额拨款股级公益一类事业单位，定编4人。2003年，宁远县军休所由原址九嶷中路搬迁至舜陵街道水市路98号。投入108万元兴建门球场、室外健身场所。2014年，新建一栋四层1000平方米军休活动综合楼，有活动室、档案室、会议室、廉政食堂、书画陈列室。2015年，投入近100万元，对军休游乐场和门球场进行提质改造。

在精神文化建设方面，宁远军休所围绕湖南省民政厅提出的“奉献、创新、和谐、快乐”八字方针，吸取舜帝德孝文化精髓，通过字画、浮雕、楼道文化和背景墙形式，展示军休服务工作理念、目标、承诺和要求，形成以服务为主题有宁远特色的军休文化，营造文化军休、快乐军休、和谐军休氛围，推动军休工作由待遇养老向文化养老转型发展。2014 年被湖南省民政厅评定为“三星级军休所”。2015 年，在全市民政系统开展的有奖征文活动中，王志勇的征文《让历史点亮心灯》获一等奖。

（五）新田县军休所

新田县军休所

1985 年 11 月，新田县军队离退休干部休养所成立，在军休所建设中，全力打造“三四五六”服务品牌。军休目标实现“工作零差错，服务零距离，配合零障碍”；军休服务实行“困难送温暖、生病送慰问、生日送祝福、去世送关怀”，以及“一周一次电话问候，一月一次上门探访，一季一次集中座谈，半年一次聚会交流，一年一次走访慰问”；接待工作实现“一张笑脸相迎、一把椅子请座、一怀热茶暖心、一颗耐心倾听、一片真诚相助、一声嘱咐道别”。

第六章 救灾救济

第一节 自然灾害

一、洪灾

1994年，零陵地区普降特大暴雨，与广东、广西接壤的江华、道县、江永、蓝山等县出现历史未遇的特大洪灾，全区11个县市285个乡镇，倒塌房屋70000多间，285万人受灾，被洪水围困的村庄400多个30多万人，因灾死亡55人，直接经济损失17.95亿元。

1998年，永州市出现百年一遇的洪涝灾害。3月，全市大范围普降大到暴雨，洪水超过警戒水位1.81米。全市6个县（区）46个乡镇41.7万人受灾，倒房1341间，农作物受灾2889公顷，工矿企业停产4个，直接经济损失3636.6万元。5月，全市再次大范围迎来一次暴雨过程，9个县（区）91个乡镇81.05万人受灾，受灾面积2.954万公顷，工矿企业停产或部分停产34个，建筑、交通、水利、电力、通信等基础设施局部遭到破坏，直接经济损失1.4亿元。

1999年4月初至9月底，全市降水在1400~1500厘米以上，较历年同期偏多2成以上，因暴雨洪涝造成的灾害损失达4.93万元。2001年6月10—13日，全市普降大到暴雨，过程雨量在100~200厘米以上，造成全市出现大范围洪涝灾害，9个县（区）、83个乡镇145.87万人受灾，农牧渔业受损严重，建筑、交通、水利、电力和通信等基础设施遭严重破坏，直接经济损失3.44亿元。

2002年，全市年降水总量在1790~2376厘米之间，年降水量较常年偏多3~5成。春夏多涝，秋雨明显，出现6次暴雨洪涝，造成潇水流域6次洪峰。5月8—9日，北部县区普降暴雨，过程雨量159.1厘米。5月13—14日，日最大雨量140.6厘米。6月14—18日，过程雨量20厘米。6月30日至7月2日，过程雨量也在200厘米以上。8月6—8日，最大日雨量达123厘米。8月18—19日，全市普降暴雨，过程雨量在100~260厘米以上。全市6次暴雨，全年累计受灾人口715.67万人，倒塌房屋19500间，农作物受灾面积494.1万亩，直接经济损失14.1亿元。

2006年7—8月，永州市先后受3个台风低气压影响，特别以7月14—17日，4号台风“碧利斯”减弱后的低气压影响最大。这次台风暴雨从15日2时开始，到16日20时结束，历时42小时，创历史极值。日降水在100毫米以上大暴雨的有蓝山、宁远、江华、双牌、江永、零陵、道县、新田8个县（区），江华瑶族自治县湘江的竹瓦站降雨量达331.9毫米。台风暴雨共造成11个县（区）普遍受灾，全市受灾人口111.4万人，被洪水围困7万人，紧急转移安置4.33万人。因洪灾倒塌房屋493户1513间，损坏房屋3571间，造成危房146户524间。农作物受灾面积58.76千公倾，成灾面积41.13千公顷，经济损失5.33亿元。

2006年7月14—17日，4号台风“碧利斯”暴雨水淹江华县城情况

2007年6月6—9日，南部地区普降暴雨。道县驷马桥15个小时降雨量达310厘米，道县县城达260厘米；蓝山舜水河达到五十年一遇的洪水；潇水道县水文站7日21时出现洪峰，水位达47.69米，超警水位2.69米。湘江老埠头水文站8日13时出现洪峰，水位达106.60米，超警戒水位4.6米，是1976年后30年以来最大洪水，超过20年一遇的洪水标准。全市11个县区160个乡镇受灾，受灾人口达150.53万人，倒塌房屋2067户，损坏房屋68964间，造成直接经济损失9.65万元。

2010年，永州市发生“6·20”洪涝灾害中死亡5人，失踪3人，直接经济损失26.78亿元，其中农业损失17.55亿元。

2013年8月，永州市有133个站点过程雨量超过50毫米，12个站点过程雨量超过100毫米，最大站点雨量达245.8毫米，最强降雨段每小时降雨量达35毫米。8月14日8时至18日8时，蓝山县最大降水发生在紫良瑶族乡竹林站，达552.4毫米。蓝山水文站（舜水河）出现最高水位271.65米，超警戒水位（270.50米）

2013年“8·16”洪灾蓝山县紫良乡高源村房屋被泥石流掩埋情况

1.15米，超历史最高洪水位（271.07）0.58米。道县、老埠头、祁阳三个水文站分别超警戒水位3.21米、1.44米、1.39米。涔天河水库和双牌水库的最大下泄流量均接近历史极值。全市11个县（区）141个乡镇受灾，有252个乡村被淹。蓝山、江华、道县、宁远、江永等地灾情严重，直接经济损失12.9亿元，其中农业损失4.78亿元，交通、水利、电力等基础设施损失3.53亿元。受灾人口68.4万人。

二、旱灾

1998年7月，永州市出现罕见夏秋冬春特大干旱。全市降水平均值为345.1毫米，与往年同期相比偏少6成，为同期历史气象记录最少值。11个县区186个乡镇4381个村组210.51万人受旱，2030个村组32.01万人出现饮水困难，372.2万亩农作物受灾，609座水库、13.99万口山塘干涸，1476条溪河断流，林区多次出现火警火灾，旱灾造成全市经济损失9.3亿元。

2000年，全市11个县（区）179个乡镇202万亩耕地受旱，其中水稻脱水面积141万亩，59万亩稻田无水翻耕。旱作物受害面积61万亩。全市有95座小型水库和近4万处水塘干枯见底，551条溪河断流，631个自然村7.44万人出现饮水困难。

2003年，永州市受副热带高压的稳定控制，持续高温，11个县（区）受旱，受灾人口147.6万人，饮水困难人口23.4万人。农作物受灾面积141千公顷，其中绝收面积113千公顷。234座水库枯竭，22774口山塘干涸，563条溪河断流，直接经济损失2.5亿元。

2007年6月下旬以后，永州市晴热高温，至8月10日，平均气温较历年同期偏高2℃，日最高气温≥35℃，天数在19~42天，其中5县（区）在40天以上，4县区在30天以上，为历史同期最多纪录。7月以后，持续少雨干旱，至8月20日，期间降水在 17~116 厘米之间，较历年同期偏少 5~9 成，其中东安、道县、江华、江永县降水不足 30 厘米。据气象统计，东安县、道县连续 66 天（6 月 14 日至 8 月 20 日）无大雨过程，期间雨量分别为 50 厘米和 35 厘米，特大干旱。冷水滩区、江华、江永县连续 50 天无雨，其余县（区）连续 30 天无大雨。

2007 年 8 月 8 日，零陵区黄田铺镇大竹山村一名村民蹲在龟裂干枯的山塘里。

2011 年，永州市春夏连旱，6 月进入主汛期，降雨量比历年同期均值偏少 38%。新田县降雨是 1957 年当地有降雨资料记录以来同期最少的，严重干旱。宁远、江华、道县、双牌等县中等程度干旱，其他县区为轻度干旱。全市 116.6 万人受灾，29 万人发生饮水困难，农作物受旱面积达 141.79 万亩，绝收 25 万亩，188 座小型水库干涸，152 条溪河断流。

2013 年，永州市 50 多天持续晴热高温，全市 13 个县（区）普遍受旱，有 257 座小型水库干涸，3160 口机电井出水不足。双牌水库等水利工程停电保灌，70.2 万人受灾，45.85 万人发生饮水困难，农作物受旱面积达 246.56 万亩，其中 35.99 万亩农作物因旱灾绝收，直接经济损失 8.03 亿元。

三、风雹、冰灾

1996 年，永州市先后遭受 10 次大的自然灾害，受灾人口 402.3 万人，其中受风雹灾 53.2 万人，受雪灾 123.7 万人。

2005 年 1 月，永州市出现建国以来最大暴雪。11 个县（区）188 个乡镇普遍降雪，北部县（区）普降大到暴雪，持续时间长达 30 小时，降雪量近 30 毫米，最大积雪深度达 20 厘米。全市受灾人口 71 万人，农作物受灾面积 15921 公顷，经济作物严重受损面积 7100 公顷，造成直接经济损失 3100 万元，仅江永县香柚受灾 12 万亩，损失 1020 万元。

2006 年 4 月，永州市多次出现强对抗天气。4 月 10—11 日，境内部分县（区）先后遭受大风、冰雹袭击，其中零陵区石岩头镇 35 个村遭受雹灾，受灾面积 359

公顷，损坏房屋3572间，直接经济损失1182万元。

2008年1月11日至2月3日，永州市遭受百年不遇的冰冻灾害，全市受灾人口460.19万人，因灾被困42.79万人，饮水困难87.54万人，紧急转移安置37万人，损坏房屋15.23万间，倒塌居民住房5430户1.9万间，造成直接经济损失113.24亿元。

四、其他灾害

1996年，全市发生大面积病虫灾害，受灾面积3.5千公顷。

1997年9月，全市出现历史同期罕见的低温天气，平均气温较常年同期偏低2.8~3.3℃，晚稻全部受灾，减产粮食8.04万吨。

1999年12月21—27日，由于寒潮影响，造成长时间的霜冻天气，极端低温为7.7℃~零下2.8℃。全市农作物受灾面积达29.17万亩，霜冻所造成的灾害损失达2亿元。

2002年4月3—5日，全市范围内出现大风天气，最大风力达8级，瞬时风速19.8米/秒，局部出现冰雹，9个县（区）、104个乡镇受灾，受灾人口84.99万人，死亡1人，倒塌房屋3000间，农作物受灾面积33.98万亩，直接经济损失9629万元。

2004年，冬季严重干旱造成境内森林火警火灾不断发生，道县在2月中旬因天气干燥，发生火灾87起，烧毁森林1.5万余亩，造成3人死亡。

2013年，全市共发生自然灾害10次，尤其是“3·20”风雹灾害、“5·15”洪涝灾害，7—8月中旬严重干旱灾害和“8·16”台风灾害，给灾区人民造成严重损失。全市受灾人口214.48万人，农作物受害面积294.27公顷，因灾死亡15人，失踪1人。倒塌房屋3029户8777间，造成直接经济损失56.14亿元，其中农业直接经济损失27.69亿元。

第二节　救灾赈灾

1996年4月19日，江永县桃川出现百年不遇的洪水灾害，永州市委委员林祥胜亲临现场指挥抗洪救灾，市政府投入救灾资金503万元，救济款380万元，救济粮1.14万吨，救济人口85.3万人。投入治病救济款20万元，救治489人。安排安置转移款20万元，救济转移安置1万人。安排救灾保险起付款30万元。县级政府投入救灾抢险资金53万元。

2006年，4号台风“碧利斯”给永州市造成重大经济损失，8月2日，湖南省委副书记、省长周伯华在省民政厅厅长余长明，永州市委书记曾庆炎等市委、市政府领导深入永州灾区看望受灾群众。

2006年8月2日，省委副书记、省长周伯华（右五）到永州市道县灾区看望受灾群众

2008年1月11日至2月3日，永州市发生冰冻灾害后，市防汛抗旱指挥部及时启动《永州市自然灾害救助应急预案》，市委、市政府召开抗冰救灾紧急会议，提出“抗大灾，保生命安全万无一失，保供电有序，保主通道畅通，保生活有序和大局稳定”总要求，明确一切工作要服从于“一抗四保”，让路于“一抗四保”，有利于“一抗四保”。市政府成立由市长任指挥长，各位副市长任副指挥长，有关职能部门主要负责人为成员的抗冰救灾指挥部。指挥部下设电力保障、公路交通保障、公用设施保障、市场物资供应保障、困难群众救助、情报信息、宣传舆论、卫生教育和社会稳定8个组。指挥部定期召开协商会，通报情况，分析形势，研究解决重大问题。市委书记黄天锡带领市人大、市政协领导，深入灾区，指挥抗冰救灾和灾后倒房重建工作。市委常委、市政府常务副市长唐松成，副市长刘事青带领市民政局长前往省政府、省民政厅、省财政厅汇报灾情。

冰灾发生后，市民政局迅速启动应急响应，成立抗冰救灾工作领导小组，由局长高增遗任组长。领导小组下设查核统计报灾、捐赠物资接收、经费后勤保障、高速公路及市内交通干线救援和救灾物资运送发放5个小组，开展查灾、核灾、报灾和救灾工作，及时下拨救灾款物，确保灾民“有饭吃、有水喝、有衣穿、有被盖、有房住”。对因灾造成临时生活困难的群众，按照每人每天3元标准，安排好一个月的生活费。对无生活来源的特殊困难对象，安排2~3个月的生活费。对缺衣少被的困难群众，及时将上级下拨和社会捐赠的衣被发放到户。对因灾返贫的农户，在农村低保扩面时按规定程序纳入低保给予制度救济，并提高农村低保户救助的标准。2月1日晚，永州市境内高速公路枣木铺收费站因积雪不堪重荷而倒塌，造成5000余台运送救灾物资车辆受阻，滞留司乘人员1.2万余人。为尽快将救灾衣被和食品及时运送到枣木铺收费站，救助滞留人员，深夜11时，市民政局党组安排副调研员王阳宝、救灾科科长孙文波等6人，冒着风雪和生命危险，带着6台大货车前往衡枣高速公路永州收费站和永州服务区两个点，直至次日天亮将物资全部发放给滞留司乘人员。

4月8日，全市共争取上级救灾资金5995万元，其中用于灾民生活救济2395万元，灾区倒房重建和安居工程3600万元。接收上级下拨救灾棉被22000床，棉大衣1000件，收到捐赠棉被3211床，衣物21356件，牛奶10万瓶。6月12日，民政部国家减灾中心副主任冯金社，省民政厅副厅长唐白玉在市委常委、副市长刘事青，市民政局局长高增遗的陪同下，到永州市蓝山县慰问受灾群众。6月19日，湖南省委书记张春贤在市委书记黄天锡的陪同下，到永州市洪灾区慰问受灾群众，指导灾后重建工作。6月27日，市民政局在灾区设置临时安置点，安排受灾灾民的生活和住宿。

是年，湖南省政府给市民政局救灾科科长孙文波记一等功、办公室主任陈泽民记二等功、救灾科科员王冬生记三等功。市政府授予市民政局“抗冰救灾先进集体”称号。

2013年8月16日，武警永州支队官兵在蓝山县塔峰镇西外村帮助转移受灾群众

2013年，永州市先旱后涝，近100万人受灾，直接经济损失达20多亿元。面对罕见的特大旱灾，市委、市政府把抗旱救灾作为“转作风、解难题、抓关键、见实效”专项活动的首要工作来抓，积极向上汇报灾情，努力争取上级的支持和帮助。统筹调剂相关专项资金，集中财力支持抗旱救灾。7月31日，市委常委、副市长蒋善生深入宁远县鲤溪、保安、太平、禾亭、柏家坪等乡镇检查指导抗旱工作。8月，市抗灾指挥部科学制定农田、水利设施、道路、住房恢复重建方案，及时下达秋冬修、秋冬种、秋冬造任务，推广领导办示范点的办法，发动群众投工投劳，积极开展秋冬生产。市民政局向上争取到位资金1705万元，调拨棉被600床、帐篷500顶及折叠床500张，救助灾民6.45万人，安置灾民7193人。8月16日，省委书记、省人大常委会主任徐守盛到蓝山县视察受灾群众。8月26日，市民政局开展灾情损失查核和需救助灾民建

档工作，全面掌握灾民缺口粮、缺衣被、缺饮用水、因灾伤病和住房倒损等情况。确定救助对象、救助时段和救助标准，采取临时救助、医疗救助、纳入农村低保等方式，确保灾民基本生活。对因灾倒损住房户采取分散安置和集中安置的方式临时解决居住问题，对恢复重建住房的确定补助标准，制定出台优惠政策，帮助受灾无房户尽快解决基本居住困难。

2013 年 8 月 16 日，省委书记、省人大常委会主任徐守盛（中）到蓝山县所城镇岩口菜园村视察受灾群众整体搬迁工作

2014 年，永州市减灾委先后启动 2 次Ⅳ级自然灾害救助应急响应，有 5 个县区先后启动 4 次Ⅲ级和 3 次Ⅳ级自然灾害救助应急响应。全市共争取到上级下拨救灾资金 1900 万元（含春荒资金 690 万元），救灾帐篷 600 顶，棉被 1500 床和折叠床 400 张。市民政局下拨救灾帐篷 400 顶，棉被 600 床和折叠床 80 张。受灾县（区）支出救灾资金 1229. 6 万元，发放救灾衣被 4296 套，搭建救灾帐篷 110 顶，发放其他救灾物资折款 86. 5 万元，使受灾困难群众的基本生活得到及时救助。

2013 年 8 月 17 日，江华瑶族自治县为抗击“8·16 洪灾”安排受灾群众集中就餐

2015 年，全市争取上级下拨救灾资金 1760 万元，其中春荒资金 690 万元、救灾资金 1170 万元。市、县（区）共配套安排救灾资金 788 万元，其中宁远县 185 万元、祁阳县 153 万元、江华县 100 万元、道县 60 万元、双牌县 58 万元、新田县 55 万元、零陵区 54 万元、蓝山县 40 万元、冷水滩区 30 万元、东安县 30 万元、金

洞管理区 14 万元、永州经开区 9 万元，两项共计 2548 万元。省民政厅下拨救灾棉被 6500 床、棉大衣 2300 件；市民政局下拨县区救灾棉被 6350 床、棉大衣 2150 件、帐篷 70 顶、折叠床 50 张。

第三节　精简退职老职工救济

20 世纪 60 年代初，为解决因国民经济调整而精减退职老职工的救济问题，1965 年国务院下发《关于精简退职老职工生活困难救济问题的通知》。1993—2005 年，全市精简退职老职工救济均按照国务院的规定执行。

2006 年 12 月，根据湖南省民政厅、财政厅、劳动和社会保障厅、人事厅《关于提高六十年代精简退职老职工生活救济补助标准的通知》和湖南省民政厅《关于进一步做好六十年代精简退职老职工生活救济工作的通知》精神，永州市各级民政部门组织专人，严格按照新增救济对象必须同时具备的 4 个条件，即 1961 年 1 月 1 日至 1965 年 6 月 9 日期间精简退职的；全民所有制单位的固定职工；退职后没有重新参加工作，无经济来源的，也就是生活无依无靠，共同生活的家庭成员年人均收入低于当地绝对贫困线，家庭生活特别困难的；必须提供本人精减退职支农证的原件，对 60 年代精简退职老职工生活救济情况进行认真细致的排查。经排查，全市共有 60 年代精简退职老职工 35906 人，其中已享受原标准工资 40% 救济和定期定量救济人数为 4819 人；新增符合文件 4 个条件的精减退职老职工人数 10429 人；符合文件前 3 个条件没有精减退职工支农证原件，但原单位有档案材料可以证明的人数 11489 人；符合文件前 3 个条件，没有精减退职支农证原件，但是原单位可以出具证明的人数 6238 人；符合前 3 个条件，无任何证明的 2931 人。

2007 年 4 月，省民政厅、省财政厅根据 2005 年各市州上报的统计情况，认定永州市已享受原标准工资 40% 救济和定期定量救济的人数为 9699 人，新增救济人数为 2579 人。市民政局根据 2006 年省民政厅《关于提高历史年代精简退职老职工生活救济补助标准的通知》精神，对精减退职老职工每人每月发放不低于 50 元的生活补助。

第七章 社会救助

第一节 城市低保

1999 年，永州市启动城市低保工作。4 月 7 日，市政府印发《永州市城区城市居民最低生活保障实施办法（试行）》文件，首先在冷水滩区、芝山区、凤凰园经济开发区试行。保障对象为持有非农业户口、家庭月人均收入低于本市城市居民最低生活保障标准的城市居民（含中央、省属企事业单位人员）。最低生活保障标准确定为每户月人均 80 元。保障资金由市、区两级财政按 1∶1 的比例负担，分别列入财政预算。6 月，市直辖城区建立城市居民最低生活保障制度。7 月，各县城关镇完成建制任务。

2000 年，市政府针对城市低保标准过低、保障范围过窄问题，决定从 1 月 1 日起，提高城市低保标准。芝山区、冷水滩区、凤凰园经济开发区为 120 元，各县均为 110 元，加上中央财政 30%的补助金，中心城区、各县的实际执行标准分别达到 156 元和 143 元。

2001 年，市政府根据国务院办公厅下发《关于进一步加强城市居民最低生活保障工作的通知》精神，全面部署城市低保应保尽保工作。对生活无来源、无劳动能力、无法定赡养人或抚养人的城市居民；领取失业救济金期间或失业救济期满仍未能重新就业、家庭人均收入低于最低生活保障标准的城市居民；在职人员和下岗人员在领取工资或最低工资、基本生活费后以及退休人员领取退休金后，其家庭人均收入低于最低生活保障标准的城市居民，实行"应保尽保"。

2002 年，永州市委、市政府把低保工作列为十件大事之一，出台《永州市城市居民最低生活保障实施办法补充规定（试行）》文件，成立以常务副市长崔永平为组长，市政府办、民政、财政等市直部门负责人为成员的低保工作领导小组，在市民政局设置永州市最低生活保障管理服务中心，主任高配副处级，由市民政局党组成员、市救助局局长郭德贵担任。低保工作领导小组，每月听取一次汇报，研究解决应保未保问题。市政府还安排资金100万元，在市低保中心建立全市低保计算机网络管理中心机房，并为各县区和街道办事处配发网络终端设备，实现市、县（区）、街道低保三级联网管理。

2003年，市民政局针对城市低保扩面过程中存在的“平均发放”“滥保乱保”“应保漏保”等问题开展专项整治。市低保中心主任郭德贵，带领县（区）抽调的业务骨干近200人，首先对冷水滩耐火材料厂、永州市化工集团、永州市木材总厂3家大中型特困企业和下河线社区，开展城市低保集中动态管理。对家庭条件好转主动退保对象由区民政局奖发一个季度的保障金。在奖励政策的引导下，三家特困企业有143户416人主动退保。市民政局首次开展城市低保年检年审，清退不符合条件或家庭经济状况好转的对象16041人。

2004年10月1日，市政府提高城市居民最低生活保障标准。冷水滩、零陵两城区城市低保户由每人每月144元提高到175元，各县由132元提高到160元。同时，对城市低保家庭给予每户每月免交4吨水费、6度电费，子女入学免交义务教育阶段学杂费，医疗服务免收挂号费及诊疗费减半，有线电视收视维护费每户每月不高于11元的优惠政策。

2008—2009年，市政府将城市低保纳入为民办实事项目，市委书记黄天锡在听取市民政局社会救助工作情况汇报后，对城乡低保扩面工作作出指示，要求全市城乡低保要切实做到将符合条件的对象实现应保尽保，不符合条件的对象坚决不能保，按季实施动态管理，不能简单卡指标，不能把城乡低保作为解决各类矛盾的手段。根据市委书记意见，市民政局制定《永州市城市低保工作考核办法》，量化考核评分体系，并确定冷水滩区和宁远县进行基层低保规范化建设试点。宁远县为解决收入核定难问题，制定《就业状况认定办法》《收入核定办法》《城市低保对象确定指导性意见》，并建立由县社会救助局、乡镇民政所、社区工作人员和评议小组共同实施的“三级联评”制度，以确保“阳光操作”。在“三榜”公示基础上，还增加把审批结果在申请人住所地公示的程序，建立与工商、房产、国土、劳动、电力、交警等部门联动的信息比对机制。是年，在省民政厅检查验收中，宁远县、冷水滩区的典型经验受到省民政厅的推介。2009年，宁远县政府被民政部授予“全国社会救助工作探索创新奖”。

2010年，市民政局开展社会救助“阳光行动”。市民政局在《永州日报》《永州新报》《永州新闻网》《永州民政网》等市级媒体发布《永州市民政局关于在全市开展社会救助“阳光行动”，全面清查城乡低保和农村五保对象的通告》，组织专业人员清查因失地或企业改制下岗等原因成建制纳入低保、家庭日常消费水平明显高于当地低保标准、有经商办企业、领取养老金后收入超标、举家长期生活在外地、按人施保或变相平均施保、没有经过民主评议和公开公示、有儿女赡养能力的八类“准五保”对象。全年共清退不符合条件或条件好转的城市低保对象5329人，新增城市低保对象3826人。是年，道县、江华瑶族自治县被省民政厅评为“2010年度全省社会救助规范化建设优胜单位”。

2012年，永州市民政局在城市低保工作中，开展“五个统一，五个规范”示范窗口平台创建活动。统一办公条件，规范基础平台；统一公示形式，规范信息公开；统一审批程序，规范操作模式；统一表册样式，规范工作内容；统一档案台账，规范基础管理。湖南省监察厅、省民政厅在全省纠风工作会议上和民政工作会议上，对永州民政局创造的新经验进行推介，中纪委监察部《中南视窗》《中国社会报》分别进行宣传报道。

2012年市民政局局长肖余胜（中）和党组成员、市救助局局长郭德贵（左一）接受湖南公共频道采访，推介永州城乡低保工作

2014—2015年，市民政局开展城市低保专项整治工作。市委常委、副市长蒋善生，组织召开专项整治动员大会，布署专项整治工作。在专项整治过程中，组织社区干部，对所联系的低保对象做到100%入户调查、100%民主评议、100%公示。通过开展社会救助专项治理和低保集中动态管理，共清退不符合条件或条件好转的城市低保对象5677人，新增纳入4638人。

第二节　农村低保

2005年，市民政局在道县、新田县开展农村低保试点，将农村五保户供养和特困户救助合并纳入低保，分别确定为A、B、C三类。道县每月分别按50元、25元和10元3个档次以季度为单位发放低保金。新田县按66元、20元和10元三档分类救助。2006年，农村低保试点逐步扩大到零陵、冷水滩、祁阳、双牌、宁远、蓝山六县区。

2007年，农村低保工作被省政府确定为“八件实事”之一，市民政局结合实际情况，对农村居民中无劳动力、因病因残基本丧失劳动能力、生产生存条件特别恶劣、基本生活长年困难的绝对困难家庭实行最低生活保障制度。6月，全市所有县区均完成农村低保建制任务。

2008年，市政府根据省民政厅安排部署，开展农村低保扩面工作。在农村低保扩面工作中，市民政局对农村民主评议组人员作出硬性规定，要求具有广泛的代表性，人数应达到20~30人，评议方式要求公开透明。宁远县政府在这次实施农村低保工作中，创新工作方式，实行“现任村干部家庭纳入保障说明制”，现任村支两委干部家庭成员申请低保需单独申报，并进行情况说明，以确保村干部不因家庭生活困难、符合低保条件而被排斥在保障范围之外，又防止村干部徇私舞弊、优亲厚友等问题的出现。是年，宁远县人民政府荣获民政部“全国农村低保探索创新奖”。

2009年，市政府加强对农村低保规范管理。市政府首次将农村低保纳入对市民政局绩效考核内容，市民政局联合市监察局、市财政局、市审计局等部门，在全市开展村干部及其家庭违规享受农村低保待遇的专项整治活动。通过专项整治，全市共清查出违规享受农村低保的现任村干部513户939人、离任村干部528户891人，清退不符合条件的农村低保对象51137人。是年，宁远县舜源社区、麻池塘村被民政部授予“全国基层低保规范化建设典型单位”称号。

2011年，根据CPI指数上涨连续3个月超过3%的情况，市政府及时启动价格临时补贴，为所有农村低保对象，按每人每月20元的标准，发放3个月临时价格补贴。2012年，市政府为农村低保户过好元旦、春节，对28.3万农村低保对象按每人200元的标准，发放一次性补贴5667万元。

2014年年初，湖南省人民政府将永州市纳入完善农村低保应保尽保重点扶持范围，市民政局在试点调研和广泛征求意见的基础上，于3月21日印发《永州市民政局进一步完善农村低保应保尽保工作实施方案的通知》，明确重点保障对象为因病致贫、因残致贫、因年老体弱致贫、因灾致贫、因生存条件特别恶劣致贫，以及其他原因致贫，家庭月人均收入低于保障标准的困难家庭。市民政局党组组织人员入户调查，通过摸底排查、民主评议和申报审批，于6月底全面完成应保任务，全市农村低保人数达39.8万人，比上年净增5.2万人。农村低保标准提高到每人每月165元。

2015年10月，市民政局开展以“完善政策体系、健全工作机制、落实资金保障、提升服务水平”为主要内容的社会救助专项治理活动，全市共清退不符合条件或条件好转的农村低保对象 23607 人，新增纳入农村低保对象 18260 人。是年，永州市委、市政府将农村低保纳入实施精准扶贫战略的“1+X”文件体系，装入全市精准扶贫的“大盘子”，统筹规划、部署安排。

2014 年 5 月 5 日，市民政局副局长陈宇永（右二）在东安县白牙市镇桐子山村走访慰问低保户

2006—2015 年永州市农村低保情况一览表

表 7-1 **单位：元**

年份	年末保障人数		上级下拨资金（万元）	当地低保标准（元/年）		本年度财政配套（万元）		本年度资金支出（万元）		当年月人均补助水平（元）
	户	人		市区	县	市	县区	市	县区	
2006	26769	42371	527	683	683	—	—	—	1443. 34	30. 6
2007	49790	99527	2605	683	683	—	—	—	2374. 7	30
2008	126000	208000	6765	683	683	293	2357. 6	—	7486. 6	38
2009	166000	275000	14404	683	683	293	2837	—	16500	45
2010	166719	275087	15709	683	683	293	3122	—	17500	50. 7
2011	171163	282419	23099	1200	1100	200	—	—	26800	70. 5
2012	186060	307000	30528	1500	1500	—	3884	—	39700	105
2013	211515	349000	39097	1800	1800	—	—	—	50056. 9	119
2014	233906	386000	38472	1980	1980	—	—	—	40327. 3	115. 9
2015	237151	391300	70565	1980	1980	—	—	—	51200	109. 3

第三节　医疗救助

2003 年，民政部、卫生部、财政部联合下发《关于实施农村医疗救助的意见》，对全面建立农村医疗救助制度作出安排部署。2004 年，市政府在东安县、新田县开展农村大病医疗救助试点。通过总结东安县、新田县试点经验，市政府确定医疗救助原则为自救互助为主、政府救助为辅；救助水平与经济社会发展水平、财政支付能力相适应的低标准起步、逐步扩展、分类施救；制度统一、管理规范、公开公平；属地管理；城乡一体、整体推进的总体思路。

2005 年 3 月，市政府召开第 85 次会议，专题研究医疗救助工作。会议决定市财政按全市总人口每人每年 0.1 元、县（区）财政按本县（区）总人口数每人每年 0.5 元的标准，预算安排医疗救助资金，在全市建立城乡一体的医疗救助制度。医疗救助对象为永州市农村五保户、城市低保户、农村特困户（农村低保户）家庭中患大病的对象。救助病种范围为恶性肿瘤、白血病、尿毒症、肝硬化腹水及年医疗费用超过 1 万元以上的其他特殊病种。救助标准为 500~3000 元，每年救助 1 次。是年，市筹集医疗救助资金 754.8 万元，直接救助困难对象 2675 人，支出救助金 538.1 万元。资助农村五保户、低保户参加新农合 5981 人，支出救助金 11.5 万元。

2006 年，永州市民政局在东安县、新田县、双牌县开展新农合试点，在冷水滩区、道县开展“慈善药店”试点。2007 年，市民政局将救助标准由原来的 500~3000 元，提高到 1000~4000 元，将重度精神病列为救助病种，把患大病的城乡低保边缘户家庭纳入救助范围，实行常见病救助和大病救助相结合，医前、医中和医后救助相结合的救助办法。凡属于救助范围的对象，患有恶性肿瘤、肝硬化腹水、尿毒症、白血病 4 种大病的，一旦确诊病情，县（区）凭疾病诊断书先期救助部分资金，资助其治疗。是年，全市共争取上级医疗救助资金 960 万元，为 2740 名城乡患大病贫困群众支付医疗救助金 547 万元，为 4.7 万农村五保户、低保户参加新型农村合作医疗，资助金额 47 万元。

2008—2010 年，永州市政府加大医疗改革力度。2008 年，市政府对城乡低保户、五保户、百岁老人、城乡低保边缘户等救助对象实行资助救助、门诊救助、住院救助、临时救助、慈善援助相结合，与城镇居民医疗保险、新型农村合作医疗救助制度有机衔接“五位一体”的新型医疗救助体系。2009 年，市政府对农村五保户、城乡低保户以外的其他低收入家庭成员，患恶性肿瘤、白血病、尿毒症、肝硬化腹水患者，依其家庭困难程度和患病种类给临时救助金。2010 年，市政府对农村五保对象在县级以下定点医院住院实行零支付政策，一站式结算服务。

2013 年，市民政局加强对社会救助定点医院监督管理。市民政局会同市财政、市人社、卫生等部门，对市中心医院、市三医院、市中医院、市康复医院、芝山医院 5 家社会救助定点医疗机构进行专项检查，并对不规范、乱作为等现象，下达通报处理，要求规范报账程序，严格落实“一站式”结算服务。为进一步简化救助程序，方便困难群众看病就医，市民政局将市级社会救助定点医院住院救助一站式结算业务经办权，全部下放县（区）。

2015 年，市民政局下发《关于进一步完善医疗救助制度全面开展重特大疾病医疗救助工作意见》文件，开展重特大疾病医疗救助工作，健全医疗救助资金筹集管理机制、“一站式”即时结算机制和社会力量参与的衔接机制。是年，市政府筹集医疗救助资金 9815 万元，实施医疗救助 72 万人次，支出救助金 1.33 亿元。

2015 年，市民政局在零陵区邮亭圩镇举行城乡大病医疗救助首发式

第四节　临时救助

2005 年之前，永州市临时救助制度尚未建立，各县区根据救济款的数额，结合贫困户的家庭经济状况和面临的实际困难，确定救济对象的多寡和救助标准的高低。临时救助资金来源于救灾款中的一定数量的划拨。2005 年，省政府下发《关于建立全省城乡社会救助体系的通知》，提出建立以城乡低保和“五保”供养、自然灾害灾民救济为基础，以临时社会互助为补充，以医疗、教育、住房、司法等专项救助相配套，以各项优惠政策相衔接，与经济社会发展水平相适应的全省城乡社会救助体系。市财政局筹集临时救助资金 2867.68 万元，其中用水优惠减免 17.19 万户 159.63 万元；用电优惠减免 16.59 万户 122.21 万元；有线电视优惠减免 4.5

万户 137.2 万元；助学 4.7 万人 524.61 万元；廉租房救助 200 户 10.5 万元；法律援助 550 人 25.86 万元；医疗救助 2690 人 192 万元；扶贫救助 6680 人 547.8 万元。

2009 年，市政府根据 2 月 25—26 日民政部在湖北鄂州召开全国农村低保与临时救助工作会议精神，下发《永州市城乡贫困家庭临时性生活困难救助暂行办法》，对城乡低保家庭人员、"三无"人员、城乡低收入家庭人员、当地政府认定的其他特困家庭人员、在当地居住一年以上的低收入农民工家庭等五类家庭因危重疾病、意外伤害、突发性意外事件等原因导致家庭基本生活难以维持的，给予临时救助。对符合临时救助条件的对象视困难程度给予 1000～5000 元的一次性救助。2014 年，全市各县区财政共筹集临时救助资金 2112.3 万元，实施临时救助 20076 人次，累计支出救助金 2306.1 万元。

2015 年，市政府制定《永州市临时救助办法》，对临时救助的救助范围及标准、救助程序及方式、工作机制与资金保障、监督管理和法律责任等内容作出细化规定。

第五节　五保供养

一、供养方式

1996 年新田龙泉镇民主村村委会给五保户送棉被

1995 年，零陵地区民政局成立由副局长胡晓猛任组长，救灾救济科长贤景琨任副组长的五保普查工作领导小组，办公室设社会救济科。领导小组按五保户条件，组织专业普查人员入户进行调查登记，确定五保对象，落实供给措施，签定供养合同，发放五保户供养证。是年，全市核实五保供养对象 30051 人，发放救济费 40.50 万元。1996 年，五保供养对象由所在农业合作社供养转为由农村集体经济组织供养，供养资金由社内农民分担实物向村提留或乡统筹费中列支转变。冷水滩、零陵、东安、祁阳、双牌、新田县实行乡镇供养资金统筹，对未统筹供养乡镇的五保户，办理协议供养手续，仍由农村集体经济组织供养。

2002 年，五保对象供养金实行县财政统一转移支付。2004 年，为确保农村税费改革后五保对象的基本生活水平逐年提高，永州市政府确定五保对象基本生活保障标准为每人每年 796 元。全市共有应保五保对象 39600 人，下拨县区供养资金 3152.16 万元。

2007 年，永州市政府启动减灾安居工程，将五保户中的无房户、危房户、特困户统一纳入恢复重建计划，由政府全额出资，村组包干负责，帮助建好住房。江华县投资 150 万元，为 10 个村无房、无劳动能力的 72 户五保户，建房 144 间。全市共为 1124 名五保对象新建房屋 2299 间。

2011—2015 年，永州市政府不断提高农村五保供养年金。

2011—2015 年农村五保供养标准

表 7-2 **单位：元**

年	分散供养	集中供养	年	分散供养	集中供养
2011 年	1500	3000	2014 年	2744	4878
2012 年	2000	3743	2015 年	2900	5700
2013 年	2508	4478			

二、敬老院建设

1994—2003 年，永州市各县（区）根据实际情况，利用一些闲置、废弃的乡镇府办公楼、学校、卫生院，将其改造成农村敬老院。至 2003 年，全市有农村建敬老院 68 所，入住“五保”对象 1020 人。

2004 年 9 月 23 日，省民政厅厅长余长明（右一）在市民政局局长高增遗（右二）陪同下，到道县白芒铺检查敬老院建设工作

2004 年，市政府将农村敬老院建设列入为民办实事项目。市政府成立由分管民政工作的常务副市长崔永平负总责，市民政局局长高增遗任组长的敬老院改扩建工作领导小组，

将改扩建敬老院的工作纳入目标考核，层层签定责任状。市民政局建立检查督促制度，每月到各敬老院建设现场督办进度，并将督查情况及时进行通报。对不能按期完成建设任务的县（区），除通报批评外，还将扣减部门专项资金，减少后期敬老院改扩建数量，对相关责任人进行问责。各县（区）民政局安排一名干部与乡镇干部一道驻守施工现场，监督工程质量和进度，及时帮助解决建设过程中出现的问题和困难。同时，县（区）民政局广泛宣传发动农村干部群众，积极支持敬老院建设。道县梅花镇敬老院建设施工队负责人何昌柱，主动垫付建设资金。祥林铺镇大井村6名群众为敬老院建设义务投工20天。

2005年零陵区邮亭圩镇敬老院蔬菜生产基地

2006年改建后的东安县水岭乡敬老院

2005年，市财政对每所改扩建敬老院配套资金4万元。县区政府把农村中小学、乡镇卫生院和乡镇企业布局调整后闲置的房产，无偿划拨用于扩建敬老院。乡镇政府从未承包的土地和山林中安排一定的土地，无偿划拨给农村敬老院作生产基地，用于发展庭院经济，增加敬老院收入，以改善敬老院入院老人的生活和居住条件。零陵区邮亭圩镇敬老院利用生产基地，组织入院老人在力所能及的情况下，种植蔬菜和果树，用于改善生活。是年，永州市民政局被省民政厅评为“全省农村敬老院改扩建工作二等奖”，被市政府授予“为民办8件实事先进集体”称号，并推荐为省“为民办8件实事先进集体”。冷水滩区伊塘镇敬老院等 8 个敬老院，被湖南省民政厅评为“改扩建优秀敬老院”。

2006 年，市政府对敬老院改扩建提出更高标准。要求新扩建敬老院，场地要宽敞、环境适宜、工程量又少；占地面积在 10 亩以上，床位设置 30 张以上；要有食堂、卫生间、浴室等基本配套设施；有鱼塘、果林、菜园等生产基地。为确保建设任务顺利完成，市县（区）政府加大对敬老院建设的投入。市财政对每所敬老院安排资金 3 万元，市民政局从福利资金中拿 1 万元，各县区财政从自然灾害救济事业费预算中配套 6 万元，用于敬老院建设项目。通过改扩建，敬老院基础设施和居住环境明显改善。东安县水岭乡敬老院原是村小学，经县政府投资金 45 万元改建，敬老院功能齐全，有食堂、公用卫生间、浴室、医务室、阅览室、会议室、值班室。安装遮雨棚、太阳能热水器。有鱼塘、菜园等生产用地。是年，市民政局被湖南省人民政府评为“2004—2005 年湖南省为民办八件实事先进集体”。

2006 年 2 月，永州市民政局被省人民政府授予“2004—2005 年湖南省为民办八件实事先进集体”称号

2007 年，市民政局救灾救济科科员周龙华，在敬老院建设中成绩突出，被永州市人民政府评为“永州市 2006 年、2007 年为民办 8 件实事先进个人”，并记三等功一次。2008 年，他主抓的全市农村安居工程建设项目于 6 月底全部竣工，顺利通过省民政厅对市“农村安居工程”建设检查验收。是年，永州市被省民政厅评为“湖南省农村安居工程建设先进市”。

2009 年，市民政局为防止出现贪污、截留、挤占、挪用敬老院供养经费等违规违法现象，加强敬老院改扩建资金管理，对敬老院经费建立财务专账，工作经费和供养经费分账管理，专款专用，每半年对各县（区）五保供养资金数额发放情况进行督查。各敬老院采取措施，加强对五保资金的监督管理。双牌县五里牌敬老院在财务上，实时公开，实时监督，实时报账。院务管理委员会成员与工作人员共同参与生活用品的采购，每个月在公示栏上张贴财务支出明细数，接受院民监督。是年，道县被省民政厅评为“全省农村五保供养工作先进县”。

2010 年，市民政局开展“农村敬老院规范管理最优最差评比”活动，对敬老院入住数、经费保障、制度建设、基础设施、院容院貌、综合性老年福利等 9 个服务项目进行量化，实行双百分制考核，从高分到低分，评出若干管理最优敬老院和管理最差敬老院。管理最优敬老院颁发奖牌，给予适当奖励，管理最差敬老院颁发黄牌。全市各敬老院对照最优管理考核标准改进工作。各县（区）按要求为敬老院拨付相应工作经费，设立财物专账。道县敬老院实行法人登记，全年安排“五保”供养经费519元，其中敬老院工作经费90万元。零陵区按市民政局要求，给每所敬老院落实5万~9万元经费，共计200万元，为敬老院统一配置办公椅、电视机、洗衣机、餐桌等设备。同时，各敬老院强化管理，提高服务质量。祁阳县羊角塘镇敬老院、下马渡敬老院，零陵区黄田铺敬老院聘用特护人员，对行动不便、生活不能自理五保老人实行特别护理。东安县敬老院对83岁患尿毒症晚期的刘宗功老人请医生为其打针喂药，还为其老人熬粥、煨汤，老人临终前动情地说：“我80多岁了，虽没儿女，你们比儿女还好，我死也瞑目了”。12月，市民政局在对全市144所敬老院进行规范管理交叉验收中，评出最优敬老院15所，最差敬老院9所。15所最优敬老院为：冷水滩区竹山桥敬老院，道县蚣坝镇、桥头敬老院，东安县水里乡、花桥镇敬老院，零陵区福田茶场、接履桥敬老院，宁远县中和镇敬老院，江永县允山敬老院，江华县东田镇敬老院，新田县三井乡敬老院，蓝山县竹管寺镇敬老院，祁阳县大村甸、白水镇敬老院，双牌县江村镇敬老院。是年，东安县水岭乡敬老院被民政部授予“全国模范敬老院”称号，道县民政局被民政部授予“全国农村五保供养工作先进单位”称号，江永县民政局局长陈德义被民政部授予“全国农村五保供养先进个人”荣誉。

2012年10月22日，市委书记张硕辅（中）走访慰问零陵区菱角塘镇敬老院

2012年，永州市民政局狠抓庭院经济发展，对庭院经济搞得好的敬老院给予适当报酬和奖励。各敬老院组织有劳动能力的院民自愿参加生产劳动，开展生猪、鸡、鸭、鱼等养殖和蔬菜种植生产活动。道县清塘镇敬老院放养草鱼500尾，养猪100头。祁阳县肖家村镇敬老院种植蔬菜8.5亩，养牲猪10头。双牌县五里牌中心敬老院种植蔬菜6亩，年产肉猪8头，年产鸡鸭100只以上。

2013—2014年，市民政局对改扩建敬老院提出更高标准，要求科学合理划分敬老院生活区、娱乐区、生产经营区，做到三季有花，四季常青，院内绿化覆盖率占空地面积60%以上，生活区与生产区分设，或有院墙相隔。各县（区）按照新的建设标准，结合各地实际开展敬老院建设，建成一批各具特色的农村敬老院。零陵区投资 300 万元，在富家桥镇建设一所新的中心敬老院。院内樟树参天，花草茂盛，是一所居住宾馆化、庭院花园化、康复一体化的敬老院。是年，零陵区富家桥敬老院被民政部评为“全国农村五保供养工作先进单位”。市民政局党组成员、社会救助局局长郭德贵，双牌县民政局局长龚文被民政部评为“全国五保供养工作先进个人”。

2014 年 7 月 8 日党组副书记、副局长顾晓姣检查零陵接履桥镇敬老院

2015 年，市政府对新建农村敬老院又提出新要求，建筑设计必须符合老年人、残疾人的需求，生活设施要符合安居、消防、卫生、环保等规范标准。

1994—2015 年，全市共投入建设资金 19740 万元，改扩建农村敬老院 215 所，改扩建面积 29.39 万平方米，设置床位 9667 张，入住五保对象 5874 人。

2015 年新建的道县白芒铺中心敬老院

第八章　社会福利与慈善事业

第一节　社会福利机构

一、社会福利院

1995年，永州市（县级）儿童福利院更名为芝山区儿童福利院，冷水滩市儿童福利院更名为冷水滩区儿童福利院。1996年，永州市民政局按照民政部、省民政厅安排，将改造、维修福利院房屋和增添基础设施列入重要议事日程。芝山区儿童福利院、冷水滩区儿童福利院、道县儿童福利院、祁阳县社会福利院积极筹措资金，相继设立医疗室、康复室，配备专职人员。各社会福利院充分利用房屋、场地、水塘等闲置资源，开展多种经营活动，以缓解社会福利院事业经费不足的压力。1996年5月，宁远县政府将宁远县福利工厂改制成立宁远县社会福利院。

1997年，永州市先后成立永州市社会福利院、双牌县社会福利院、江华县社会福利院和蓝山县社会福利院。市民政局开展社会福利院省一、二级等级管理创建活动。各社会福利院加强院风、行风建设，开展微笑服务、亲情服务、文明服务活动，整治院容院貌，健全完善医疗、护理、康复、安全管理程序和制度。全市各社会福利院对创新服务工作，对不同收养人员采取不同服务模式。对老人以养为主；对健全儿童实行“养教并重”；对残疾、呆傻儿童“养治教康”相结合；对婴儿以“保育”为主，并搞好学龄前的教育。芝山区社会福利院组织开展“关爱孩子当亲人”活动，创立“爱心、耐心、细心、精心、热心”“五心级”服务标准，在精心照顾孩子生活的同时，注重孩子的学习教育、心灵辅导和技能培训。冷水滩区儿童福利院坚持“儿童为本”的养育理念，立足孩子们“情、能、意、知、行”等5个方面的发展需求，通过政府购买社工服务，构建医疗、护理、康复、教育和社工“五位一体”的儿童人格发展抚育模式。是年，芝山区社会福利院、冷水滩儿童福利院被省民政厅评为“全省二级福利院”。

2001 年 2 月，市民政局根据民政部《老年人社会福利机构基本规范》《残疾人社会福利机构基本规范》《儿童社会福利机构基本规范》3 个规范文件要求，加强社会福利院规范化管理。各社会福利院建立健全岗位责任制，用制度来规范福利院各项工作。道县福利院将各项规章制度、办事程序、收费标准、服务标准上墙公示，接收社会和收（寄）养对象的监督。将规章制度装订成册，工作人员人手一册，以便于学习和践行。江永县福利院招募有爱心人士，利用业余时间，为入住老人理发、洗衣、洗被、清理房间，陪老人聊天。

2002 年，市民政局启动为期两年的“社区老年福利服务星光计划”（以下简称“星光计划”）项目建设，争取省级项目资金 290 万元，市县（区）两级配套资金 265 万元，新建老年活动中心 15 个，建筑面积 308 平方米。改扩建老年活动中心 12 个，建筑面积 264 平方米。道县民政局投资 90 万元，将光荣院、敬老院、儿童福利院整合为一，建成总建筑面积 2100 平方米的公寓楼两栋，床位 112 张。院内绿树碧草、花团锦簇、曲径通幽。办公、学习、娱乐、休闲、健身、医务、食堂等场所一应俱全。12 月 25 日，湖南省委书记杨正午到永州视察时，赞扬道县福利院环境优美，像一座公园。2003 年，湖南省委副书记、代省长周伯华在视察道县社会福利院时指出：“道县社会福利院为老年人办了一件大好事。”

2004 年，市民政局按照民政部办公厅印发《关于加强涉外收养抚育费管理和使用问题的通知》文件精神，对社会福利院涉外收养抚育费进行督查，未发现社会福利院违规将涉外收养抚育费用于福利院行政经费、职工工资和福利的情况。11 月，在省民政厅组织的全省 90 所福利院大检查中，永州市所有社会福利院均通过检查验收。冷水滩区儿童福利院被省民政厅授予“全省社会福利院系统先进单位”称号，市社会福利院院长乔小翠、江永县社会福利院院长游尹波被评为“全省社会福利院系统先进个人”。在市民政局开展基层窗口单位行风建设活动中，冷水滩儿童福利院、祁阳县救助站被评为“先进单位”，祁阳县福利院院长伍波被评为“先进个人”。

2003 年，省委副书记、代省长周伯华（左二）在市委副书记、市长刘爱才（右三）等人的陪同下，视察道县社会福利院

2006—2011 年，永州市民政局争取省福利院（福利中心）新（改）扩建项目

资金，对道县社会福利院儿童大楼、祁阳县福利中心、冷水滩区社会福利中心、宁远县社会福利院、蓝山县福利中心大楼、江永县社会福利中心、道县养老服务大楼、永州市社会福利中心、双牌县社会福利中心纳入湖南省民政厅福利院（福利中心）新（改）扩建项目。2006年，开工建设的项目有：道县社会福利院3600平方米的儿童大楼、祁阳县2.3万平方米的社会福利中心项目、冷水滩区福利中心6100平方米的项目、宁远县社会福利院5200平方米的项目。2007年，开工建设蓝山社会福利院1100平方米项目。2008年，开工建设江永县社会福利中心300平方米项目。2009年，开工建设道县3600平方米的养老服务大楼。2010年，开工建设永州市社会福利中心项目。2011年开工建设双牌县社会福利中心。

2013年4月，为解决农村独居、空巢、高龄老年人养老难问题，永州市民政局按照省民政厅要求，在全市启动农村幸福院建设。按照“因地制宜、因陋就简、量力而行”原则，结合各村（居）实际，对村（居）闲置办公楼、学校教学楼、五保之家等场所进行改造，并添置设施设备。每所幸福院建设中央福彩公益金安排3万元予以支持，幸福院内设休息室、阅览室、娱乐室、厨房等设施。是年，全市投入资金641万元，建成农村幸福院158个，新增床位790张。

2014年，市政府投入资金987万元，建成农村幸福院242个，新增床位1210张。同年，市民政局积极探索养老机构与医疗卫生融合发展新模式。江永县社会福利中心与江永县现代医院联合创办全市首家医养结合养老机构，由江永县现代医院派驻医生专职入驻养老院为院内老人提供医疗服务。道县社会福利院与县中医院合作，由民政局提供福利院的场地，中医院提供医护人员和医疗设备，双方共同投资500余万元，在道县社会福利院设立康复医院，双方共同管理，共同经营，实现资源共享。9月，双牌县福利中心被民政部确定为全国124家公办养老机构改革试点单位之一，被省老龄委授予“敬老文明号”称号。

2015年，市政府将社会福利院（中心）、农村幸福院等城乡养老服务设施建设，列入市政府重点民生实事项目范围，投入资金1212万元，建成农村幸福院198个，新增床位910张。

至2015年年底，永州市政府通过实施儿童福利机构建设“蓝天计划”和福利院（福利中心）建设工程项目，向上级政府部门争取建设资金8000多万元，建成社会福利机构652个，床位8391张，其中，公办福利院10个，床位2148张；农村幸福院598个，床位2910张；社区日间照料中心27个，床位270张。

二、民间养老机构

1999年，永州市政府依据民政部《社会福利机构管理暂行办法》，积极探索国家资助、社会兴办福利事业的新路子，引进社会力量和民间资本参与发展养老事业。

2001 年，市政府加大对民间养老机构的引导支持，先后兴建祁阳寿星老年公寓、冷水滩区夕阳红老年乐园、永州敬老山庄幸福园。2002 年，东安应阳养老院成立。2003 年，零陵基督教养老服务中心成立。2007 年，祁阳康乐老年公寓、祁阳永康老年公寓、零陵霞天老年公寓建成运营。

2009 年 9 月，市民政局根据《民政部办公厅关于开展养老机构落实“两规范一标准”情况专项检查的通知》文件要求，对全市民间养老机构开展“两规范一标准”专项检查。各级民政部门对 22 家民间养老机构的设施设备、居住环境、服务管理、队伍建设四个方面进行达标检查。

2011 年建立的永州市纳诺老年公寓

2011 年，永州市成立永州市纳诺老年公寓服务有限公司、祁阳福康老年公寓、冷水滩区温馨养老公寓、冷水滩区长寿园养护中心。

2012 年，双牌县福利中心投资 1390 万元，新建一座养老院。新养老院占地面积 19998 平方米，养老大楼共 3 层，总建筑面积 8000 平方米，有套间、单人间、标准间 65 套，供养床位 160 余张。每个房间有独立的卫生间，房间家具电器齐全，宽敞舒适。养老院内设棋牌室、娱乐室、健身室、阅览室、网吧、餐厅、老年用品专柜、理发室、洗衣房、休闲保健养生中心、医务室、门球场等。是年，双牌县福利中心将新养老院委托湖南康乐年华养老服务有限公司运营，是永州市首家公建民营的养老机构。2013 年，双牌县福利中心，是湖南省首家通过 ISO9001：2008 质量管理体系认证的养老机构。2014 年，双牌县福利中心被被民政部推荐为 124 家养老机构改革试点单位之一，被省老龄办评为“敬老文明号”养老机构。

2015 年 6 月，祁阳永和养老中心成立

2015 年 5 月 20 日，永州市出台《关于扶持社会力量兴办养老服务机构的实施办法》，社会力量兴办养老服务机构，可享受规划、土地供给、税费优惠、信贷支持、资金补贴、医养融合等 6 个方面的政策扶持。对新建和改扩建养老服务机构，分别给予每张床位 3000 元、1500 元的一次性建设资金补贴，补贴金额最高不超过 70 万元；对经考核合格的养老服务机构，按实际入住老人人数，给予每人每月 50 元的床位运营补贴，补贴期限最高不超过 5 年。6 月，祁阳县民政局与湖南大森林医药有限公司共同兴办祁阳县永和养老公寓，成为永州市首家集医疗、养老、康复为一体的大型养老机构。

至 2015 年，永州市有民办养老机构 17 个，床位共 3063 张，入住老人 2733 人，全市共发放养老机构运营补贴 379 万元。

三、社会福利企业

1994 年，永州市社会福利企业 56 家。1997 年，根据民政部、国家税务总局《关于统一换发社会福利企业证书的通知》文件精神，永州市民政局、市国税局、市地方税务局组成联合检查组，对全市各县（区）福利企业进行全面检查。经检查验收，芝山区福利医药材料厂等 37 家社会福利企业合格，换发新的社会福利企业证书，继续享受社会福利企业减免税优惠政策，而宁远县福利五金厂等 19 家企业，因不达标，被取消福利企业资格，不再享受社会福利企业减免税优惠政策。

1999 年，市政府对改制后按比例安排残疾人就业的福利企业，继续给予政策上的扶持保护。是年，省民政厅授予冷水滩福利造纸厂、江华县双扶贸易公司、蓝山县地大实业股份有限公司为“全省先进福利企业”，授予周本间、蒋金忠、刘开兴等人为“全省先进福利企业个人”。2000 年，市民政局统一换发新的社会福利企业证书，全市共有各类福利企业 32 家，其中市民政局直属企业 8 家，社会办福利企业 24 家。

2001 年，受市场经济大潮影响，永州市福利企业面临严重挑战，大部分福利企业基本处于停产状态。2003 年，市民政局对市福利企业按照现代企业制度要求，实行改革改制。对经营条件较好的企业，改为股份制或民营；对经营不善的企业，实行破产、拍卖。市民政局根据湘民福事发《关于认真做好新办社会福利企业审核和管理工作的通知》文件，还暂停审批现行政策尚未明确的民办福利企业，按照政企脱勾原则，市、县（区）行政部门不再兴办福利企业。对乡镇、街道兴办福利企业，与残疾职工签订劳动合同和办理有关法律手续，保证残疾职工能进能退。

2007 年 2 月，市民政局根据《湖南省民政厅关于进一步加强福利事务企事业单位管理工作的紧急通知》精神，对全市所有社会福利企业进行重新认定，共认定社会福利企业 27 家，按国家税收政策对增值税进行先征后返，对企业所得税按规定实行减免。2008 年，受市场影响，特别是由于国家低保、特困供养、城乡养老保险等社会救助和社会保障政策不断完善，社会福利企业逐步减少，市社会福利企业为 18 家。2012 年市社会福利企业减少为 16 家。2015 年仅剩 10 家。

2016 年，民政部印发《关于做好取消福利企业资格认定事项有关工作的通知》，从 10 月 10 日起，废止《民政部关于印发〈福利企业资格认定办法〉的通知》，取消福利企业资格认定事项。自此，永州市不再兴办福利企业，现有的福利企业，按照《国家税务总局关于发布〈促进残疾人就业增值税优惠政策管理办法〉的公告》，自行到税务局办理退税，不需再到民政部门进行福利企业资格认定。

第二节　福利彩票

一、福彩发行

1995 年，湖南省福彩销售开始进入计算机管理发行时代。5 月 18 日，零陵地区募委办通过与中国银行零陵分行合作，在冷水滩、零陵、祁阳、东安县（区）开设 11 个销售网点，开展电脑彩票代销业务。由于当时彩民还不了解电脑票，当年仅销售电脑彩票 10 万元，即开型福利奖券发行 360 万元。11 月，零陵地区社会福利有奖募捐委员会办公室，更名为永州市社会福利有奖募捐委员会办公室（简称“市募委办”）。

1996 年，市募委办开始采用“大奖组”“大场面”“大声势”“高额奖”和

1996年，东安县刮刮乐大卖场现场

"低奖面"的形式，聘请一百多人在繁华地段集中销售50万元为一奖组的2元低面值彩票，最高奖金高达8万元。全年共发行社会福利有奖募捐奖券380万元，筹集福利资金80万元。

1998年1月，市募委办委托农业银行永州分行，在全市开通20个农行销售网点，开展电脑彩票代销业务。6月中旬，中国遭受百年一遇的特大洪涝灾害，国务院决定在全国发行50亿元赈灾彩票，省中心分配永州市销售目标任务600万元。11月20日，市政府召开动员大会，对永州赈灾福利彩票发行工作进行总动员，部署赈灾专项募集工作。会后，市募委办组织全市各县区募办召开动员大会，分配任务。市县（区）民政局抽调力量，积极宣传，开展各类卖场活动。是年，全市销售赈灾福利彩票400万元，发行彩票1263万元，总额居全省第5位。中国银行城北储蓄所、冷水滩梅城所、芝山支行柜、祁阳人民路分理处、东安城中所被省民政厅评为"全省福利彩票销售管理工作先进单位"，市民政局干部王朝阳等34人被评为"全省福利彩票销售管理工作先进个人"。

1998年，冷水滩步行街刮刮乐小卖场现场

2001年，国务院将彩票发行工作列入国家"十五计划"，发行政策由原来"从严控制，限额发行"改为"鼓励多销，要求多销"。市募委办为全面落实彩票新的发行政策，改变工作思路，大力发展新站点，全年新增投注站75个。是年，全市彩票投注站共达

108个，发行福利彩票1360万元。2002年，市募委办开展“电脑彩票管理年”活动，出台站点准入、增设流程和末位淘汰制度。当年新增投注站21家，淘汰低销量站点20个。6月，市募委办将芝山、冷水滩两区80多个站点上收市募委办管理，并对站点重新调整，合理布局，重签代销合同，福利彩票大幅度增长，仅两区电脑彩票销售总额就达1000余万元。是年，芝山、冷水滩两区募委办被省民政厅评为“全省福利彩票销售先进单位”。

2004年，市募委办按照“向城乡结合部转移，向乡镇延伸，向繁华地区渗透，消灭城乡空白带”的原则，增机布点。市县（区）募委办，安排工作人员走街[illegible]巷，逐户宣传，采取专营、兼营形式，对新增投注站点给予500元建站补贴，[illegible]高新业主的经营积极性。全年新增投注站点36家，共销售福利彩票5146[illegible]同比增长17.1%，净增700多万元。是年，永州市募委办被省民政厅[illegible]组织一等奖”。

2005年，市政府办牵头，由公安、财政、工商、民政、体[illegible]等部门参加，成[illegible]打击地下私彩办公室（简称“打私办”），开展打击地下私[illegible]活动。全年共[illegible]击地下私彩53次，抓获犯罪嫌疑人65人。销售福利彩票1[illegible]亿元，比[illegible]增加4890万元，同比增长98.8%，在全省排名第二。是年，[illegible]州市募委[illegible]被评为“全省先进单位”。

2007—2012年，市募委办创新发行机制，与永州电[illegible]台、《永[illegible]日报》和永州市传媒广告公司签订合同，组织宣传车、腰鼓队宣传福[illegible]彩票；[illegible]邀请湖南省福彩中心培训师和省外讲师团对永州市业主进行培训；新增电脑[illegible]销售网点；招聘10名县级管理员，对超过60个投注站的祁阳县配备2名市场管理员，其他县（区）配备1名市场管理员，实行城区市场管理分片包干；对工作人员重新分工，加强员工责任心；工作人员发动亲朋好友积极参与。通过以上措施，永州市福彩销售大幅度增长。2007年，全市完成福彩销售额1.17亿元，市募委办获省民政厅“组织工作一等奖”；2008年，完成1.22亿元，销售总量排名由上年全省第六名上升到第三名，市募委办获省民政厅“组织工作一等奖”和“销售总量一等奖“；2009年，全市销售福利彩票1.6亿元，销售总量排全省第二位，市募委办获省民政厅”组织工作一等奖“和“销售总量一等奖”；2010年，全市销售福利彩票1.84亿元，同比增长率12%，为国家筹集公益金6300万元，市募委办获省民政厅“组织工作一等奖”。2011年，永州市福利彩票发行取得历史性突破，全市共销售各类福利彩票2.45亿元，同比增长33%，市募委办获省民政厅“组织工作一等奖”和“销售总量一等奖”；2012年，全市共销售福利彩票2.94亿元，增长20%，为国家筹集公益金1.03亿元，市募委办获省民政厅福利彩票发行“组织工作一等奖”。

2014年，市募委办围绕“安全运行，健康发展”的可持续发展目标，继续推进站点规范化建设。对未进行规范化改造的站点业主，采取“晓之以理，动之以情，诱之以利”的方式，分批分步骤推进；对经营快开游戏的“双机店”进行清理整顿；对已实行“双改单”的站点，鼓励其上“动物总动员”玩法，以提升其经营利润。至年底，全市完成规范化建设的站点480个，规范化建设率达90%，其中100个站点被湖南省福彩中心评为星级站点。全年销售福利彩票4.19亿元，同比增加8000万元，增长12.35%。

2015年，市福彩中心围绕“突破瓶颈调结构，创新管理促效益，深化服务优品牌，注重营销树形象，廉洁自律保安全”的总体工作思路，制定《2015年永州市即开票渠道销售补助方案》，细化对县（区）募委办和站点的奖惩措施，对各县（区）新增的即开票社会销售网点，按不同标准进行资金补助，对即开票销售达到销售任务的投注站点，分档次进行奖励。是年，全市实现销售额4.5亿元，增幅11.4%，排全省第—，是湖南省5个实现正增长责任市州之一。

二、福彩公益活动

1997年，市民政局为加强对福彩资金管理，成立永州市有奖募捐社会福利资金分配、投放评审委员会。福利彩票公益金使用遵循专款专用、量入为出、讲求绩效原则，体现“扶老、助残、救孤、济困”的宗旨，使用范围主要是资助老年人、残疾人、孤儿、流浪儿童、革命伤残军人等特殊群体服务的社会福利事业，支持社会公益、慈善事业的发展，资助城市、农村大病医疗救助等。公益金严禁用于彩票发行机构工作经费和人员经费，严禁用于兴建、装修办公楼或职工宿舍楼，严禁用于购买小汽车等交通工具，以及参与股票和期货交易。

1999—2000年，市福彩中心捐资110万元，资助永州民政局老年公寓、东安县社区服务中心、永州精神病医院、蓝山民政局社区服务大楼和江华县大院建设项目。

2001年，国务院对彩票发行资金构成比例进行调整，规定返奖比例不得低于50%，发行费不得高于15%，彩票公益金比例不得低于35%。2003年，按照收支两条线的原则，福彩公益金由财政部门会同民政部门提出使用和分配方案，民政部门按“专款专用”的原则管理和使用，市募办只负责发行和销售福利彩票，不再管理公益金的分配。公益金主要用于资助社区服务项目、福利事业项目、福利企业项目、农村医疗救助项目以及其他社会救助。

2007年8月，市福彩中心开展福彩资助贫困学子的“圆梦行动”，全市共有20名寒门学子每人获得资助3000元，帮助其顺利进入大学学习。2008年5月18日，全国第十八个助残日，湖南省福利彩票发行中心联合省假肢康复中心，举办“福彩助残健康行”活动，为生活特困或有贡献的残疾人免费安装假肢，全市有9位残疾人获得免费安装假肢的帮助。9月1日，省福彩中心、慈善总会及省内多家媒体联合发起2008年“爱心改变命运·福彩助学”大型公益活动。在市民政局办公楼三楼，为全市30名被本科院校录取的应届特困学生，发放3000~5000元不等助学金。2009年8月26日，市募委办继续与市慈善总会合作，开展第二次“爱心改变命运福彩助学”大型慈善活动，资助36名贫困学子，每人3000元。

2013年，市募委办主任何海平（正后中）为黄阳司敬老院发放慰问品

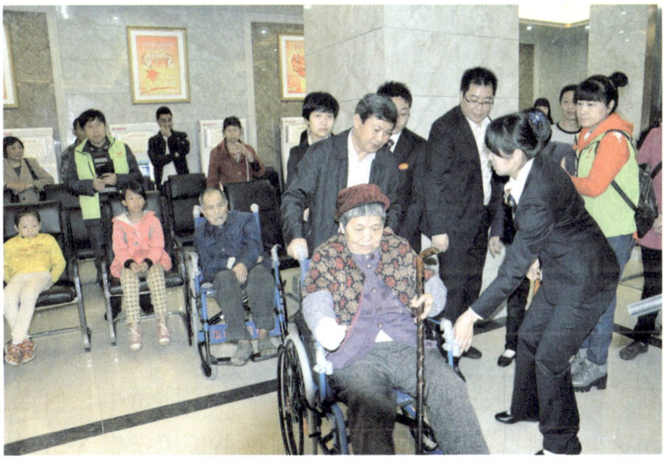

2015年，市民政局党组书记、局长肖余胜（右四）为失能、半失能老人发放轮椅

2013—2015年，市福彩中心每年在全市开展“福彩送福·快乐过年”“福彩有礼·端午情浓”“走进敬老院·关爱五保老人”“福彩·阳光天使”等大型公益活动，每年投入资金60余万元，资助对象200余人。

2015年，市募委办配合省中心开展“福彩有爱孤老不独”轮椅捐助活动，全市160位失能、半失能老人获得轮椅捐助。

第三节　慈善事业

一、慈善组织

2007年4月，永州市编制办下发《关于设立永州市慈善总会办公室的批复》文件，批准设立永州市慈善总会办公室。2008年8月，湖南省民政厅批复同意成立永州市慈善基金会。

2009年3月18日，经市委常委会议研究，市慈善总会办公室主任高配为副处级。9月3日，市编委同意永州市慈善总会办公室为全额拨款事业编制，定编6人，增设副主任职数1名。10月20日，市慈善总会、市慈善基金会正式挂牌成立，并召开成立大会暨第一届理事会代表大会。大会审议通过《永州市慈善总会章程》《永州市慈善基金会章程》《永州市慈善总会、慈善基金会组织社会力量募集资金办法》《永州市慈善总会、慈善基金会慈善款物的募集使用和管理办法》。选举产生永州市慈善总会、基金会第一届常务理事会，理事和理事单位59个，常务理事9名。会长、理事长1名，由市人大常委会主任郑邦淳担任。常务副会长、副理事长2名，由市人民政府党组成员、正厅级干部荣燕明和市民政局党组书记、局长高增遗担任。副会长、副理事长8名，由市委宣传部副部长刘波、长丰集团董事长李建新、市政协副主席余华生、市南华大酒店董事长何谋云、市渝洲房地产实业有限公司董事长姚芳明、市人民政府副秘书长唐定奇、市财政局副局长蒋东智和市民政局调研员谭昌怡担任。秘书长由市民政局调研员谭昌怡兼任，副秘书长由市慈善总会办公室主任孙文波担任。大会聘请市委书记黄天锡为市慈善总会、慈善基金会顾问。市人大常委会主任李良铁，市政协主席陈金荣，市委常委、常务副市长唐松成，市委常委统战部长蒋吉秀，为名誉会长和理事长。永州市慈善总会、市慈善基金会下设办公室，为正科级全额拨款事业单位。

2010年，因人事变动，高增遗不再担任常务副会长，2011—2015年，市民政局局长肖余胜任常务副会长。

二、慈善活动

2006年，市慈善总会与市中心医院及第三人民医院，开展为期三年的“微笑列车唇腭裂修复项目”，免费为320名贫困唇腭裂患者进行唇腭裂修复手术。在全市开展为期四年的“爱心改变命运”公益助学活动，募集资金76.5万元，资助贫困大学新生 234 名。配合省慈善总会、省烟草公司在永州市开展为期十年的“慈善医疗金叶卡”救助项目，确定永州市康复医院为该项目定点医院，安排项目资金 802.33 万元，发放医疗救助卡 16046 张，救助患大病、重病的特困患者 8713 人次。

2007 年 10 月 20 日，永州市慈善总会、慈善基金会在冷水滩华丰华天大酒店召开“慈善一日捐”活动

2007 年，市慈善总会在全市开展“慈善一日捐”活动。捐助实行“尽力而为、量力而行、自愿捐赠”原则。市各级机关、学校、部队、社会团体和事业单位，捐助标准为 2000 元以上；干部职工每人捐出一日的工资；企业和个体工商户以一日利润为基数，根据自身实际情况确定数额。在开展“慈善一日捐”活动中，市慈善总会累计接收捐款 570.3 万元，用于救助困难群众。

2008 年，四川汶川发生特大地震，市慈善总会、慈善基金会，在全市组织开展为“灾区人民献爱心”赈灾募捐活动。市县（区）慈善办工作人员广泛宣传一方有难八方支援思想，发放募捐倡议书，摆放募捐摊点，共募集善款 2048 万元，捐款根据省财政厅和市财政部门意见，全额汇缴到省财政厅援建专户，然后转赠给灾区人民用以恢复生产，重建家园。

2009 年 8 月 26 日，市募委办与市慈善总会合作开展“爱心改变命运助学”活动。10 月 20 日，市慈善总会、市慈善基金会正式挂牌成立，并召开成立大会暨第一届理事代表大会。春节期间，市慈善总会开展“迎新春慈善‘送温暖·献爱心’活动”。每年由市慈善总会会长郑邦淳带领慈善办的同志，到 14 个县区、管理（区）及市直单位，看望五保户、低保户、特困户、受灾户家庭及敬老院、福利院的孤寡老人、孤残儿童，为他们送去价值 20 万元的大米、食用油、棉被等物资及慰问金。

2010 年，市慈善总会在冷水滩河西步步高舜德店商场门前，举行为玉树灾区人民捐款爱心募捐箱投放启动仪式。市慈善办工作人员及慈善志愿义工、商家代表、步步高员工及社会人士参加启动仪式。市慈善总会会长郑邦淳、市慈善办主任孙文波、步步高董事长等领导参加并讲话。本次活动，市慈善总会在各大商场、宾馆、酒店、咖啡厅、大药房等公共场所投放募捐箱 20 个，现场募集善款 3575 元，捐款全部上缴湖南省民政厅，然后再转交玉树政府，用于灾区的建设。

市慈善总会与深圳创启智有限公司LP12班学员，在东安端桥铺镇中学开展大型社区服务活动，为当地分散供养的五保老人捐资捐物，共捐赠款物17.2万元。与深圳创启智有限公司LP7班学员、万喜登大酒店等单位和企业，在零陵接履桥敬老院举行关爱老人捐助活动，现场为敬老院的老人们捐赠人民币1.3万元，港币3200元，并送去价值4.1万元的消毒柜、棉衣、米油等物资。

2011年12月15日，市政府在市广电局举办首届慈善人物颁奖晚会

2011年12月15日，市慈善总会、慈善基金会，在永州市广电局演播大厅举办永州市首届慈善人物颁奖晚会，湖南省慈善总会常务副会长王振杰，省民政厅副厅长李劲夫，省慈善办主任杨柯，省民间组织管理局副局长方明，永州市委书记张硕辅，市慈善总会会长郑邦淳出席晚会，为获奖的32名慈善先进人物颁发荣誉证书，并现场组织参与捐款献爱心文娱晚会活动。晚会共募集到社会团体和社会各界爱心人士捐款843.87万元。该活动被评为“2011年度永州十大新闻”。是年，市慈善总会办公室被省慈善总会、省民政厅评为“2011年度慈善工作先进单位”。

2012年，市慈善总会与台湾钻石集团旗下的台威、湘威等公司的爱心人士，开展“如松助学”活动，共为150名贫困学子送去8万元的慰问金和爱心礼物。10月18日重阳节，市慈善总会会长郑邦淳在市民政局局长肖余胜，冷水滩区常务副区长刘勇卫，市慈善办主任孙文波和区个协梅湾支部领导的陪同下，到冷水滩区岚角山镇敬老院，走访慰问30名孤寡老人，并为每位老人送上慰问金。是年，全市通过开展“慈善一日捐”“小小慈善行”“爱心圆梦助学”“爱心砍价会”等活动，募集慈善资金637万元，实施慈善援助2400余人次，发放救助金523万元。市慈善总会办公室被省慈善总会、省民政厅评为“2012年度慈善工作先进单位”。

2013年4月12日，市慈善总会与国际华商社会帮扶联盟在永州市南华大酒店，举办“消除乙肝歧视、共建和谐社会”公益帮扶捐赠仪式。国际华商社会帮扶联盟向永州市慈善总会捐赠价值100万元的肝病防治药品。并分别在冷水滩、零陵、祁阳、东安、双牌、江永等县（区）开展肝病免费普查公益帮扶活动，发放药品价值330万元，救助患者3000余人。市慈善总会创新募捐形式，在湖南省率先开通网上募捐渠道，将慈善项目推荐到支付宝公益捐赠网，实现网上募集善款。在抗战胜利70周年纪念活动中，为抗战老兵募集困难补助资金26万元。为回龙圩管理区中学和金洞管理区上司源小学，捐赠价值10万元的器材及50台电脑。为大桥瑶族乡中心小学学生发放“壹基金温暖包”650个，价值20万元。是年，市慈善总会办公室被省慈善总会评为“2013年度慈善工作先进单位”。

2013年，壹基金为永州市受灾学生捐赠爱心温暖包

2014年3月，市慈善总会在冷水滩区飞宇国际门窗公馆举行“女书法家字画”拍卖公益活动，拍卖善款8万元，现场为10位寒门学子每人发放3000元的资助金。8月，市慈善总会联合省电视剧频道，在市体育馆组织开展“心得乐”暨“爱心圆梦”慈善助学活动，现场为102名贫困大学新生筹募378万余元。11月，市慈善总会与市民革、中华社会扶贫基金会，开展关爱抗战老兵活动，为135名抗战老兵，按每人每月500元予以生活救助。是年，市慈善总会办公室被省慈善总会评为“2014年度慈善工作先进单位”。

2015年2月10日，市慈善总会、市钓鱼协会、冷水滩区政协，在黄阳司镇郝皮桥乡开展“关爱空巢老人”慈善捐助活动。为黄阳司镇郝皮桥乡空巢老人、特困户、敬老院五保老人、贫困失学孤儿等108人，发放价值近20万元慰问金、大米、食用油、

2015年9月，市慈善总会为抗战老兵魏本烈修建的新居

猪肉、棉被、农药化肥等物资。8 月，市慈善总会联合市扶贫办、爱尔眼科医院，开展“善行湖南——万人眼健康公益行”活动，募集资金 72 万元，免费为 557 名贫困眼病患者实施白内障和胬肉手术，帮助贫困眼疾患者重见光明。在永州四中举行慈善助学金发放仪式，救助贫困大学新生 180 人，每人资助金额 4000~5000 元。9 月，永州市慈善总会为抗战老兵魏本烈修建新居。

是年，市“爱心圆梦”慈善助学项目被省人力资源和社会保障厅、省民政厅、省慈善总会评为第三届“湖南慈善奖”最具影响力慈善项目，市慈善总会办公室被省慈善总会评为“2015 年度慈善工作先进单位”。

2006—2015 年永州市慈善总会募集、发放资金情况一览表

表 8-1 **单位：万元**

年份	募集善款（万元）	物资折价（万元）	发放救助金（万元）
2006 年	420. 9	415. 5	368
2007 年	151	158	126
2008 年	2673	60	2158
2009 年	226. 3	5	100. 89
2010 年	763. 5	2120	190. 22
2011 年	579. 4	20	102. 92
2012 年	529. 17	10	525
2013 年	701. 4		577. 3
2014 年	659	3125	435. 9
2015 年	1992	183	872
合计	8695. 67	6096. 5	5456. 23

第九章　老龄事业

第一节　优待政策

1998 年 8 月，永州市政府办下发《关于对芝山、冷水滩城区 70 岁以上高龄老人实行优待服务的通知》，对冷水滩、芝山区年满 70 周岁的高龄老人，凭身份证办理永州市老年人优待证。持证老年人可免费乘坐市内公共交通汽车；因其合法权益受到侵害提起诉讼，缴纳诉讼费确有困难的，司法部门提供免费法律帮助，并实行立案、审案、结案、执行“四优先”原则。老年优待证由湖南省老龄办统一制作，实行有偿办理，每本收取工本费 2.5 元人民币。

2001 年，永州市老龄办落实省政府办公厅《关于给百岁以上老年人发放长寿保健补助费的通知》，从 2001 年 3 月 1 日起，对全市 66 名百岁以上老人，每人每月发放 200 元长寿保健补助费（即长寿健康补助金），全年共计发放长寿保健补助费 13.2 万元。

2005 年，市老龄委根据省老龄工作委员会《关于免费发放老年人优待证有关事项的通知》文件，从 5 月 1 日起，取消收取老年人优待证工本费，实行免费办证、属地发放，每证 1.5 元优待证工本费，由市财政支付。

2010 年，市委、市政府办出台《关于进一步加强老年人优待工作的实施意见》，对 60 周岁以上老人，在养老、医疗保健、生活服务、文化休闲和维权服务等方面，出台一系列优惠政策。对持有湖南省老年优待证的老年人就医，医疗机构提供优先挂号、优先就诊、优先缴费、优先取药、优先住院的“五优先”服务。对 75 周岁以上城乡低保老人实行日常门诊就诊，每年由民政部门向救助对象核发原则上不超过 200 元的医疗救助卡，用于门诊和购药。对各类展览馆、美术馆、纪念馆、烈士纪念建筑物、名人故居、文化馆（站、宫）等公益性文化设施，凡收取门票的，60~69 周岁老年人实行半价优惠，70 周岁及以上老年人实行全免。到图书馆办理借阅证，60~69周岁老年人享受工本费、注册费半价优惠，70周岁及以上老年人享受工本费半价、注册费全免。各风景名胜区、自然保护区、公园、园林等景点，凡收取观光门票的，60~69周岁老年人实行半价优惠，70周岁及以上老年人全免。城乡贫困老年人参加老年大学（学校）学习，享受学费全免。农村五保老人、城镇“三无”老人、城乡低保老人、百岁老人提出的法律援助申请，司法行政部门简化程序，优先受理、优先审核和指派。城市公共交通设立“老幼病残孕”专座。城乡贫困家庭老年人、农村五保老人、城镇“三无”老人和百岁老人去世，免除丧葬殡仪服务费。

2011年，市政府根据省委、省政府办《关于进一步加强老年人优待工作的意见》文件精神，对年满100周岁的老人，每月享受长寿保健金由原来的200元提高到400元。东安县政府将100周岁及以上老人长寿健康补助金，每月提高至600元。

2014年，永州市各县（区）相继建立基本养老服务补贴制度，农村五保和城乡低保家庭中65周岁及以上完全失能或部分失能老年人，按照每人每月不低于20元（含20元）的标准实行补贴。基本养老服务补贴实行有进有出的动态管理，每年或者半年复核一次。全市实际补贴人数2.47万人，覆盖率为74.7%。市老龄办联合中国人寿保险股份有限公司永州分公司，开展“关爱老年人健康”行动，采取政府出资、保险公司捐资的形式，为农村五保、城市“三无”、城乡低保、重点优抚对象和失独老人，购买老年人意外伤害保险。全年，市政府出资9.89万元，为5200名五类特困老人购买老年人意外伤害险。

2015年8月26日，市委书记陈文浩（右四）到祁阳县慰问社会福利院老人

2015年，市委、市政府领导十分重视社会福利院建设。市政府办下发《关于对全市90~99周岁老人发放高龄生活补贴的通知》，对具有永州市户籍的城乡年满90~99周岁的老年人，每月发放100元的高龄生活补贴。市直和中央、省驻永各单位年满90~99周岁的老年人，享受同一待遇。全市共为10078名90~99周岁老年人，发放补贴资金1173.88万元。

2001—2015 年永州市老年人口统计表

表 9-1　　**单位：万人**

县区 年份	冷水滩	零陵	祁阳	东安	双牌	道县	宁远	新田	蓝山	江华	江永	合计
2001 年	4.85	8.38	10.83	8.46	2.01	9.02	7.91	4.9	2.46	4.12	2.41	65.35
2002 年	5.3	8.45	11.12	8.67	2.02	9.11	8.01	4.9	2.63	4.27	2.49	66.97
2003 年	5.52	8.51	11.39	8.83	2.3	9.12	8.22	4.8	2.71	4.42	2.57	68.39
2004 年	5.7	8.58	11.65	8.96	2.06	9.31	8.34	4.8	3.62	4.58	2.65	70.25
2005 年	5.89	8.65	11.85	9.09	2.08	9.47	8.24	4.8	3.77	4.76	2.81	71.41
2006 年	6.04	8.72	12.11	9.21	2.1	9.63	8.77	5	3.83	4.98	2.89	73.28
2007 年	6.43	8.79	12.49	9.39	2.15	9.87	8.81	5.1	3.94	5.15	2.97	75.09
2008 年	6.82	8.86	12.94	9.61	2.32	10.08	8.89	5.3	4.08	5.32	3.13	77.35
2009 年	7.1	8.93	13.49	9.75	2.51	10.21	9.62	5.5	4.17	5.5	3.29	80.07
2010 年	7.3	9	16.67	9.93	2.5	10.43	9.99	5.6	4.23	5.6	3.45	84.7
2011 年	7.5	9.07	16.79	10.12	2.57	10.86	10.08	5.8	4.56	5.8	3.61	86.76
2012 年	7.8	9.15	17.08	10.32	2.65	11.02	10.42	5.9	4.75	6.08	3.69	88.86
2013 年	8.1	9.22	17.48	10.56	2.67	11.21	10.53	5.9	4.92	6.29	3.85	90.73
2014 年	8.6	9.3	17.83	10.85	2.97	11.32	11.62	6.1	5.14	6.51	4.1	94.12
2015 年	8.96	10.98	18.13	11.06	1.88	13.58	9.82	6.3	2.01	6.85	4.1	93.67

第二节　权益维护

1996 年，第八届全国人民代表大会常务委员会第二十一次会议通过的《中华人民共和国老年人权益保障法》颁布实施，市老龄委组织市直单位和各县（区）负责人，召开宣传贯彻老年人权益保障法动员大会，为各县区免费提供老年人权益保障法手册 35000 余本、布告 8000 余份、宣传画 2200 多张，用于老年人权益保障法宣传工作。市老龄委还协助公安部门查处各类虐老案件 273 件，调处养老纠纷 719 件。宁远县老龄委得知舜陵镇乐家村村民乐某某，不履行赡养义务，经常向其父索要钱财，在一次索要钱财未果后，将其父喂养的鸭子尽数打死，用刀刺伤其父亲。市老龄委得知此情况后，会同宁远县法院对此侵权案件进行严肃查处，判处乐某某有期徒刑 3 年。

1997 年，市老龄委为落实好退休人员两项待遇政策，在冷水滩举办全市首届老年人权益保障法培训班，对 116 名学习宣传骨干进行培训。全年各级老龄委共举办培训班（讲座）1009 期，培训骨干 21243 人。10 月，由市人大内司委、市政府办牵头，组织市老龄委、市政府法制局等单位负责人，分成四个小组，对市教委、经贸委和芝山区、冷水滩区、祁阳县等 11 个单位或县（区），开展对退休人员两项待遇落实情况的督查。全市各级老龄部门调解或参与调解养老纠纷 4188 起，调处侵权案件 1521 起，刑事处理 13 名严重侵犯老年人合法权益的犯罪分子。

1999 年，市老龄委为提高市直机关干部老年人权益保障法的法律水平和执法能力，在市直机关干部中，组织开展老年人权益保障法学习活动。市老龄委联合市依法治市领导小组办公室、市司法局、市委组织部、市直属工委，成立市直机关学习老年人权益保障法知识考试领导小组，组织开展市委书记、市长参加的市直机关老年人权益保障法知识考试。

2000 年，各县区老龄委与司法部门合作，主动为老年人提供法律服务。冷水滩区红旗路居委会 77 岁蒋昌浩老人，因财产和生活问题与养子、儿媳发生纠纷并被打伤，家庭关系恶化，其子不承担赡养老人的义务，老人拄着拐杖到处上访。冷水滩区老龄办得知情况后，召集办事处、居委会负责人及其邻居，在当事人家中召开联席会议，反复宣传敬老传统和老年法律法规，经过耐心细致的思想教育，其养子认识到自己的错误，签订赡养老人协议书。全市老年人法律服务站共为老年人提供法律服务 1800 多次，帮助老年人诉讼 150 起。各级老龄委全年共接待老年人来信来访 1.15 万人次，调处涉老纠纷案件 500 余起，协助司法部门查处侵犯老年人合法权益案件 45 起。

2002 年，芝山区法院实行“优先受理、优先审判、优先执行”制度，组织法律义务服务组，对老人实行司法救助，让老年人“敢打官司，会打官司，打得起官司”。2003 年，芝山区法院代表湖南省在全国老年维权工作暨经验交流会议作典型发言。

2005 年，市老龄委与市物价局、市城管局、零陵区城管局、冷水滩区城管局、市公交公司和永州电视台，在零陵、冷水滩城区明察暗访，调查公交车司机拒载老人问题，并通过永州公共频道“民情直通车”、新闻综合频道“大事小事”栏目报道好的典型事例，曝光拒载老人现象。

2006 年，零陵区法院为正确审理涉老案件，从各庭精心挑选一批政治素质高、审判业务精、懂得老年人生理、心理特点的法官，组成涉老案件合议庭，开展专项审判。在审理涉老案件过程中，法院实行优先受理、优先审判、优先执行，为那些不愿打官司、不敢打官司的老年人解除后顾之忧。在全国老龄办、公安部、司法部联合举办的“全国老龄办维权示范岗”评选中，永州市公安局冷水滩分局梅湾派出所、零陵区人民法院，被评为“全国老龄办维权示范岗”。

2011 年 9 月，国家老龄委下发《关于开展“敬老文明号”创建活动的通知》。2012 年，永州市成立“敬老文明号”创建活动领导小组。2013 年，市老龄委印发《永州市开展“敬老文明号”创建活动实施方案》，各级涉老职能部门、基层为老服务组织、公共服务窗口行业、企事业单位、老年社会组织，制定为老服务工作标准，广泛开展社会志愿服务活动。

2014 年 4 月 23 日，省人大内司委主任李平，到永州市民政局召开《中华人民共和国老年人权益法》实施情况座谈会

2014 年，市房产局采取为老年人开辟快速办证绿色通道、上门服务、设置老年人优先办证窗口等措施方便老年人办事。市公安局在车管、人口、出入境、消防、派出所等窗口，严格执行老年人权益保障法和省市敬老助老政策法规，以优待、优先、优惠为理念，不断扩大老人优待范围，增加老年人优待服务内容，提高优待优惠标准。市交通局制定《永州市城市公共客运行业开展“敬老文明号”创建活动实施方案》，在公交车上设立老年人专座，播放敬老宣传语音视频。在这次全国“敬老文明号”创建活动中，国网湖南省电力公司永州供电分公司、市中级人民法院民事审判第一庭分别获得第一届全国“敬老文明号”称号。市公安局人口与出入境管理支队、市司法局法律援助中心、市第一公共交通公司（公交 13 路）、第二公共交通公司（12 路线）、东安县水岭乡敬老院、九嶷山舜帝陵景区、永州市康复医院、永州市零陵区人民法院、永州市零陵区康泰养老院、江永县公安局人口与出入境管理大队、双牌县康乐年华养老服务中心获第一届湖南省“敬老文明号”称号。

第三节　平台创建

2000 年 10 月，永州市民政局被省政府授予“老龄工作先进单位”称号

2000 年，市老龄委为更好发挥农村老年人协会在基层工作中的参谋员、计划生育的协调员、民事纠纷的调解员、关心下一代的助教员、经济建设的示范员作用，按照选好一个班子、建设一个活动场所、办好一个宣传阵地、开辟一个养老基地、建立一个养老互助组织的要求，对农村老年协会进行全面清理整顿，对符合“五个一”标准的 112 个村老协进行重新登记，对 4 个有违纪行为的村老协组织给予撤销处理，同时，改选村老协会长、副会长 31 名。是年，市民政局被省政府评为“老龄工作先进单位”。

2006—2008 年，市老龄委根据《湖南老年人协会章程》要求，按照有组织机构、有敬老助老村规民约、有活动场所、有活动经费、有工作和活动制度、有正常活动的“六有”标准，开展农村老年协会建设工作。

2009 年，祁阳县大村甸镇老年福利服务中心

2009 年，市民政局按照省老龄委、省民政厅联合下发《关于开展农村综合性老年福利机构示范工程建设的意见》精神，结合乡镇敬老院和村级“五保之家”建设，开展农村综合性老年福利服务机构建设试点工作。每个示范点要求建有图书室、棋牌室、健身室、文娱活动室和室外活动场地或者门球场，并根据需要添置老年文化娱乐器材。社区居家养老服务店还设立为老服务热线

电话，以方便老年人电话预约上门服务。市民政局通过实地考查，确定冷水滩石牌楼社区、零陵区茆江桥社区和百万庄社区3个社区，以及蓝山总市乡敬老院、祁阳大村甸敬老院和道县桥头乡敬老院3个乡镇敬老院，分别开展居家养老服务和农村综合性老年福利机构示范点项目建设。每个点由市福彩公益金给予5万元资金支持。同时，各县（区）在辖区内各乡镇分别选择一个“五保之家”，开展县级农村综合性老年福利机构示范点建设，每个点由县（区）福彩公益金给予3万~5万元建设资金支持。

2010年，湖南省老龄办在永州市冷水滩区竹山桥镇潮水敬老院、零陵区接履桥镇敬老院、东安县大庙口镇福利服务中心、祁阳县白水镇敬老院和祁阳县大村甸镇敬老院5个敬老院，投资建设省级老年福利服务中心示范点。永州市安排资金40万元，建设市级老年福利服务中心示范点4个，县级老年福利服务中心示范点11个。各县（区）按照“六室一场”，即文娱活动室、图书室、棋牌室、健身室、医务室、日间休息室和室外活动场要求，开展自查工作，并在自查的基础上，对场地和设施设备建设、运行和管理制度进行完善。

2014年，城乡基层老年协会建会率被列入省民政厅对市州民政工作考核内容。省民政厅下达市民政局的考核指标，要求城乡基层老年协会建会率分别达到85%和75%。市老龄办在省厅下达的考核指标基础上，制定城乡老年协会建会率均到达85%以上的工作目标，并将其列入年度目标管理考核内容。为规范协会建设和管理，市老龄办印发《村（居）老年人协会章程》《老年人协会工作制度》下发各县（区），要求各县（区）结合实际修改后印发到村。是年，全市197个社区有191个建有老年人协会，建会率达96%；5074个行政村有4565个行政村建有老年协会，建会率达89.97%。

2015年，省老龄办下发《关于印发〈湖南省养老服务信息平台建设基本规范〉的通知》，开始启动省级养老服务信息平台建设工作。永州市冷水滩区和双牌县成功申报居家养老服务信息平台建设项目。

第四节 精神文化建设

1996年，市老龄委将10月定为全市敬老爱老宣传庆祝活动月。市、县、区、场、市直属单位，开展多种形式庆祝宣传活动。市老干局、市计生委、市交通部门组织开展老年门球赛。冷水滩造纸厂组织退休职工举办“夕阳红”文艺晚会。

1997年，市老龄委与市委宣传部、劳动局、人事局、民政局等8家单位联合开展“敬老好儿女金榜奖”“老有所为奉献奖”“重视老龄工作功勋奖”评选表彰活动，成立“三奖”评选指导委员会，采取自上而下，群众推荐和组织推荐相结合的方法，经同级党组织或老龄委审核同意，上报市评选指导委员会。经评选，全市共表彰金榜奖44名、奉献奖36名、功勋奖20名。祁阳县教师王银凤，丈夫事业几经起落，她一肩挑数担，既要做好教学工作，又要侍奉年愈八旬的公公和抚育年幼的孩子，以“大孝”之心被评为“敬老好儿女金榜奖”。祁阳县委常委、组织部长杨绪耀，在任期间，对老同志倾注自己全部的爱，扎扎实实为老龄事业办实事，为老干部排忧解难，深受老同志爱戴与信赖，被评为“重视老龄工作功勋奖”。祁阳县观音滩镇花山村党支部书记邓家干，担任村支部书记期间，以党和人民的利益为己任，始终保持一名共产党人的本色，带领全村干部群众艰苦创业，把昔日一个吃饭靠返销、用钱靠贷款的贫穷落后的花山，变成山上有果园、山下有粮仓、山里有企业、山外有市场的“花果山”，成为省级文明村。

1999年10月，市老龄委、市人事局和市老干局在市委礼堂联合举办庆祝国际老年人节暨“9·9老人节”文艺晚会。东安县、冷水滩区、芝山区、市直各单位共380多名老年人参与表演。同时，各县（区）也开展形式多样的活动。冷水滩老龄委举办首届老年人运动会，124个代表队，参赛队员达1000多名。新田县老龄委联合老干局、人事局举办“迎回归、颂夕阳”书画展。10月11日，在参加湖南省老年人文艺汇演中，零陵卷烟厂参演的葫芦丝独奏《瑞丽江边》、音乐舞蹈小品《模范丈夫》，分别荣获二等奖和创作奖。

2002年6月，市老年艺术团、市老年体协、老年大学配合全省老年文艺调演，组织各单位开展文艺汇演，选出3个节目送省参赛，永州市独唱类节目《八百里洞庭美如画》获金奖。

2003年，市老龄办根据全国老龄委下发《关于组织开展老年知识分子援助西部大开发行动时代方案的通知》文件，组织开展“银龄行动”，成立由常务副市长崔永平为组长，组织部、宣传部、人事局、劳动局、财政局、科技局、老龄办等为成员单位的银龄行动领导小组。各级老龄办与教育、卫生、农业、老科协等部门密切协作，组建老年科技队伍，实施银龄援农、银龄扶贫、银龄助学、银龄义诊和银龄创收等系列活动。祁阳县银龄行动办公室通过引进良种、示范带动、技术指导，推动全县良种油菜种植，为农民增收1000多万元。蓝山县组织老科技工作者与有关部门配合，开展全县农村实用人才培训，采取计划培训、定向培训、基地培训、大户培训、协会培训、订单培训和减灾培训等培训方式，一批老科技工作者为社会主义新农村建设事业发挥余热，使受训者的各种技能得到提高。

2005 年，宁远县中和镇新开村农民、中共党员欧阳名友，44 年如一日照顾奉养 9 位五保老人，贴工 7000 多个，贴粮食 8000 多公斤，贴钱（包括安葬费）1.6 万元，贴医药费 8600 多元。他的感人事迹，在全国组委会组织开展“中华孝亲敬老楷模”“孝亲敬老之星”“敬老好文章”“优秀组织奖”评选表彰活动中，荣获“全国中华孝亲敬老楷模”称号。

2005 年，欧阳名友和他的扶养老人

2008 年，市老龄办组织 710 多名老科技工作者，围绕发展地域经济、提高群众家庭收益、改善群众生活等方面的课题开展调研，撰写调查报告、论文 117 篇，提出意见建议 480 多条，其中《蓝山县农村实用人才队伍建设的调查》《关于永州市楠竹开发的思考》等调研报告受到市委、市政府领导的重视，分别在市委办《永州通讯》和市政府办《永政通报》上予以刊登。

2012 年 10 月 23 日，市委书记张硕辅、市长魏旋君深入零陵区菱角塘镇天字地敬老院和南津渡办事处茆江桥社区，走访慰问当地老人。市委书记张硕辅详细询问老人们的生活情况，祝他们节日快乐，健康长寿。要求院方继续完善基本生活设施、健全管理制度，加强院内医疗定点服务力度，丰富老人娱乐活动，为全院老人营造一个温馨、舒适、方便、整洁的生活环境，让老人老有所养、病有所医、老有所乐。

2012 年 10 月 22 日，永州市委书记张硕辅（中）走访慰问零陵区菱角塘镇敬老院老人

2015 年，永州市老年教育稳步发展，全市老年大学达到 11 所，学员累计 11.01 万人。老年学校有 158 所，在校学员 11420 多人。老干部党校 5 所，累计培训 2830 人次。机关学习（活动）室 102 个，累计学习活动人数 27 万人次。

第十章　社会组织管理

第一节　社会组织登记

一、社会团体登记

1995年，永州市民政局根据省民政厅关于社会团体登记的文件精神，规定新成立的社会团体必须有3万元注册资金，并由会计事务所出具验资报告，以尽可能避免社会团体注册资金弄虚做假行为。是年，全市新成立社会团体8个，注销社会团体97个。全市共有社会团体579个，其中，市级社会团体108个，县级社会团体471个。

1999年，市民政局结合年检，对社会团体进行重新登记。对达到社会团体登记要求的重新换发社会团体登记证书，对不符合条件的社会团体限期整改，期限内仍达不到要求的，予以注销或撤销登记。是年，全市共注册登记各级各类社会体团472个，其中全市性社会团体173个，县级社会团体299个。

2000年，市民政局加强对社会团体收费收据管理。凡从1995年10月至2000年5月19日止，在市民政局社团管理科领购的会费收据，从2000年5月20日起作废停止使用，同时启用新票据。

2004年，市民政局按照第十届全国人民代表大会常务委员会第四次会议通过的《中华人民共和国行政许可法》要求，对社会团体审批过程中所有文书进行清理，并在电视报纸媒体上向社会公布清理结果。

2010—2012年，永州市民政局加强社会团体规范化管理。2010年3月25日，市民政局下发《关于印发〈永州市社会团体内部管理十项制度示范本〉的通知》、《社会组织内部管理十项规定》，为社会组织提供永州市社会团体民主选举制度、社会团体会员大会制度、社会团体理事会制度、社会团体监事会制度、社会团体财务管理制度等10个示范本。9月20日，市民政局下发《关于社会团体登记管理有关问题的通知》，严格社会团体换届工作的审核，规范社会团体章程的修订及核准，加强社会团体民主程序的监督，健全社会团体负责人备案制度和社会团体会费标准的备案管理等，以推进社会组织管理的法制化、规范化进程，维护社会组织的合法权益。2012 年 3 月 6 日，永州市民政局围绕“规范、创新、推进”三个主题，印发《永州市社会组织管理规范化建设标准》，要求各社会团体对照标准开展规范化管理。是年，永州市登记注册社会组织 1374 家，其中市本级 301 家，县（区）级 1073 家；社会团体 737 家，民办非企业单位 463 家，社区社会组织 81 家，农村专业经济协会 93 家。办理变更登记 56 家，注销登记 7 家。培育发展工商经济类、公益慈善类社会组织 21 家。

2014 年 8 月，市民政局党组提出在市本级创建社会组织孵化基地。10 月，为落实局党组的目标任务，分管该项工作的局党组成员、副局长陈炜，组织社管科和相关人员，到江苏、安徽、广东等地参观学习三社联动和孵化基地建设工作。

2015 年 2 月，市民政局组织相关领导多次赴长沙考察，与长沙市社会组织孵化基地运营委托单位负责人座谈、协商，并邀请专家到永州社会组织孵化基地现场指导。市民政局党组经过研究，确定一批有实力承接政府购买服务的公益慈善类社会组织，作为首批孵化对象，通过民政福彩公益金项目形式，给予资助。9 月，永州社会组织孵化基地投入运营，并举行挂牌仪式。基地办公地址设冷水滩区湘永路 231 号（市军休所老办公楼二楼），面积 1200 平方米，入驻孵化的社会组织为 9 家。孵化基地分“公共孵化”“宣传展示”“能力培训”“学习交流”“综合服务”“休闲洽谈”等六个功能区域。

2015 年 11 月 10 日，市民政局党组成员、副局长陈炜到永州社会组织孵化基地调研

至 2015 年，社会团体登记 913 家，其中，市级 228 家，县区（管理区）685 家；行业协会商会类 361 家，科技类 151 家，公益慈善类 66 家，学术类 217 家，其他 118 家。

2015年永州市社会团体登记情况表

表10-1　　单位：个

类型 单位	行业协会商会类	科技类	公益慈善类	学术类	其他	合　计
市本级	88	66	7	46	21	228
县区（管理区）	273	85	59	171	97	685
合　计	361	151	66	217	118	913

二、民办非企业单位登记

1998年10月25日，国务院发布《民办非企业单位登记管理暂行条例》，确定县级以上民政部门负责民办非企业单位登记管理，民办非企业单位进入健康有序发展轨道。

2001年9月4日，永州市政府召开民间组织管理工作会议，部署民办非企业单位复查登记工作。省民间组织管理局局长李佩伟、市委、市政府、市人大、市政协主要领导，各县区人民政府、农林场、开发区分管民政工作的领导及市直单位负责人，县区民政局局长、副局长、社团专干共120余人参加会议。省民间组织管理局局长李佩伟、永州市政府常务副市长崔永平在会上讲话。会议要求各县区要切实加强对民间组织管理，公开登记政策，规范登记程序、内容，确保登记工作顺利进行。市民政局举办非企业单位登记管理业务培训班，部署相关主管单位负责人会议，印发省民政厅编印的《民办非企业单位登记管理指南》和《民办非企业单位登记须知》，公开登记政策、规范登记程序和内容。是年，全市共登记民办非企业单位89个，其中市级16个，县级73个。

2002年，永州市民间组织管理工作重点是做好民办非企业单位和社会团体分支机构、代表机构复查登记工作。4月，市政府下发《关于开展民办非企业单位恢复登记工作的通知》，明确复查登记的范围，即教育事业、文化事业、科技事业、体育事业、劳动事业、民政事业、社会中介服务、卫生事业。复查登记程序为：申请人申请—业务主管单位初审—登记管理机关预审并领取表格—业务主管单位同意发文—登记管理机关审查作出决定—质量技术监督部门预代码—登记管理机关发文、颁发证书—申请人办理代码开户、刻制印章—登记管理机关发布公告。4月5日至6月30日，市民政局对教育、文化、科技、体育、劳动、民政、卫生和社会中介服务类民办非企业单位开展复查登记工作。

2012年，市民政局下发《关于印发〈永州市社会组织评估管理办法〉的通知》，首次对社会组织开展评估。市社会组织评估委员会采取自愿申报，随机抽取，现场评估方式进行。是年，全市共有 13 家社会组织申报评估，获得 3A 等级社会组织 7 家，2A 等级社会组织 6 家。

2015 年，永州市共有民办非企业单位 1200 家。

2015 年永州市民办非企业单位登记情况表

表 10-2 **单位：个**

类型 单位	科研类	教育类			文化	卫生	体育	其他	合计
		学历教育	职业教育	幼儿园					
市本级	8	15	8	0	11	6	5	8	61
县区（管理区）	11	223	182	602	15	87	4	15	1139
合　计	19	238	190	602	26	93	9	23	1200

第二节　社会组织规范化建设

一、党组织建设

2000 年，永州市部分社会组织组建中共党组织，开展党的活动。

2010—2011 年，市民政局在社会组织中开展“创先争优”活动。2010 年 5 月 29 日，市民政局下发《关于在全市社会组织党组织和党员中实行公开承诺的实施方案》，就公开承诺时间、对象、内容、形式和步骤作了明确规定，各县（区）成立创先争优活动指导小组。6 月 20 日，市民政局制定《领导成员联系点工作方案》，对领导联系点进行分工。8 月 25 日，市民政局召开全市社会组织创先争优推进会，邀请市委创争办、市教育局、市工商联等单位分管领导参加会议。会议就推进创先争优，做好领导联系点工作作了安排。在这次创先争优活动中，永州陶铸中学党总支将创争活动与学校党建工作、队伍建设结合起来，党员教师在学校组织开展教学“比武”竞赛、演讲比赛等活动中，亮明身份，起先锋模范作用。是年，全市新增社会组织基层党组织 38 个，其中，民办非企业单位有 28 个，社会团体 10 个。

2011 年 3 月 17 日，市民政局下发《2011 年社会组织创先争优活动要点》，就年度创先争优活动的总要求、主要任务以及各季度的具体活动进行安排。各县区利用媒体平台，采取短信、电话、报刊、网络等形式进行宣传发动。市民政局民间组织管理科根据社会组织分散性、流动性和工作阶段性特点，先后 130 多人次对 120

多家社会组织进行走访，反复开展宣传，营造浓厚氛围。7 月 1 日，市社会组织创先争优活动指导小组组织开展重温入党誓词唱红歌比赛和评选表彰等系列活动。全市共有 350 家社会组织、2200 名共产党员，开展“重温入党誓词、为民服务做好事”为内容的主题活动；“颂党恩、听党话、跟党走”的演讲比赛活动，以及开展党组织、优秀共产党员和党务工作的推荐评选活动等。在建党 90 周年之际，全市社会组织中有 1 个先进基层党组织、2 名优秀共产党员、1 名优秀党务工作者受到湖南省社会组织党工委表彰。

2012 年 5 月 8 日，永州市成立社会组织党工委。5 月 9 日，永州市机构编制委员会办公室印发《关于设立中共永州市社会组织工作委员会办公室批复》，同意设立中共永州市社会组织工作委员会办公室，与永州市民政局民间组织管理科合署办公。核定金额拨款事业编制 2 名，其中主任 1 名（由市民政局民间组织管理科科长兼任），副主任 1 名。6 月 8 日，永州市委组织部下发《关于肖余胜等同志任职的通知》，市民政局党组书记、局长肖余胜任书记（兼）。市委宣传部副部长蒋三立，市委统战部副部长邓晓明，市民政局党组副书记、副局长顾晓姣任工委副书记（兼）。龚跃林、滕永兴、匡雄峰、赵月辉、汪华明、彭楚明、吴文旭、蒋卫东任工委委员（兼）。下设办公室，与市民政局民间组织管理科合署办公，民间组织管理科科长蒋卫东兼任办公室主任。各县区先后成立社会组织党工委。社会组织党工委成立后，立即组织开展全市社会组织党组织建设情况调查，全面进行摸排，建立党建工作台账，向符合组织条件的社会组织下发督办函，向业务主管单位下发协办函，实现社会组织党建工作与业务工作“同登记、同年检、同换届、同评估”模式。市红网义工协会、市家电商会、道州安贞医院、新田县计生协会等 29 个社会组织成立党组织。是年，全市社会组织党组织达 96 个，较上年同期增幅 43%。省民政厅授予永州市社会组织党工委“全省社会组织先进基层党组织”称号。

至 2015 年，全市有 219 个社会组织建立党组织，其中，社会团体中党组织 76 个、民办非企业单位中的党组织 143 个。社会团体中的中共党员 269 人，民办非企业单位中的中共党员 594 人。

二、清理整顿

1997 年，永州市民政局根据湖南省政府办公厅下发《关于清理整顿社会团体的意见》文件精神，对全市 581 个社会团体进行全面清理整顿并开展年检工作，主要检查社会组织遵守法律法规、依章程开展活动等情况，时间为 3 月 1 日至 5 月 31 日。各社会组织根据清理整顿要求，进行自查自纠，业务主管单位和挂靠单位按照国务院办公厅规定的保留社会团体必备的 10 个条件进行清理核实，登记管理机关根据业务主管单位和挂靠单位的意见进行审定。对审核合格的社会团体在《永州日报》上予以公告，对不具保留条件的社会团体予以整改、合并、取缔或撤销。经过半年时间的清理整顿，全市社会组织合格的 432 个，合并的 14 个，限期整改的 38 个，撤销的 95 个。

1999 年，市民政局结合社会团体年检工作。重点清理检查社会团体的分支机构和代表机构情况，并明确分支机构不准收会费、设立账号。各社团根据国家民政部制定的章程示范文本，重新修改章程报民政部门审核，符合建立党组织的社团必须建立党组织。

2000—2001 年，永州市民政局按照“掌握政策、讲究策略、严格要求、依法办事”的原则，集中力量对全市气功类社会团体及其分支机构进行清理整顿，共注销登记 2 个，撤销登记 15 个。

2008 年 8 月，市民政局根据省民政厅《关于规范全省性行业协会服务和收费行为专项治理工作的实施方案》精神，成立永州市清理规范行业协会和市场中介组织工作领导小组，市纪委等 20 个单位和部门负责人为成员，领导小组办公室设市监察局。8 月 25 日，永州市清理规范行业协会和市场中介组织工作领导小组，召开全市清理规范行业协会和市场中介组织会议，部署全市清理规范行业协会和市场中介组织工作。市纪委监察局和市纠风室按照“统一部署、部门负责、分工协作、分步实施”原则，对 62 家行业协会和市场中介组织进行清理工作。这次清理分动员部署阶段、查纠整改阶段、规范建制阶段和检查验收阶段。9 月，市民政局成立清理规范工作领导小组，下发《永州市民政局关于清理规范行业协会和市场中介组织工作实施方案的通知》，规范各类社团组织和中介服务类民办非企业单位，清理审查社团（中介民办非企业单位）注册和年检、组织活动、搭车收费、财务收支和查处“小金库”等情况。在清理工作中，市清理规范行业协会和市场中介组织工作领导小组，共收到 52 个行业协会和市场中介组织自查自纠报告，经过清理审核，提出整改意见的协会 40 家，按照政社分设办理变更手续的协会 1 家，维持现有领导班子及模式的协会 15 家。

2009—2014 年，永州市委、市政府加强对社会组织管理。2009 年，市政府办公室转发市民政局、市监察局、市财政局、市地税局《关于暂停全市未与行政事业单位脱钩的协会、学会、研究会收费和拉赞助款的工作意见》文件，6 月 1 日至 12 月 31 日为市级协会、学会、研究会清理规范时间，在此期间一律暂停收费，严禁拉赞助款，职能机构工作人员和财务与行政事业单位彻底脱钩。经清理规范，整改到位，做到职能、机构、工作人员、财务等方面与行政事业单位彻底脱钩的协会、学会、研究会等，方可按照其章程和有关规定收取会费，没有达到清理规范要求的，不准收费和拉赞助款。2010 年 7

月，市民政局成立社会团体“小金库”专项治理办公室。23 日，市纪委、市监察局、市民政局、市财政局、市审计局联合下发《关于印发〈永州市社会团体“小金库”专项治理实施办法〉的通知》。27 日，市民政局召开全市社会团体“小金库”专项治理工作动员会，各社会团体业务主管单位分管负责人、市治理办成员、社会团体“小金库”治理办公室成员参加，部署治理社团“小金库”工作。治理工作分为动员部署、自查自纠、重点检查、整改落实四个阶段。在这次治理工作中，清理规范工作领导小组对全市 252 家社会团体进行检查。同时，对全市 150 个设有开户专门账户、400 个无专职工作人员和独立办公场所的社会组织进行整改落实，完善制度，建立防治“小金库”的长效机制。2012 年 9 月 14 日，永州市物价局转发《湖南省社会团体有偿服务收费管理办法》，规定社会团体从事有偿服务应在其社团登记证规定的业务范围内，要遵循自愿有偿、公开、公平、公正、诚信和不盈利原则收费。接受服务委托后，应签订委托合同或协议，明确具体服务内容和服务要求，并依约提供服务，方可向委托方收取服务费。无委托协议或未提供协议规定的服务不得收费，也不得借助行政职能强行服务实施收费。2014 年，永州市纪委、市委组织部、市民政局重点清理领导干部兼任社会组织职务问题。经过近半年的摸底与整治，全市共对 222 名在社会组织兼任领导职务的市管干部进行清理规范，其中 81 人主动辞去兼任职务，45 人被责令辞去不符合兼任条件的社会组织职务，96 人经市委常委会研究同意继续兼任。

2015 年，市民政局开展规范社会组织登记管理工作。市民政局编制印发《永州市社会组织登记工作指引》等文件，从社会组织的申报、筹备、成立、注册各个环节进行统一规范，推行直接登记，简化登记程序，降低登记门槛，规范工作流程。在规范社会组织登记管理中，市民政局对长期未开展活动、处于瘫痪状态的 32 家社会组织给予取缔，对全市 23 家社会组织做出年检不合格、警告、限期整改处分，对 26 家连续 2 年年检整改不合格的社会组织给予撤销处罚。

2005—2015 年永州市社会组织年检情况统计表

表 10-3 **单位：个**

年度	合格	不合格	撤销	年度	合格	不合格	撤销
2005	583	27	22	2011	793	48	33
2006	612	44	15	2012	809	77	21
2007	767	47	97	2013	831	76	9
2008	754	35	9	2014	879	50	52
2009	789	15	9	2015	896	81	39
2010	790	33	37	—	—	—	—

第十一章　社会事务管理

第一节　婚姻登记管理

一、结婚

1994 年，永州市民政局根据民政部颁布施行的《婚姻登记管理条例》，规定当事人结婚，双方必须持户口本、居民身份证，以及所在单位或村（居）委会出具的婚姻状况证明，亲自到一方户口所在地婚姻登记处申请结婚登记。在实行婚前检查时，还须提交婚前健康检查证明。离过婚的再婚，还应持离婚证。

1998 年，市民政局成立永州市婚姻服务中心，为科级自收自支事业单位，负责永州市婚姻登记、涉外婚姻登记管理、婚姻登记人员培训和对结婚人员婚前教育。市民政局基层政权科科长王纯禄兼任中心主任，工作人员从市民政局内部调剂。

2003 年 10 月 1 日，市民政局根据新修订的《中华人民共和国婚姻法》，对婚姻登记制度进行重大改革，取消婚姻登记由单位出据证明的做法，改由当事人作无配偶签字声明，撤销所有乡镇、办事处的婚姻登记点，在市、县（区）两级民政部门设立 12 个婚姻登记处，实行婚姻登记集中办理。

2004 年 10 月，新婚姻登记条例颁布实施一周年，市民政局在永州电视台新闻频道开辟《民政之窗》栏目，专题宣传新婚姻登记条例，报道婚姻登记工作。婚姻登记处工作人员走上街头，张贴横幅标语宣传新政策。开通婚姻登记热线电话，方便群众咨询。2005 年，市民政局下发《关于进一步加强婚姻登记集中办理工作的通知》，加强婚姻登记工作的信息化建设，举办培训班，为各县（区）添置电脑、打印机等设备。2007 年 8 月 1 日，全市婚姻登记处全省联网，实行网上在线登记。

2009—2010 年，市民政局加强对婚姻登记工作规范管理。市民政局与县（区）民政局签订责任状，对婚姻登记处机构、人员编制、办公场地、办公设施和办公经费等进行量化考核，各婚姻登记机关建立健全婚姻登记制度，组织专业学习和业务培训。婚姻登记员上岗，统一着装、佩带标识，落实“首问责任制”，推行文明用语，做到来有迎声、去有送声，微笑服务。严查吃拿卡要、搭车收费、违法登记。江华瑶族自治县民政局根据婚姻登记规范化建设要求，结合登记处工作的特点，转变思想观念，强化服务意识，从机构设立、硬件建设、内部管理、机制创新等方面入手，接待做到来有迎声，问有答声，走有送声；登记做到生人熟人一样，领导群众一样，人多人少一样；服务做到热心、耐心、诚心；日常工作做到由衷微笑、亲切问候、热情指导、温暖话语；遇到问题，做到能办的事及时认真办理，难办的事想方设法办理，不能办的事耐心细致解释。2009年，江华瑶族自治县被民政部评为“全国婚姻登记规范化建设单位”，蓝山县被民政部评为“全国婚姻登记机关达标单位”，宁远县婚姻登记中心被民政部评为“全国婚姻登记规范化单位。2010年，民政部授予永州市民政局“全国婚姻登记规范化单位”和“‘十一五’贡献突出单位”称号，授予宁远县婚姻登记中心“全国婚姻登记规范化单位”称号。

2010年，永州市民政局获民政部“全国婚姻登记规范化单位”和“‘十一五’贡献突出单位”称号

2012年，市民政局开展优化婚姻登记服务窗口环境活动。各县（区）建立健全各项管理制度，加强硬件建设，加快信息联网，实行政务公开。祁阳、冷水滩、双牌、江华等县（区）婚姻登记机关按星级婚姻登记机关的标准和要求，另行选址，科学规划，精心装修。其他县（区）添置叫号器、电子显示屏、电视机等硬件设施，婚姻登记服务窗口环境整洁、实用、美观、温馨。

2013年，市民政局在婚姻登记机关开展“创先争优、展示形象”示范窗口创建活动，各婚姻登记机关，认真落实市民政局制定的婚姻登记处为民服务标准，实行“一杜绝，四严禁，五不办”制度，即：杜绝任何形式的搭车收费。严禁增设程序或附加条件登记，严禁要求当事人出具《婚姻登记条例》之外的证明、证件，严禁在婚登过程收取押金或搭售商品，严禁以婚姻服务等名义收费。坚决执行当事人不到法定年龄不办，当事人不到场不办，当事人无民事行为能力或限制民事行为能力的不办，一方或者双方已有配偶的不办，患有医学上认为不应当结婚疾病的人不办。

2014 年，市民政局在婚姻机关开展“三创一展示”活动。规范工作平台，创优服务环境；规范工作标准，创优服务质量；规范工作用语，创优服务理念；规范工作着装，展示窗口形象。是年，民政部授予道县、祁阳县婚姻登记处“国家 3A 级婚姻登记机关”称号。

2015 年新建的道县民政局婚姻登记服务大厅

2015 年，道县婚姻登记处为解决办公场地狭小问题，除自筹资金 70 多万元，县财政解决 30 万元外，还向县财政预支下年度工作经费，新建 1000 平方米办公楼，并按国家 4A 婚姻登记机关的要求，对办证大厅进行精心布局，设置咨询台、候登大厅、婚姻登记窗口、婚姻家庭辅导室、离婚调解室、档案室等独立区域，配备传真机、身份证识别仪器、电视机和饮水机等设施设备。是年，道县和零陵区婚姻登记处，分别被民政部授予“国家 4A 婚姻登记机关”和“国家 3A 婚姻登记机关”。

2015 年零陵区和道县婚姻登记机构，被民政部授予“国家 4A 婚姻登记机关”称号

1994—2015 年永州市结婚登记 75.58 万对。

二、离婚

1994 年 1 月，市民政局根据民政部颁布施行的《婚姻登记管理条例》，规定申请离婚登记的，应持户口证明、居民身份证、所在单位介绍信、离婚协议书、结婚证。

1997 年，市民政局根据 1980 年《中华人民共和国婚姻法》，将“感情确已破裂”作为离婚的条件。2000 年，市民政局根据婚姻法修正案规定，离婚不再需要审查期和介绍信。

2012 年，市民政局开展优化婚姻登记服务窗口环境活动。各县（区）建立健全各项管理制度，加强硬件建设，加快信息联网，实行政务公开。道县婚姻登记处设置专门婚姻辅导咨询室，探索建立“守望幸福婚姻”劝和机制，组建离婚劝和调解小组，每周利用 2~3 个半天时间，为离婚对象开展心理疏导、调解劝和。江永县婚姻登记处 9 个月劝和 160 对夫妻。

2014 年 8 月 20 日，永州市婚姻家庭纠纷人民调解委员会在冷水滩区挂牌成立，主要受理以妇女、儿童为主的婚姻家庭、劳动保障、财产权益等侵权纠纷，调解婚姻矛盾和家庭纠纷，帮助当事人排解各种婚姻、家庭危机，开展婚姻家庭法律法规普法宣传，提供维权咨询服务和法律援助，及时将各类家庭婚姻纠纷化解在萌芽状态，促进家庭成员关系和谐发展。

1994—2015 年，永州市民政机关办理离婚登记 33. 94 万起。

三、涉港澳婚姻

2003 年，永州市民政局经湖南省民政厅授权，开始办理涉港澳婚姻登记业务，涉港澳结婚登记 161 对。2005—2014 年，涉港澳结婚姻登 743 对，涉港澳离婚姻登 67 对，涉港澳复婚和补婚 4 对。

2015 年，永州市涉港澳结婚登记 14 对，离婚 3 对。由于永州市涉港澳婚姻登记业务日益减少，又长年挂靠市民政局基层政权和社区建设科，没有专门的人员和编制，常年依靠从县（区）民政局或局直属单位借调工作人员，来承办涉港澳婚姻登记业务，市民政局向省民政厅上报《关于提请收回涉港澳婚姻登记职责授权的请示》报告，省民政厅批准同意收回永州市涉港澳婚姻登记授权，随之市民政局不再办理涉港澳婚姻登记业务。

1994—2015 年，永州市涉港澳结婚记 2262 起，离婚登记 67 起，复婚登记 3 起，补办结婚证 8 起。

1994—2015 年永州市婚姻登记情况表

表 11-1 **单位：对**

年份	国内婚姻		涉港澳婚姻			
	结婚	离婚	结婚	离婚	复婚	补婚
1994	10410	321	32	—	—	—
1995	11493	327	131	—	3	1
1996	14976	510	212	4	—	—
1997	15999	591	164	8	—	—

续表11-1

年份	国内婚姻		涉港澳婚姻			
	结婚	离婚	结婚	离婚	复婚	补婚
1998	14684	691	172	3	—	—
1999	16322	696	202	3	—	—
2000	15598	787	212	4	—	—
2001	17208	1031	209	4	—	—
2002	16133	1081	171	—	—	—
2003	19095	1549	161	—	—	—
2004	34564	3362	117	2	—	—
2005	37072	3905	118	2	—	—
2006	48780	4778	94	6	—	—
2007	47615	5364	53	3	—	—
2008	49937	6054	32	3	—	—
2009	56911	7261	39	4	—	—
2010	58024	7813	29	3	—	3
2011	54924	8943	33	3	—	2
2012	58141	10094	28	5	—	2
2013	53063	11156	19	4	—	—
2014	56037	12061	20	3	—	—
2015	48859	12848	14	3	—	—

第二节　收养登记

一、国内收养

1993年12月29日，司法部下发《关于办理收养法实施前建立的事实收养关系公证的通知》，市民政局针对收养法实施前建立的事实收养关系，配合司法部门按照通知精神，进行宣传，履行告知义务，要求当事人到收养人所在地公证处申办事实收养公证，收养关系自当事人达成收养协议或因收养事实而共同生活时收养关系才成立。

1999 年 4 月 1 日，修订后的《中华人民共和国收养法》开始实施，市民政局利用电视台、广播和网站、公益性宣传栏、发放传单等形式，宣传收养登记法律法规、办理程序和注意事项，并组织全市收养登记员进行《中华人民共和国收养法》《中国公民收养子女登记办法》等收养业务培训，确保收养登记合格率 100%。各县（区）民政局安排专人负责收养登记工作。

2002 年，市民政局为做好弃婴和儿童收养、送养工作，召开局党组会议，规定凡符合收养条件的夫妇，向社会福利机构申请收养弃婴和儿童的，必须先向所在地的民政所、计生办报告，备齐相关资料后，再到所在地县（区）民政局办理收养登记手续。

2008 年 8 月 25 日，民政部印发收养登记工作规范文件，对收养登记机关的设置、收养登记和解除登记的程序、撤销收养和补领收养证件要求，以及收养登记机关和收养登记员的监督与管理等，作出具体规定。永州市各级民政局对收养当事人提交的各种证明材料按规定进行审核，对证明材料齐全的依法受理登记，并为每名收养对象建立纸质档案，将收养登记档案材料按规定的范围和顺序归档，实行集中统一管理。

2009 年 4 月 1 日，市民政局根据民政部、公安部相关规定，严禁国内公民私自收养弃婴。公民捡拾弃婴的，一律到当地公安部门报案，查找不到生父母和其他监护人的，一律由公安部门交当地社会福利机构或民政部门指定的抚养机构抚养。

2013 年，市民政局针对出现的弃婴现象，按照民政部、国家发展和改革委员会、公安部、司法部、财政部、国家卫生和计划生育委员会、国家宗教事务局《关于进一步做好弃婴相关工作的通知》要求，做好弃婴的接收、体检、户籍登记和抚育工作。对公安机关移送的弃婴，接收弃婴的儿童福利机构及时发布寻亲公告，公告期满后仍查找不到生父母和其他监护人的，经民政部门审批后，办理正式接收入院手续。对接收患病弃婴，儿童福利院及时送卫生部门指定的医院进行身体检查和传染病检查，并持体检表、弃婴入院登记表、公安机关出具的弃婴捡拾证明等相关材料，到当地公安机关办理户籍登记。对办理正式入院手续的弃婴，要求儿童福利机构要做好抚育工作。

1993—2015 年，永州市办理国内收养弃婴和孤儿 754 起。

二、涉港、澳、台华侨收养

1999 年 5 月 25 日，民政部规定，华侨以及居住在香港、澳门、台湾地区的中国公民在内地收养子女的，需到被收养人常住户口所在地的直辖市、设区的市、自治州民政部门或地区（盟）行政公署民政部门申请办理收养登记。

1999—2015 年永州市民政局办理涉港、澳、台、华侨收养统计表

表 11-2　　　　**单位：起**

年度	办理涉港、澳、台、华侨收养登记数	年度	办理涉港、澳、台、华侨收养登记数
1999	3	2008	2
2000	4	2009	1
2001	6	2010	—
2002	1	2011	—
2003	5	2012	1
2004	2	2013	4
2005	6	2014	3
2006	2	2015	1
2007	1	合计	42

三、涉外收（领）养

1997 年，永州市社会福利院成立。市民政局报经省民政厅同意，永州市涉外收养工作归口永州市社会福利院管理，送养弃婴的公告、体检、上报材料、中途反馈消息，以及小孩的交接手续等均由永州市社会福利院集中办理。

2001 年，永州市民政局成立永州市涉外送养体检小组，小组成员由具备副主任医师以上或相当职称资格的医生担任，并确定永州市潇湘医院为涉外送养儿童体检医院。凡涉外送养儿童体检，均由涉外体检小组的医生检查，体检结果须经该小组医生亲笔签名并加盖医院公章。

2002 年，市民政局按照湖南省民政厅《关于加强涉外收养捐赠费管理的通知》精神，加强涉外收养捐赠费的管理，规定涉外捐赠资金只能用于儿童福利院（社会福利院儿童部）的基础设施建设、生活、医疗、康复、教学等支出，严禁用于福利院行政经费、职工工资及福利待遇等费用的支出，严禁购买小轿车、移动电话等用品。在 12 月市民政局组织福利科、财务科等科室对各福利院的经费开支情况进行检查中，未发现违规现象。

2003—2005 年，市民政局规范涉外送养工作。将福利院收养的弃婴集中在福利院带养，严禁分散到家庭寄养。对捐赠款采取永州市社会福利院统一接收，采取按季度定期下拨方式，以保证捐赠款专款专用。各县（区）福利院只能从公安派出所接受弃婴，若有人捡拾弃婴送入福利院，须先报案再接受，严禁从个人手中接收弃婴和发生经济往来。在接受弃婴时，要如实准确填写《捡拾弃婴登记表》和《社会福利机构接收弃婴入院登记表》，保管好捡拾人捡拾弃婴证明、公安部门出具的捡拾弃婴报告单，以及查找不到生父母的证明等相关材料。福利院在接收弃婴入院一个月内，除在《湖南日报》上发布寻亲公告外，还要在弃婴捡拾地县级以上报纸同期发布公告。同时，市民政局对东安、江华、新田 3 个无福利院或无儿童部的县，本着就近原则，规定东安县捡拾的弃婴送零陵区儿童福利院，江华瑶族自治县捡拾的弃婴送江永县福利院，新田县捡拾的弃婴送宁远县福利院。各级福利院按照工作流程，建立儿童健康档案，坚持体检制度，按时接种各种疫苗，记录好儿童成长情况和按月写出综合性的儿童成长报告。有残疾儿童的福利院，制定残疾儿童康复培训计划，根据残疾情况上报。对死亡婴幼儿，建立死亡档案，对非正常死亡婴幼儿，依法追责。

2006 年 8 月 22 日，市民政局报经省民政厅同意，道县、宁远县、江永县、蓝山县和双牌县社会福利院自复函之日起，自行开展涉外送养工作。零陵区、冷水滩区和祁阳县社会福利院仍挂靠永州市社会福利院，由市社会福利院统一报送涉外送养材料。

2008 年，随着弃婴数量的不断减少，全市涉外送养工作基本处于停滞状态。

第三节　流浪乞讨救助

一、收容遣送

1995 年，永州市设有市级永州市收容遣送站，以及祁阳、宁远、道县 3 个县级收容遣送站。各收容遣送站根据《中共中央办公厅、国务院办公厅转发〈中央社会治安综合治理委员会关于加强流动人口管理工作意见〉的通知》精神，主要收容遣送生活无着落露宿街头、患精神病或智力残疾露宿街头、主动向收容遣送机构求助和其他流浪街头乞讨人员。收容遣送工作由民政、公安部门负责，实行救济、教育、集中管理和妥善安置原则。12 月，湖南省民政厅在长沙召开地、州、市收容遣送站联谊会，会议达成三点共识：在收容遣送站设立公安派出所，负责维护收容遣送工作治安秩序，进行审查、管理和遣送工作；加强民政与公安部门协作；解决精神病人、危重病人、急性传染病人的收容治疗问题。会后，各收容遣送站加强与公安部门衔接，在收容遣送站设置公安派出所，实行人头经费包干，业务经费实报实销。建立劳动教育基地，将一时无法查清地址、无家可归的外流人员，安排在基地开展生产劳动，边审查、边教育、边处理。

1996年，市收容遣送站主要接收永州市境城关食宿无着的自流人员、外省市收容遣送站中转遣送人员，以及各站上街定向收容及“110”送来的盲流人员，年收容量达400多人次。

1998—2003年，永州市收容遣送站收容异地务工经商无证人员、有劣迹无证人员以及因灾和病困盲目流入城市人员，年收容量达到2000余人次。

二、救助管理

2003年8月1日，国务院颁布《城市生活无着的流浪乞讨人员救助管理办法》，收容遣送改制为救助管理，主要为流浪城市生活无着的乞讨人员提供临时性救助，原《城市流浪乞讨人员收容遣送办法》同时废止。永州市各收容遣送站按照新救助管理办法，将收容遣送站更名为救助管理站，拆除各种隔离性的铁栅栏，清除监所模式痕迹，硬化活动场地，清理原收容遣送站各种表册、资料、规章制度、宣传标语等。清理核查已收容的尚未离站的人员，对不属于生活无着的流浪乞讨人员予以遣返，对多年积压滞留在收容遣送站的痴呆傻等智力障碍人员、精神病人以及正在接受治疗的重病人员，继续提供生活照料、医疗救治等服务。

2006年，永州市委、市政府将流浪未成年人救助保护机构设施建设项目，纳入永州市“十一五”规划和城乡社会救助体系建设框架，对救助管理站和流浪未成年人救助保护中心的新建和改建项目，进行规划、设计和施工。

2009年2月，市政府办下发《关于转发市民政局等单位永州市城市生活无着的流浪乞讨人员救助管理决定》，明确流浪乞讨救助原则、程序和内容，划分民政、财政、公安、城管执法、卫生等部门职责，确定永州市人民医院和永州市康复医院为市级医疗救助定点医院。各级救助站开通救助电话，设置救助引导牌，组建流动救助服务队，配备流动救助车，定期或不定期开展街头巡查、救助和劝返工作。是年，湖南省民政厅授予永州市救助站“文明救助管理站”称号，授予蒋纯剑、陈拥明、陈智民、李国富、温凤全、蒋国政、刘祖彪、何伟忠、谢解群、刘雄、陈祚禄“救助管理工作先进个人”称号。

2010年，市政府办公室下发《关于做好中心城区流浪乞讨危重病人及精神病人救治救助工作的通知》，各救助管理站根据通知精神，按照“先救治、后救助”原则，甄别和确认病人身份，对符合救治条件的危重病人和精神病人办理救治相关手续，以及出院后的生活救助和护送返乡工作。

2011 年 5 月，永州市民政局按照省民政厅统一部署，在全市救助管理站开展“阳光和尊严行动”。各级救助管理站和流浪未成年人保护中心，按照省民政厅提出的工作机制完善化、机构设施标准化、救助服务人性化、管理工作精细化、从业人员资格化、事务管理信息化、安全机制完备化、救助宣传常态化要求，配备流动救助专用车，开展街头主动救助工作，对受助对象实行人性化、亲情化服务。设立救助对象安置点，对一些无家可归的流浪儿童、精神病人、痴呆傻等特殊人群送至福利院、敬老院进行妥善安置。配合公安、城管、严厉打击拐卖、操纵流浪未成年人乞讨违法犯罪行为。劝导未成年街头流浪乞讨人员接受流浪未成年人救助保护中心或救助管理站救助。

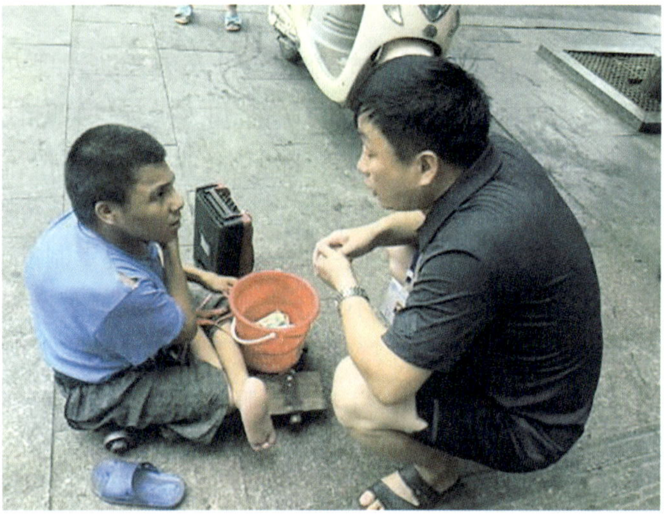

2011 年 6 月，市救助管理站副站长陈拥明（右一）与流浪乞讨残疾人交谈并送上避暑药品和食物

9 月，民政部启动以“保护儿童、告别流浪”为主题的“接送流浪孩子回家”专项行动，市民政局结合“为民服务创先争优”活动，联合综治、教育、公安、财政、人力资源社会保障、城管和卫生等部门，对全市流浪未成年人情况开展拉网式排查，打击拐卖、拐骗和操控未成年人的违法犯罪活动，做好教育矫治和回归安置工作，帮助流浪未成年人回归家庭、融入社会，防止和避免其再度流浪。未成年人小田，14 岁，东安县端桥铺人，被永州市救助管理站未成年人保护中心救助十余次，屡送屡返，始终不愿说出自己流浪的真正原因，在未成年保护中心待护送期间，中心干部职工和老师对他进行细心照顾和耐心的教育，孩子开始慢慢地和老师沟通，当了解到他是因为父母离异，继母打骂使他对家产生恐惧感，因而长期在外流浪情况后，未成年保护中心主任及时派心理咨询师进行心理干预。通过心理干预，耐心教育，使小田认识到自己的错误，愿意回家，重返校园。中心主任与心理咨询师、驻站律师、县民政局、镇政府副镇长和村支书护送他回家，并对其父亲和继母进行法制教育，使孩子的父亲和继母认识自己错误，当面写下保证书，以后要努力培养孩子。中心主任还联系孩子所在的学校，让孩子重返校园，并为孩子付学

费，赠送全套学习用品。

2012 年 5 月，永州市政府成立永州市城市生活无着的流浪乞讨人员救助管理工作领导小组，将流浪救助管理工作纳入市政府工作重要议事日程。6 月，市民政局根据民政部和湖南省民政厅要求，开展“夏季送清凉”专项行动。各级救助站组织工作人员在辖区主要干道、背街小巷、拆迁危房等流浪乞讨人员聚集场所，开展巡回流动劝导救助，为在烈日下露宿街头、捡拾垃圾等流浪乞讨人员送上风油精、清凉油、藿香正气水等防暑降温药品。10 月，市民政局按照湖南省民政厅文件要求，启动“冬季送温暖”专项行动。各救助站会同公安、城市管理、卫生等相关部门，在流浪乞讨等街头生活无着人员可能露宿的车站广场、市场等地开展细致摸排，发现流浪乞讨人员，劝导他们到救助管理站接受救助，对不愿接受救助的流浪乞讨人员，现场提供御寒衣物等。是年，全市支出救治救助金 1100 多万元，救治救助受助人员 10874 人，基本实现街头无流浪孩子目标。是年，永州市救助管理站被湖南省人社厅、民政厅评为“全省民政系统先进集体”。

2013 年，市民政局积极探索孤儿“基本生活保障、就医、就学和住房”四位一体的救助模式，采取“机构抚养、家庭寄养、亲情助养和爱心领养”等方法，多渠道收养救助孤儿。在开展“流浪孩子回归校园”专项行动中，帮助流浪孩子回归校园 52 人，帮助智障人员回归家庭 72 人。是年，全市救助流浪乞讨人员 16682 人次，支出金额 1187 万元，为 6143 名孤儿发放救助金 4736 万元。

2013 年 6 月 19 日，市救助站在中心城区开展“帮助流浪孩子回校园”为主题的宣传活动

2015 年，永州市各级救助站按照民政部、公安部《关于加强生活无着流浪乞讨人员身份查询和照料安置工作的意见》，联合公安部门建立流浪乞讨人员身份快速查询机制、寻亲服务机制和滞留人员身份查询长效机制。对经快速查询未能确认身份的受助人员，在其入站后 24 小时内通过广播、电视、报纸、全国救助管理信息系统、全国救助寻亲网等形式，发布寻亲公告。对入站后 7 个工作日内寻亲无果的和滞留人员，报请公安机关前来免费采集 DNA 数据，录入全国打拐 DNA 信息库。对无法查明身份信息、在站救助时间超过 10 天的滞留人员，采取站内照料、

站外托养、纳入特困人员供养等方式予以安置。

2007—2015 年永州市各救助管理站救助人数统计表

表 11-3 **单位：个**

年份	站内救助					危重病人 精神病人	人员 安置
	总数	男	女	未成年人	60 岁以上 老人		
2007 年	1673	1567	106	185	99	115	—
2008 年	1719	—	—	—	—	126	1
2009 年	2410	—	—	—	—	—	—
2010 年	3600	—	—	120	—	320	—
2011 年	1408	1264	144	71	118	188	28
2012 年	3878	3574	304	97	222	261	46
2013 年	1956	1725	231	65	137	139	157
2014 年	1744	1514	230	83	136	243	268
2015 年	1766	1536	230	40	201	170	195

第四节　儿童保障

1996 年，永州市儿童福利机构主要以无人监护儿童、弃婴为主要工作对象，全市儿童福利机构照看的孤儿、弃婴 100 名。市各级社会福利院按民政部、省民政厅的部署，实施“残疾孤儿康复工程”，对院内具有康复可能的残疾儿童进行筛选，填写“福利院残疾孤儿手术康复申报表”，送至湖南省“残疾孤儿康复工程”医疗定点医院——长沙市老年康复医院进行手术康复。至 2000 年，全市有 42 名残疾孤儿进行手术康复。

2004 年 5 月，民政部启动“残疾孤儿手术康复明天计划”，用 3 年时间，为城乡各类社会福利机构中 0～18 岁具有手术适应症的残疾孤儿进行手术矫治和康复。市民政局组织各级福利院积极摸底排查，会同省民政厅指定定点医院选择适宜手术的儿童，制定手术康复方案，填报手术康复申请表，然后上报省民政厅“明天计划”办公室。这次“明天计划”永州市共报送 15 名适宜残疾孤儿进行手术矫治。8

月，市民政局根据民政部 2003 年颁布的《家庭寄养管理暂行办法》，开展家庭寄养工作试点。冷水滩区社会福利院从家庭成员、文化水平等多方面对寄养家庭进行筛选，选取 2 名孤残儿童寄养在符合条件的家庭，每月给予一定的生活费，并定期对寄养情况开展回访，确保孤残儿童健康成长。

2006 年，民政部启动“儿童福利机构建设蓝天计划”，并纳入国家“十一五”规划。永州市政府投入 9600 万元，新建和改扩建福利院（福利中心）10 所，新增床位 1360 张。

2008 年，“残疾孤儿手术康复明天计划”转入长效机制。4 月，民政部与李嘉诚基金会联合实施“重生行动——全国贫困家庭唇腭裂儿童手术康复计划”项目（简称“重生行动”），为贫困家庭和分散供养的五保对象中患有唇腭裂及相关畸形、年龄在 0~18 周岁的未成年人实施手术康复。市民政局制定政策宣传单下发县（区），要求县（区）民政局切实做好“重生行动”的宣传工作，每年 5 月 31 日前全部完成资助对象的筛查和申报，并按照湖南省民政厅的安排，组织好资助对象手术康复工作，确保这项惠及贫困家庭的工程落到实处。

2010 年 10 月，国务院办公厅出台《关于加强孤儿保障工作的意见》，11 月，民政部、财政部发布《关于发放孤儿基本生活费的通知》，国家建立孤儿基本保障津贴制度，国家对孤儿基本生活的保障从（福利）院内扩大到院外，从以实物救助为主转向以现金救助为主。永州市各级民政部门全面落实散居孤儿每月 600 元，机构孤儿每月 1000 元的孤儿基本生活保障政策。12 月，永州市各级民政部门，把孤儿最低养育标准的落实工作纳入到政府保障民生的重点工作，组织开展孤儿排查摸底，对纳入保障范围的孤儿实行一人一档，健全纸质档案。在中央及省级财政补助资金的基础上，给予相应资金配套。2011 年，永州市民政局建立健全孤儿基本生活费申请审批档案，并及时将更新的数据录入“全国儿童福利信息管理系统”，完善信息库数据。对散居孤儿生活费全部通过银行“一卡通”打卡发放，对交通不便的边远地区孤儿生活费实行现金发放。同时，会同卫生、人力资源和社会保障、财政等部门，及时将孤儿纳入城镇居民基本医疗保险、新型农村合作医疗、城乡医疗救助等制度范围，孤儿参保（合）费用通过城乡医疗救助资金解决。对未能及时纳入医疗保障制度范围的社会弃婴，医疗费用由城乡医疗救助资金统筹解决。对义务教育阶段的孤儿寄宿生全面纳入生活补助范围。对普通高中、中等职业学校、高等职业学校和普通本科高校就读的孤儿继续实行孤儿保障政策。

2014 年，湖南省启动“孤儿保障大行动”，将孤儿纳入重大疾病保险范围，并免费发放保险卡。保险合同列明儿童易患的恶性肿瘤、重大器官移植、重型再生障碍性贫血等 12 种重大疾病，最高可获得 10 万元重疾保障理赔款。

2015年年底，全市共有6288名孤儿，共发放孤儿保障金2515.2万元，为331名残疾孤儿进行“明天计划”手术矫治和康复，有163名贫困家庭唇腭裂儿童接受了“重生行动”免费手术，所有孤儿每年均可免费获得重大疾病公益保险。

第五节 殡葬管理

一、殡葬改革

1996年4月8日，永州市政府召开全市殡葬改革工作动员大会，各县（区）政府分管殡葬工作领导、民政局长、市直单位及中央、省驻永单位负责人，共80余人参加会议，市政府副市长林克屏作重要讲话。会后，市民政局通过《永州新闻综合电视台》和《永州日报》等新闻媒体，进行殡葬改革专题宣传。各县区民政局采取宣传车上街入巷和农村巡回播放殡葬政策、发放宣传资料、悬挂横幅标语等形式，对群众进行殡葬改革宣传教育。清明节前，政府出台通告，告知老百姓在清明节期间的注意事项，明确职能部门的职责。在中元节期间会同城管部门开展宣传劝导工作，劝阻群众不要在城区焚烧纸钱燃放鞭炮。通过全方位、多层次宣传，在群众中逐步形成“人人知晓殡葬改革，个个支持殡葬改革”的良好氛围。1997年4月4—5日清明节期间，市民政局分管殡葬工作副局长陈玉贵，带领相关工作人员到冷水滩、零陵两区的主要街道，向群众发放传单，宣传殡葬改革政策。

1998年10月27日，市政府印发《永州市殡葬管理规定（试行）》。11月21日，市政府召开全市殡葬改革动员会，发布《关于加强殡葬管理的通告》文件，规定凡国家公职人员（含退休人员）死亡后一律火葬。

2000年7月7日，市政府发布《永州市殡葬管理规定》，殡葬改革由提倡火葬向强制执行转变。2001年，市政府把殡葬改革列为市政府对相关部门工作考核内容，并与各市直有关部门负责人签订目标责任书。各县区政府同各乡（镇）及有关部门签订目标责任书，列入政府年度工作考核内容。行政村把殡葬改革列入乡规民约的重要内容。祁阳县观音滩镇新龙湾村，以村委名义向村民发出丧葬改革倡仪书，倡导村民移风易俗、丧事简办，规范丧葬管理，引导村民逐步实行火葬，并对治丧从“孝服”“膳食”“回礼”“丧葬队伍”等多方面作出改革规定，将“禁止汽车、摩托车编入送葬队伍”、“严禁除大锣鼓班、八音班外的艺术团体编入出殡队伍”列入村规民约。

2003年5月，市政府设立永州市殡葬事业管理处，管理处为副处级全额拨款独立法人事业单位，定编为8人，办公地点设市民政局。

2009 年，市政府成立永州市殡葬管理和改革领导小组，市政府分管副市长崔永平任组长。各县（区）也成立县级殡葬管理和改革领导小组，并先后成立 7 个殡葬改革执法大队。2010 年，市民政局被民政部授予“全国殡葬工作先进单位”称号。2014 年 3 月，永州市民政局被民政部授予“全国殡葬工作先进集体”称号。

2010 年 11 月，永州市民政局被民政部授予“全国殡葬工作先进单位”称号

2014 年 3 月，永州市民政局被民政部授予“全国殡葬工作先进集体”称号

2015 年，市政府撤销永州市殡葬管理和改革领导小组，建立市殡葬管理和改革工作联席会议制度，由市政府分管副市长蒋善生任总召集人，市政府分管副秘书长齐爱社和市民政局局长肖余胜为召集人，市民政、公安、城管执法、工商、发改委、住建、人社、市林业、国土、环保、交警等部门分管负责人为成员。各县区相应建立殡葬管理和改革工作联席会议制度。

1996—2015 年永州市遗体火化情况统计表

表 11-4　　**单位：具**

年　份	火化数	年　份	火化数
1996 年	1065	2007 年	2670
1997 年	1085	2008 年	2780
1998 年	1123	2009 年	3564
1999 年	1210	2010 年	3716
2000 年	1296	2011 年	3740
2001 年	1356	2012 年	3990
2002 年	1395	2013 年	4010
2003 年	2467	2014 年	4212
2004 年	2489	2015 年	4352
2005 年	2510	合　计	51597
2006 年	2567		

二、基础设施建设

1994年新建的天安公墓

1994年，零陵地区行署通过招商引资引进永州天安实业有限公司，在冷水滩市（县级）岚角山镇八宝岭投资兴建永州天安公墓。

1995年11月21日，零陵殡仪馆更名为永州殡仪馆。省民政厅批准天安公墓为地市级经营性公墓，主要从事公墓规划与建设、骨灰格位、成品墓的制作销售、殡葬用品销售以及殡葬服务。公墓分1~7墓区和福寿园墓区，安葬骨灰6300余个。

1999年，新田县政府采取政府支持，民政自筹，财政配套的方式，在龙泉镇田家岭村动工兴建寨子岭天恩陵园，总投资250万元，占地面积93240平方米，规划为9个墓区，建成墓穴860个。4月，新田县民政局投资250万元，在龙泉镇田家岭征地15.98万平方米，建起三个悼念厅和一栋骨灰寄存楼、业务接待楼和办公楼，配有一辆殡仪车。江华瑶族自治县引进华善殡仪有限责任公司，投资300万元，在沱江镇八角山岭建设经营八角山公墓，共建墓区3个，墓穴800余个。

2000年，永州市政府第7次常务会议决定，将芝山区永州殡仪馆上收永州市民政局管理，并整体搬迁。2001年，东安县民政局投资500多万元，在白牙市镇河池村征地39960平方米，兴建殡仪馆。2002年，东安县引进华陵实业开发有限责任公司，投资300万元，在东安县白牙市镇河池村兴建东安县红岭山陵园，占地面积12.65万平方米，建墓穴800个。

2003年，永州市政府第54次常务会议批准，通过招商引资兴建市本级殡仪馆，选址在冷水滩区岚角山镇渣里口周家村境内，占地面积20.646万平方米，其中殡仪馆占地9324平方米。祁阳县政府通过招商引资3000万元，在观音滩镇叶家村和茅竹镇板桥村狮子岭，征地16.92万平方米，修建永晟观福园。宁远殡仪馆通过招商引资1800万元，在东溪街道柳塘村马家自然村的龙形冲兴建静陵陵园，占地面积85248平方米。江华县政府经招商引资，筹资380万元，将沱江镇大鹿冲柚子示范场原有房屋改造为悼念厅、办公室、业务接待室和食堂，新建火化车间，购置2

台火化炉、3 辆殡仪车和 3 组遗体冷藏柜。蓝山县民政局通过招商引资，投资 300 万元，在塔峰镇城复村征地 37296 平方米，建起建筑面积 1600 平方米的蓝山殡仪馆。

2004 年，蓝山县通过国土局投资 15%、民政局投资 15%、民政局干部职工集资 70%的方式，筹资 300 万元，兴建九丰陵园。永州市罐头食品有限公司在建设殡仪馆的同时，建设永州市神龙陵园，占地 21.31 万平方米，建公墓 2083 座，骨灰格位 1600 个，壁葬格位 3000 个，经济墓位 660 个，树葬墓位 1000 个，花葬墓位 1000 个，草葬墓位 1000 个，艺术墓园 2 个，是一座集现代化、园林式、多功能于一体的陵园。

2009 年 10 月，经湖南省民政厅批准，永州市神龙陵园更名为日月同辉陵园。2010 年，东安县红岭山陵园变更法人代表，投资方华陵实业开发有限责任公司，将经营权转卖给永州红岭山陵园有限公司，法人代表变更为肖金源，陵园名称变更为永州红岭山陵园。2013 年，蓝山县九丰陵园将国土局 15%和民政局干部职工 70%的股权转让给投资商余培龙，成立蓝山县祥龙永久陵园有限公司。2014 年，江永县政府投资 750 万元，在潇浦江丰村兴建具备整体火化功能的江永县殡仪馆。

至 2015 年，永州市共建有殡仪馆 8 个，殡葬服务厅 36 个，殡仪车辆 10 台，火化炉 18 台。建立经营性公墓（陵园）8 处，占地面积 84.32 万平方米，已建墓穴 19230 座。

三、殡葬服务

2012 年，市民政局为落实市政府《关于规范永州市中心城区殡葬管理工作的通告》精神，做好集中治丧工作，筹资 400 万元，完善永州市殡仪馆治丧设施和场所，装修食堂、招待所。悼念厅由 5 个增加到 10 个，并安装电子显示屏、中央空调，殡仪馆工作人员统一着装挂牌上岗。永州市民政局、市财政局印发《关于免除城乡困难群众基本殡葬服务费的通知》，决定从 2013 年 1 月 1 日起，免除冷水滩区、零陵区、永州经济技术开发区、回龙圩管理区和金洞管理区城乡困难群众的基本殡葬服务费用。市直单位困难群众基本殡葬服务费由市财政负担，各县（区）困难群众基本殡葬服务减免的经费由各县（区）财政负担。

2013 年，宁远县政府办印发《关于实施惠民殡葬政策的通知》，对农村五保户、城镇“三无”人员死亡后火化，免费接运遗体，免费火化，免费提供骨灰罐，并补助其他费用 700 元。对重点优抚对象、城乡百岁老人、县城规划区内的城乡低保户死亡后，在殡仪馆举行悼念治丧活动并火化的，每人补助 2000 元，其他城乡低保户死亡后火化的，每人补助 1500 元。不享受国家丧葬费、抚恤金政策的城乡居民，死亡后火化并在殡仪馆举行悼念治丧活动的，每人补助1000元。祁阳县民政局、祁阳县财政局将享受惠民殡葬政策扩大到所有低保户等城乡困难群众。冷水滩区民政局、财政局联合决定，从2013年1月1日起，免除城乡困难群众的基本殡葬服务费用。零陵区民政局、财政局联合下发《关于免除城乡困难群众基本殡葬服务费的通知》，规定城乡低保对象、城镇“三无”人员、农村五保供养对象，以及零陵区以上公安机关确认的无名尸体，到殡仪馆治丧、火化的，均可享受群众基本殡葬服务费用。补助范围为：遗体接运费、三日内遗体存放费、火化费、一个普纸棺和一个200元以内的骨灰盒，所需惠民资金纳入财政预算，实行打卡支付。蓝山县民政局、财政局联合发文《关于免除城乡困难群众基本殡葬服务费的通知》，从2013年1月1日起，在全县范围内免除城乡困难群众的基本殡葬服务费用，包括城乡低保对象、城镇“三无”人员、农村五保供养对象以及县级以上公安机关确认的无名尸体。

2015年，江华县政府办印发《江华瑶族自治县人民政府关于实施惠民殡葬政策意见的通知》。宁远县将基本殡葬服务免费措施逐步扩展到城乡居民，采取生态安葬的给予奖励。不享受国家丧葬费、抚恤金政策的城乡居民死亡后火化的，每具补助1000元，安葬在草坪墓区的每具补助2000元。江华瑶族自治县人民政府，向群众免费提供公益性节地生态葬墓地，集中治丧场所免费向全县开放。

2012—2015年，永州市殡葬受惠群众达4245人次，共免除群众丧葬费59.6万余元。

第十二章 民政事业单位概况

第一节 湖南省福田茶场

湖南省福田茶场，主要担负流入城镇无家可归、衣食无着、有劳动能力的长期流浪人员的教育安置任务。地址在永州市零陵区邮亭圩镇境内，现有干部职工 344 人，其中在职 138 人，退休人员 206 人。

湖南省福田茶场正大门

留场安置 1994—2002 年，福田茶场依据民政部 1982 年《安置农场工作暂行办法》文件，将思想政治教育与劳动生产相结合，加强对长期流浪人员的教育和管理，帮助他们改造世界观，改变游惰习气，学会生产技能，成为自食其力的劳动者。对有条件回乡的，经与原籍所在地乡镇人民政府联系，给予一定路费和安家费，安置回原籍。无条件回乡的，留场安置，转为场员。至 2002 年，茶场共接收永州收容遣送站、郴州收容遣送站等各地对口收容遣送站送来的长期流浪人员近 10000 人次。

2003 年 8 月，国家废止收容遣送制度，福田茶场转向做好留场安置人员的后续管理工作。茶场共有农工 175 人，其中在职职工 40 人，退休职工 135 人。有场员 61 人，其中退养 28 人，转养 23 人，在岗 2 人，自谋职业 8 人。场员相当部分是弱智、聋哑等残疾人员，场领导根据留场安置人员的状况，按老弱单身人员、有家庭

2003 年建成的福田茶场福田敬老院

的退休（转养）人员、60 岁以下有劳动能力的人员 3 类，采取不同形式进行安置。对失去劳动能力的老弱单身农工、场员，通过福田敬老院安置；对已成家的退休（转养）农工、场员，通过不断改善居住条件，使他们安心茶场；对 60 周岁以下有劳动能力的农工，实行个人或家庭种植、养殖承包，自负盈亏，年终找补兑现。对那些个人没有承包能力的，各中队将他们组合起来，划分班组，实行班组种植、养殖承包，场部每月给他们发放生活补助费。

2004 年，在岗场员待遇按生产岗位人员发放办法执行，平均每人每月 1200 元。对 50 周岁以上未满 60 周岁的场员，本人基本或完全丧失劳动能力的，给予办理转养手续，每人每月领取 728 元的生活费。年满 60 周岁的场员，除在社保领取养老金外，茶场为提高他们的生活费，平均每人每月增发 111 元，到 2015 年，平均每人每月已达 1319 元。

茶园种植 福田茶场共有土地面积 8056 亩，农业生产以茶叶种植为主。茶叶总种植面积 2600 亩，主要种植品种有江华苦茶、福云 6 号、萍云 11 号、湘波绿、槠叶齐、福鼎大白、云南大叶、安化群体小叶种，最高年采摘鲜叶量为 840 吨。1999 年，自主选育福田大叶，引种龙井 43、福鼎大白，扩种茶园 350 亩。2005 年，茶场因劳动力缺乏，茶园果园抛荒严重，场领导经讨论研究，决定整合土地，对茶园实行场内外公开招租。湖南熙可食品有限公司共租赁 3000 余亩土地，推倒老茶园和桔园，更新果苗，间种西瓜或旱土作物。

2009—2011 年，茶场分别派出技术人员，对市供销社茶厂、祁阳自然韵茶叶公司提供技术服务。

2012 年 12 月 3 日，永州市委书记张硕辅带领市财政局、民政局、人力资源与社会保障局等单位负责人，深入福田茶场调研，要求市直各职能部门加大对茶场农业、林业、蔬菜、苗木花卉基地建设的政策支持。茶场要加大内部改革力度，搞活经营机制，走农业产业化发展道路，把茶场建成现代农业科技示范园。

2013 年，为推进茶场生态农业发展，茶场与华中农业大学合作，制定《茶场十年发展规划》，按照“绿色，循环，低碳”原则，走生态农业发展道路。通过内部合资、合作、引资项目，投入资金 14.96 万元，建果蔬大棚 6 个，面积 1460 平方米。2014 年投入资金 10.19 万元，建果蔬大棚 14 个，面积 1492 平方米。2015 年投入资金 14.57 万元，建果蔬大棚 16 个，面积 5168 平方米。

2012 年 12 月 3 日，永州市委书记张硕辅（右二）到茶场调研

生猪养殖　20 世纪 90 年代中期，茶场畜牧公司得到市农业开发办公室的资金和人力扶持，自主研制饲料，扩大养殖规模，自繁自养，年出栏生猪 1600 头。2000 年，茶场进行经营机制改革，撤销畜牧公司，将养殖场承包给个人经营，新增敬老院养殖场、三中队养殖场，年出栏生猪 3500 头。

加工业　茶场加工业主要有茶叶加工、机械零配件加工、皮革加工、竹凉席加工等。随着合作厂家生产转型、市场需求变化，机械加工、皮革加工、竹凉席加工等在 20 世纪 90 年代后期逐渐减少生产，最终关闭。

1994 年，福田茶厂实行承包经营，年均产干茶 120~130 吨之间，产值在 90 到 110 万元。为提高茶叶加工品质，茶厂先后引进龙井、碧螺春、乌龙茶的加工技术，增加茶叶加工品种和花色，大幅度增加销售收入。

2002 年，福田茶厂被认定为永州市龙头企业。2003 年，茶场生产的茶叶系列产品获“九嶷”牌商标注册。2004 年“九嶷”牌茶叶产品经中国绿色食品发展中心审批，被认定为绿色食品，“九嶷”牌福鼎银毫被评为湖南省名茶，被第四届国际（杭州）茶博览交易会评为银奖。

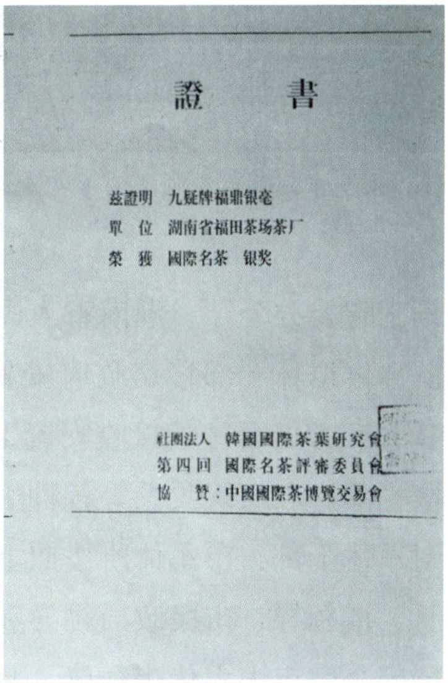

證　書

玆證明　九疑牌福鼎银毫
單　位　湖南省福田茶场茶厂
榮　獲　國際名茶　银奖

社團法人　韓國國際茶葉研究會
第四回　國際名茶評審委員會
協　贊：中國國際茶博覽交易會

2004 年九疑牌福鼎银毫茶叶获中国国际茶博会银奖证书

2006 年，因茶叶种植劳力奇缺，茶园抛荒，鲜叶采摘量剧减，茶场实行经营体制改革，将茶园及茶叶加工厂捆绑分为三部分，其中茶叶加工厂一分

为二，一部分与七中队幼年茶园捆绑，租赁给本场职工，主要生产高档绿茶；一部分与十中队、十一中队茶园捆绑，租赁给本场职工，主要生产红碎茶；另将十中队部分茶园与场部电影院捆绑，租赁给外地客商承包经营。湖南熙可食品有限公司，租赁土地3000余亩，种植柑桔等水果，用于罐头食品加工。

2010年，引进溢雪轩蛋筒食品厂，生产用于制作冰淇淋的蛋筒。2014年，引进鑫达高电子厂，加工电子元器件。2015年，溢雪轩蛋筒食品厂产值达1200万元，为当地提供就业岗位40余个。

第二节　永州市军队离退休干部休养所

永州市军休所

永州市军休所，是承担安置军队离退休干部休养的全额拨款事业单位，办公地址在冷水滩区湘永路231号，人员编制14名。

“两项待遇”落实 2007年1月，市军休所根据中共中央办公厅、国务院办公厅、中央军委办公厅《关于进一步做好军队离休退休干部移交政府安置管理工作的意见》，以及湖南省委办公厅、湖南省人民政府办公厅、湖南省军区政治部《关于进一步作好军队离休退休干部移交政府安置管理工作的意见》文件，按照“审核档案、审核经费、三方见面”的接收安置工作流程，主动到部队现场办公，协助办理军休干部接收、落户和组织关系等各种手续，按时上报新接收的军休干部花名册和“三联单”。对军休干部，市军休所按照上级文件要求，认真落政治待遇：八一、春节等重大节日，市领导、市民政局领导和市军休所领导走访慰问军休干部，并送上节日祝福及慰问金。市人大代表会议、政协委员会议的开幕式和闭幕式，市委春节团拜会、全市公祭大典、重点项目建设的考察，全市性文体活动比赛，均组织军休干部代表参加。为确保军休干部及时阅读相应职级的文件，市军休所将每月的20日、23日分别定为冷水滩片区和零陵片区军休干部文件传阅日。夏秋两季组织军休干部进行体检，并为每位军休干部建立健康档案。

2008 年 2 月，市军休所投资 10 万元，对休养环境进行改造，增设会议室、书画室、添置门球棒、健身球、柔力球、太极剑、室外音响五类适合老年人的运动器材。3 月，根据民政部、财政部、国土资源部、建设部、总政治部、总后勤部《关于移交政府安置的军队离退休干部购房面积未达标货币补差有关问题的通知》和相关政策规定，市军休所启动军队离退休干部住房改革，出台《关于移交政府安置的军队离退休干部住房制度改革实施方案》，明确房改原则、货币补差范围、实施步骤、房改结对服务对象。经排查，最终确定符合房改条件的军休干部共 33 人，在公示榜进行公示，由本人签字认可后，按照市人民政府相关住房改革文件精神，补发相应的住房补贴。

2008 年市民政局副局长、市军休所所长赵越在市军休所举办的全市军休系统门球赛上致辞

2010 年，市委、市政府把军休工作纳入双拥工作重要议事日程，决定将每年八一、春节期间走访慰问与部队同等对待，并分别赠送慰问金。医疗待遇与国家机关退休人员一样得到全面落实，三年医疗补助资金按地方文件精神打入个人门诊医疗卡。

2010 年 4 月 28 日，省民政厅副厅长陈慈英（左二）在市民政局副局长何挺松（左五）陪同下，看望市军休所老同志

至 2015 年，市军休干部“两项待遇”逐步全面落实，实现常态化、制度化。

军休服务　2008 年，市军休所出台和实施“五勤”“五访”制度。军休所工作人员对军休干部做到勤问候、勤走动、勤慰问、勤回访、勤联络；有病必访、生日必访、重大节日必访、长居外地必访、有困难必访，及时掌握服务对象的思想动态、健康情况、家庭情况等，便于更好为军休干部服务。退休干部马佳骥八十大寿和结婚50年，市军休所为马佳骥举办大寿暨金婚庆典，工作人员为其制作八十大寿暨金婚庆典视频，并送上鲜花和蛋糕，他激动地说："你比我那两个常年在外的女儿更为贴心呀！"

2009年，军休所开展结对子服务活动。一个工作人员与3~5个老干部结对子，老干部有困难问题及时帮助解决。10月，军休所为十对军休老人举办"金婚庆华诞、重阳享和谐"金婚庆典活动。是年，市军休所获民政部、中国人民解放军总政治部颁发的"全国军休系统先进单位"荣誉。

2009年，市军休所为十对军休干部举行"金婚庆华诞、重阳享和谐"金婚庆典

2010年，市军休所"七一"建党节，组织老党员赴东安舜皇山，重走长征路；"八一"建军节，开展"青春无悔从军营，晚霞浓情系祖国"老兵回军营活动；重阳节，组织老党员赴凤凰县、张家界等地学习考察；中秋节、国庆节，邀请永州市知名书法家为老党员题写"福""寿"；元旦节，开展趣味游艺活动。在开展军休老干部喜爱的常规活动中，军休所成立门球、钓鱼、书画、健身娱乐4个协会，创办《2010军休拾萃》内刊和军休所网站。是年，市军休所先后荣获"全省军休系统工作先进单位"和"永州市文明单位"荣誉。

2012年，市军休所开展"三承诺"活动。承诺认真落实"为民服务、创造争优"具体措施，承诺严格遵守市委"六个一律处理"铁的纪律，承诺贴心服务三句话即"有事您找我，您的事就是我的事，我办事您放心"。是年，市军休所荣获民政部授予的"全国民政系统窗口单位"和为民服务创先争优活动"优秀服务品牌"称号。

2014年，市军休所对综合服务大楼重新进行装修，添置一批健身器材、文体用具、阅览书籍、电脑、柜桌椅沙发、电子音箱等设备，对庭院进行绿化亮化、电网管线"明改暗"、房改房"穿衣戴帽"、电子监控和报警工程，兴建标准门球场和地掷球场，军休干部休养环境得到极大改善。

2015年，军休所开展“亲情在线”五个“送”活动。困难送温暖、节日送慰问、生日送祝福、过世送关怀。实行“心连心”联络员制，做到随呼随应、随喊随到。军休干部生日军休所干部按照规定“一张贺卡、一个红包、一个蛋糕、一袋寿面、一声祝福”，前往拜寿祝福。定期开展保健知识讲座和每年一次体检活动。出版军休文化建设专辑《文化养老·和谐军休》，拍摄专题片《心系军休多壮志　倾心关爱谱华章》，在全省形成独树一帜的永州特色军休文化。

2015年11月3日，市民政局副局长李爱玲（右二）到市军休所察看单位文化建设工作

1994—2015年，永州市军休所获省民政厅“军休工作先进单位”等荣誉12项。

第三节　永州市军用供应站

永州市军用供应站，是承担过往永州部队军供业务保障的正科级全额拨款事业单位，业务上接受广州军区和驻地各军代处的指导，站址在永州新火车站出口南侧，编制人员为33人。

永州市军供站

新军供站建设　1995年，军供站招待所有客房80余间，食堂、部队集结场2000平方米。1998年，投资40万元，改建军用餐厅，

新扩面积60平方米。

1999年1月10日，永州新火车西站正式规划立项。原冷水滩军供站向筹备规划永州火车新站的驻广州铁路（集团）公司军事代表办事处、湖南省民政厅、永州市人民政府提出申请，恳请将军供站列入永州新火车站西站总体规划一并修建。2月4日，中国人民解放军总后勤部军事交通运输部致函铁道部工程设计中心，建议在洛湛铁路至永州段建设新军供站。6月21日，永州市委、市政府召开专题会议，研究新军供站建设问题，市国土局、冷水滩区政府、西区工业园区、洛湛铁路广铁指挥部和柳铁指挥部等单位负责人参加会议，会议确定建设新火车西站时预留军供站建设用地。

2006年3月29日，省双拥领导小组、省军区政治部副主任胡建（左一）视察冷水滩区岚角山军供粮站

2002年4月18日，中国人民解放军广州军区联勤部军事交通运输部向总后勤部军事交通运输部请示，建议在永州火车西站迁建一座二级军供站。2004年11月10日，铁道部下达《关于洛湛线永州至岑溪段修改初步设计的批复》，同意永州军供站按二级军供站规模考虑用地。2006年3月13日，中国人民解放军驻广州铁路集团军事代表处致函永州市人民政府，建议将永州军供站纳入永州新火车站西站建设整体规划；新建永州军供站按二级标准建设，占地面积不少于10000~12000平方米；新军供站建设与永州新火站西站同步规划、同步建设、同步使用；军供站建设资金由永州市政府安排解决。3月16日，永州市政府召开第97次常务会议，研究同意新军供站建设方案，所需建设资金以老军供站资产运作来筹集。9月25日，永州市城市规划委员会，拟定新军供站站址在新火车站房南侧，用地规模为10000平方米。2007年2月15日，永州市政府召开第17次常务会议，研究决定由冷水滩区政府负责，开始征收新军供站建设用地。

2009年2月17日，市民政局向省民政厅呈报《关于启动永州市新军供站建设的请示》，提出“先拍卖处理老站，所获资金全部用于新站建设，待新站建成并投入使用后，再开发老站”的建议。3月25日，湖南省民政厅下达《关于启动永州新军供站建设的批复》，要求新建的军供站按二级标准建设，做到统筹规划、合理布局，满足军事设施建设基本要求，并充分考虑平战结合。10 月 16 日，广州军区联勤部军事交通运输部致函永州市政府，原则同意处置老站筹资建设新站方案，并要求高标准做好新站建设工作，确保新老站过渡期间军供任务顺利完成。12 月 4 日，市财政局下达《关于永州市军供站处置老站筹资建设新站的批复》，同意按程序处置老军供站资产，并要求在新军供站建设期间，要确保老站正常运行，平稳过渡。资产处置经中介机构评估并按规定报经核准批复后依法拍卖，处置收入纳入财政管理。

2010 年 1 月，永州军供站启动老站拆迁工作，市财政借拨 60 万元用于新站建设前期工作。2011 年 12 月 28 日，军供大厦主体工程进行招投标，施工中标单位为湖南天宇建设有限公司。2012 年 3 月 18 日，军供大厦动工建设。

2012 年 1 月 12 日，市民政局副局长罗建南（中）出席市军供站开工仪式

2015 年 2 月，军供大厦开始内部装修，设有官兵接待大厅、官兵休息室、部队作战指挥室、军供应急指挥中心、军代室、退伍士兵培训室、多媒体学习室、办公室、大小会议室、图书阅览室等现代化军供室。同时新装修 15 个住宿标准间和 6 个套间，平时可满足 60 名官兵住宿，应急时可满足 600 名官兵住宿。12 月，永州新军供站建设全面完工，总投资 4800 万元，占地面积 10000 平方米，总建筑面积 28955 平方米，站内新建设 3 层军供保障楼一栋，17 层军供大厦一栋。是年，永州军供站被民政部、中国人民解放军总后勤部评为“全国重点军供站”。

军供保障　1990—2000 年，永州军供站每年开展干部职工在职培训，进行国防教育学习。每年接待过往部队人数达 10000 人以上，11 年间，共接待过往部队 725 批次，供应接待人员 19.89 万人次，住宿 11000 人次。

2001—2003 年，在新兵启运工作中，启动军供应急保障预案，改进膳食菜谱，严格供应饭菜制作、装盒和送餐安全关。

2005 年 3 月，市委、市政府召开专题会议研究军供工作，将军供工作纳入全市经济建设和社会发展总体规划，成立以荣燕明副市长为组长，民政、财政、交通、公安、粮食、发改和卫生等部门主要领导为成员的军供保障工作领导小组。

2008年1月，永州遭遇特大雪灾，风雪导致永州境内省道、高速公路、火车道、机场路面结冰积雪，陆空交通瘫痪，所有交通电力供应中断，停滞旅客几万人，1万多名部队官兵到永州参加抢险救灾。永州军供站启动应急供应方案，加班加点制作盒饭、烧好开水和购买方便面送至抢险救灾官兵，保证官兵及时吃上热乎乎的饭菜。全年接待部队官兵210批次，供应接待64000人次。

2009—2010年，老军供站已拆迁拍卖，但新军供站尚未建成，为确保“优质、快速、持续、准确、安全、保密”完成军供任务，永州军供站在新火车站南侧租用民房一栋，用于办公。在新军供站搭建200平方米临时食堂和餐厅，购置蒸饭柜、消毒柜和汽油灶具等设施设备，全站人员遇有军供任务，不论早晚随叫随到，圆满完成各项军供保障任务。全年共接待过往部队196批次，供应接待59600人次。

2012年军供站为过往部队送餐

2013年新兵在军供餐厅就餐

2012年9月，广州铁路集团公司将新建军供食堂、餐厅交付使用。军供站自筹资金完善各种军供设施，添置电动柴油灶、冰柜等新设备，共接待部队107批次，38350人次。

2013年3月，永州军供站自筹资金160多万，配置电脑、复印机、传真机，安装电子监控设备，膳食配餐、信息资料、物资采购、保障网点、安全监控等实行信息化管理。6月，军供站制定《持续保障方案》《快速机动保障方案》《社会化保障方案》《野外保障方案》和《应急保障预案》，建立完善军供人员岗位责任制度、军供工作制度、军供工作标准、军供工作操作流程等18项规章制度，全年接待过往部队 129 批次，供应接待 63721 人次。是年，永州军供站被民政部、中国人民解放军总后勤部再次评为“全国重点军供站”。

2015 年，军供大厦峻工投入使用。军供站自筹资金 300 多万，完成军人浴室、军供通道、军供厨房、操作间、化验室、储藏室、军人休息室的装修，购置大型消毒柜、蒸饭机、大型天然气灶、餐具等军供保障设施设备。7 月 8 日，完成“跨越-2015 确山”演习部队途经永州军供保障任务，为部队官兵送盒饭 1000 盒、水 1500 件、方便面 4000 件、水果 2600 克。全年共接待过往部队 186 批次，供应接待 49500 人次。是年，永州军供站被民政部和解放军总后勤部授予“全国军供站正规化建设先进单位”和“全国重点军供站”称号。

第四节　永州市救助管理站

永州市救助管理站，是负责城市生活无着流浪乞讨人员救助管理的全额拨款事业单位，地址在冷水滩区螺丝塘 139 号，人员编制为 28 名。

收容遣送　1994 年，根据民政部《关于重新确定全国对口收容遣送站的通知》要求，零陵地区收容遣送站，被省民政厅确定为跨省接收和遣送的对口收容遣送站。

2003 年 8 月，永州市救助管理站成立暨挂牌仪式

1995 年，零陵地区收容遣站，根据国务院《关于收容遣送工作改革问题的意见》文件，经公安部门批准，在站内设立派出所，负责维护治安秩序，对“三无”人员进行审查、管理和遣送工作。对一时无法查清地址、无家可归的外流人员，安排在劳动教育基地，边劳动、边审查，边教育，边处理。1998 年，收容遣站收容对象发生重大变化，除收容“三无”人员为主外，还收容异地务工经商无证人员、有劣迹无证人员，以及病困盲目流入城市人员，年收容量达到 1500 人次。

2000年6月，湖南省财政厅、物价局下发《关于同意对非民政救济的收容遣送人员适当收取有关费用的批复》，市收容遣送站按照规定和物价部门审批的收费许可证，对有实际支付能力或法定监护人的非民政救济对象，收取每人每天食宿费15元，收容遣送费每人次280元，医疗费用按实收取。

2001年，市收容遣送站与广州中转站签订对口遣送接收协议书，接收广州、长沙、衡阳、桂林、郴州等收容遣送站送来的各类流动人员。全年完成收容遣送6000人次。

救助管理 2003年6月20日，国务院发布《城市生活无着的流浪乞讨人员救助管理办法》，收容遣送管理方式由强制收容遣送向关爱救助服务转变，流浪乞讨人员收容遣送转制为救助管理。8月，永州市收容遣送站更名为永州市救助管理站，举行成立暨挂牌仪式，摘掉站牌，拆除铁门、铁窗、护墙和所有隔离性设施，整顿站容站貌，并对收容遣送站的各种表册、资料、规章制度、宣传标语进行清理。对符合条件的救助对象实施关爱救助服务，对原收容尚未离站人员进行核查清理，对不属于生活无着的流浪乞讨人员进行及时遣返，对多年积压在站内的滞留人员进行妥善安置。8月20日，市救助管理站根据省民政厅印发的《救助服务内容及规定》（试行），撤销审查科、遣送科，改设服务咨询科，编制救助工作流程及救助人员入站须知，对入站求助人员进行登记造册。工作人员走向街头向市民发放告市民书、救助联系卡，在城区车站、繁华街道设立永久性救助导示牌。投资45万元，对原待遣房进行改造，添置单人床，设置女救助房，更换铝合金窗，对站内进行绿化美化。

2005年6月，民政部办公厅下发《关于公布全国跨省救助管理站设置情况的通知》文件，确定永州市救助管理站为全国跨省救助管理站。2007年，市救助站设立永州市流浪儿童救助保护中心，并与市康复医院合作，在市康复医院设立城市流浪乞讨人员医疗救治点，并根据市政府、市民政局制定的《永州市城市生活无着的流浪乞讨人员救助管理工作规范》《永州市城市生活无着的流浪乞讨人员救助管理规定》文件，开展争创文明救助站活动，设立街头临时救助服务台，出动流动救助车在城区巡回劝导救助流浪乞讨人员。3月12日，值班人员接到市民求助热线，市救助站迅速组织干部赶到河东铁塔路口，发现一名男子倒卧在路旁，经初步甄别，该人有精神障碍，又因冻伤不能行走，于是立即拨打120电话，送医院救治。该男子经过治疗病情稳定后，市救助站工作人员经过耐心询问、听口音，查明其地址，最后将其护送返乡与家人团聚。是年，永州市救助站被省民政厅评为“文明救助管理站”和“全省救助站行风评议先进窗口单位”。

2009年11月，永州市流浪儿童救助保护教育中心大楼建设完工并投入使用，市救助管理站在大楼设立反家庭暴力庇护中心。中心设有社会工作室、活动室、医务室、心理矫正康复室、儿童教学室、图书室、娱乐室、健身室、家庭暴力庇护室、法律援助室，配备主任1名，工作人员2名，聘有专职教师、医师、护士、社会工作师。是年，市救助管理站被省民政厅评为“文明救助管理站”。

2010年，市民政局制定《永州市中心城市流浪乞讨危重病人、精神病人救治救助工作实施细则》，确定永州市人民医院、永州市芝山医院、永州市康复医院、永州市第三人民医院、永州市第四人民医院为中心城区流浪乞讨危重病人、精神病人定点救治医院。

2011—2012年，市民政局组织开展“为民服务创先争优”活动、“阳光和尊严行动”和“树行业新风、创文明单位”活动。市救助管理站制定“十条行风建设标准”，成立由站长蒋纯剑任组长的领导小组，将流浪未成年人救助保护工作纳入单位目标管理。与市团委、市妇联合作，将流浪未成年人救助保护工作纳入共青团和妇联“希望工程”“春蕾计划”“安康计划”之中。与市公安局、冷水滩区公安局协调，成立永州市公安局冷水滩分局救助站警务室，配备协警，开展日常救助安全保障工作。与城管部门联合成立永州市城管执法局冷水滩分局救助站执勤室，开展日常救助工作和联合执法。申请连接公安内网，启动户籍查询系统，核查受助人员身份地址。与冷水滩通化街社区签订设立救助服务咨询点，从源头预防和延伸对流浪未成年人的救助。与永州市汽车北站达成购票协议，与永州市火车站、永州汽车站签订换票凭证制度，为救助人员提供返乡车票。对因年老、年幼或者残疾无法认知自己行为、无表达能力而无法查明其亲属或者所在单位，也无法查明其户口所在地或住所地的流浪痴呆傻人员给予安置。2012年，市救助管理站被湖南省民政厅评为“群众满意窗口”单位、“全省民政系统行风建设示范单位”“全省民政系统先进集体”“全省社会事务工作优质服务先进单位”。

2013年2月11日，市救助管理站在开展街头主动救助时，救助一名疑似患有精神疾病的流浪男子，并及时将该男子送至市芝山医院进行救助治疗。经医生诊断，该男子患有精神分裂症，经过治疗和精心护理，男子病情逐渐稳定。市救助管理站在甄别询问过程中，通过分析他的口音、提供的字体和身份证号码样式等特征，初步判定是香港人。市救助站通过与香港特区政府驻京办取得联系，核实确定是香港公民梁兆伟。随后，市救助管理站积极配合香港特区政府驻京办、湖南省外侨办等相关部门办好梁兆伟返乡的相关手续。5月24日，市救助管理站协助永州市外侨局、公安部门将梁兆伟护送至长沙，与从香港飞来接他回家的亲人团聚。香港《文汇报》、香港新闻网头条报道永州市救助管理站的救助行动，民政部称赞“此举为流浪乞讨救助系统争了光”。是年，市救助管理站被湖南省民政厅评为“全省社会事务工作优质服务先进单位”。

2014年，市救助管理站将救助联系点拓展到冷水滩区梅湾社区、岚角山镇等，并签订救助服务工作协议。在到社区进行摸底、核实救助过程中，发现未成年人周香父亲周建国没有工作，因家庭困难而辍学。市救助管理站为其发放临时应急救助生活物资，与冷水滩区红旗路社区协商解决水电问题，协助社区为其父周建国提供公益性岗位。与冷水滩区杨家桥小学校长及周香班主任协商，帮助解决周香在校期间的学杂费、服装费、中餐费等一切费用，让周香继续学习。

2015年，市救助管理站对照《民政部关于发布〈流浪乞讨人员机构托养工作指南〉行业标准的公告》精神，按照自愿申请、实地核实评估、支委研究决定等一系列工作流程，确定冷水滩区长寿园养护中心、永州市敬老山庄幸福园和永州市康乐馨养老中心三家托养机构，实行分类托养。对全护理和半护理的痴呆傻托养人员安置在永州市冷水滩区长寿园养护中心，对一般女性痴呆傻人员安置在永州市敬老山庄幸福园，对一般男性痴呆傻人员安置在永州市康乐馨养老中心，三家临时安置点共安置220人。市救助管理站未成年人救助保护中心，在组织开展“合力保学，救助困境未成年人”活动中，与冷水滩区教育局协调进行合力保学，与永州市第十六中学、李达中学签订协议，设立“困境学生帮扶基地”，为家庭困难的适龄儿童入学给予减免学费帮助。与星旺特殊学校签订协议，将流浪孩子安置在特殊学校就学。与市共青团和市妇联联合开通12355热线电话，成立永州市12355青少年维权中心。是年，市救助管理站被市政府评为“永州市文明单位”，市救助管理站副站长陈拥明被市民政局授予“最美民政人”称号。

第五节　永州市芝山医院

永州市芝山医院，是一家公立精神病专科二级医院，差额拨款事业单位，是永州市精神卫生中心、精神卫生防治指导与管理机构。医院地址为零陵区东山路11号，在职职工234人，床位500张。

设施设备　1994年，医院有住院大楼2栋、办公楼1栋、门诊楼1栋、食堂两间、仓库两间、锅炉房1栋、传达室1栋和宿舍楼6栋，建筑面积1.13万平方米，床位250张。引进八道脑电图机1台、电休克机1台、B超机1台、300毫安的X光机1台、脑电地形图机1台、光电比色计1台、火焰光度计1台、心电图机1台。

2002年，医院新修建医技楼1栋、综合治疗楼1栋、自愿戒毒住院楼1栋、宿舍楼1栋，建筑面积增加到1.83万平方米。购置彩色多普勒机、八道脑电图机、手提式高压灭菌锅、心电图机、电休克机、电解质分析仪、脑电地形图仪各1台，总价值53.2万元。

永州市芝山医院新住院楼

2012年7月10日，因永州八景之一“绿天蕉影”座落在院内。为保护历史文物，挖掘人文资源，市区政府决定将芝山医院整体搬迁至零陵区长茅坪2号。7月30日，新院门、急诊楼开工建设。

2012年3月14日，省民政厅副厅长邓磊（右三）在市民政局党组书记、局长肖余胜（右一）陪同下，考察市芝山医院选址工作

2013年6月19日，新住院楼开工建设。12月，门诊楼主体工程完工。2014年7月18日，住院楼主体工程完工。12月，门急诊楼室内装修及电梯安装工作完成。

2015年5月，新院洗衣房、食堂、锅炉房等附属工程开工建设。医院投资438.9万元，购置数字化X射线拍片系统（DR）、心电综合分析系统、全数字化高档彩色多普勒超声仪、彩超机、电解质分析仪、全自动三分类血细胞分析仪、十二导心电图机、液相色谱仪、ECG数字化心电工作站、高速离心机等医疗器械。至2015年，医院总建筑面积18300平方米，万元以上设备28台/件，总资产4326万元，床位500张，收治门诊及住院病人35万人次。

精神病人收治　1994年4月，医院为方便社会精神病人看病治疗，先后在零陵区城市中心区域的徐家井街道、潇水中路工业学校、潇水中路区民政局租门面开设二门诊，配备医生1名、护士3名、药剂人员2名。至2003年，二门诊开设期间共诊疗精神病患者2.1万人次。8月，医院领导考虑二门诊业务量减少，决定撤销二门诊。

2004年2月，医院被确定为市、区医保定点机构。4月，医院成立信息科。6月，医院信息管理系统与市、区医疗保险网络管理系统成功对接，患者入院数据可实时传输给市、区医疗保险网络管理系统，实现住院患者直接兑付。

2008年1月，医院召开医疗质量工作专题会议，将原有的管理规定和质量管理细则进行修改完善，整合成《永州市芝山医院管理规定及质量管理细则》，对其患者用药、检查和病历档案书写等内容予以具体规定。针对不同患者疾病状况，分别给予相应的药物治疗、心理疏导、工娱治疗。对生活不能自理的患者给予喂饭、洗澡、更换衣裤、理发、剪指甲等人性化特殊护理。对患有其他严重躯体疾病的患者，医院通过外请专家进行会诊，共同研究制定治疗方案或转院治疗。冷水滩跃进机械厂职工祝某，男，因长期大剂量服用多种抗精神病药物而出现恶性综合征、心肺功能衰竭等严重并发症，于2009年9月21日转送到芝山医院抢救。由于患者情况危急，医院从全院各科室抽调医务人员对其进行24小时监护，外请中心医院专家进行会诊。针对患者整日卧床无法自理情况，医院护士每日定时给予鼻饲饮食、协助翻身、擦身、更换便湿衣裤的照料，经过精心治疗和护理，患者心肺功能逐渐恢复，病情好转达到出院指标。

2010年12月，医院被市政府确定为中心城区流浪乞讨精神病人定点救治医院，并与各县（区）救助站签订救治协议，开展流浪乞讨精神病人救治工作。

2014年12月，医院接收到市救助站送来救治的一名患者，入院时思维紊乱、存在沟通障碍和暴力倾向，无法了解到患者的有效信息。经过一个多月的治疗，患者病情明显好转，日常生活基本能够自理，沟通较正常。医务人员通过多次询问，了解到患者来自广东省清远市佛冈县，还说出亲人的名字与电话号码，医院随即将了解到的信息反馈给市救助站，市救助站通过公安机关的核实后，与家人取得联系，家属在春节之前将患者接回家中。

至2015年底，医院共收治流浪乞讨精神病人1129人次，80%的患者在经过1~2个月治疗能达到生活自理，在医院和救助站的帮助下，找到亲人，返回家乡，走上社会。

戒毒脱瘾治疗 2002年4月9日，根据湖南省禁毒委员会批复文件精神，芝山医院成立永州市自愿戒毒所，开展戒毒脱瘾治疗业务。2003年8月，医院自愿戒毒所开始收治病员。自愿戒毒所为封闭式管理，通过药物治疗和心理治疗，90%的戒毒人员实现物理脱瘾。李某，有2年吸毒史，因大量吸食毒品致幻由家人送院治疗，经过一个标准疗程的治疗后成功物理脱瘾。出院后，戒毒所医生通过电话回访，继续对李某给予心理支持，同时指导家属关注李某身体和情绪变化，及时给予关心、帮助。在医院、家庭的共同努力下，李某彻底摆脱毒品。

2007 年 11 月，经省卫生厅、省公安厅、省疾控中心批准，医院撤销自愿戒毒所，改为美沙酮维持治疗中心，为永州市自愿戒毒病人提供门诊治疗。

贫困患者救助　由于精神疾病的特殊性，大多数患者家庭经济状况差，难以承担治疗费用。自 2002 年以来，医院积极向市财政局、市民政局等部门请示汇报，争取救助资金 199.82 万元，为贫困患者提供免费医疗救助。

2012 年，市委书记张硕辅带领扶贫小组到祁阳县茅竹镇大塘村开展扶贫工作，发现该村女子胡某患有精神疾病，因家庭贫困无钱医治，被家人全身赤裸关锁在一个不足一米高的铁笼内，医院接到通知后，派专车和医务人员将其接到医院治疗。经过一个多月的治疗和护理，胡某精神症状得到很大改善，能够正常与人交流，生活基本可以自理。出院时，医院根据胡某家庭贫困，免收其自负部分住院费用。出院后，医生一直保持与其家属电话联系，指导用药及注意事项。

2014 年，省委、省政府在全省范围内，开展“重性精神疾病患者救治救助工程”，医院成立重性精神疾病患者救治救助工作小组，派出专家协助市工作组对全市 13 个县、区上报的 600 多名贫困重性精神病患者进行全面核查，对 204 个重性精神病患者进行免费救治。

2015 年，医院继续开展重性精神病人免费救治救助工作，全年收治救治救助病人 403 人，落实救助资金 201.5 万元。

下乡义诊　1998 年，医院组织医疗队 12 人前往江华县水口镇开展送医送药活动，携带检验仪器开展血常规、尿常规、便常规检查，为当地 90 余名群众提供诊察服务，发放药品 8000 元。

2010 年 10 月 10 日，是国际精神卫生日，医院在零陵区安康广场开展精神、心理卫生知识的宣传活动，为精神患者提供治疗指导。

2013 年 8 月，芝山医院在零陵区接履桥镇长岭敬老院开展送医送药下乡活动

2013 年 8 月，医院组织医疗队 8 人前往零陵区接履桥镇长岭敬老院开展送医送药活动，医务人员为每名老人进行详细的体格检查，并根据病情发放药品，详细告诉老人及照料人员如何用药，嘱咐

他们注意饮食调养。

1994—2015 年，医院先后 29 次荣获“永州市社会治安综合治理先进单位”“人口和计划生育工作先进单位”“永州市先进党总支部”“永州市卫生统计工作先进单位”荣誉称号。

第六节　永州市康复医院

永州市康复医院

永州市康复医院，是承担白内障复明、小儿麻痹症矫治、聋儿语训诊疗业务的事业单位，医院地址在冷水滩区梅湾路 391 号，是永州市优抚医院、市级医疗救助示范试点单位。现有职工 98 人。

硬件建设　1995 年，市康复医院由“三项康复”为主的专科医院，发展到内、外、妇产、儿、五官、眼科、针灸、理疗、康复医学科等 13 个专业科室的综合性医院，病床 100 张。

1996 年，医院筹资 80 万元，对门诊大楼进行扩建改造，扩建面积为 2429.3 平方米，增设病房 20 个。2004 年，医院添购万元以上设备黑白 B 超机、400 毫安 X 光机、TCD 机、手术无影灯各 1 台，总价值 30.92 万元。2005—2011 年，医院共投入 445 万元，购置 CT 机、钬激光机、椎间盘髓核切吸仪、三维彩照、血液生化分析仪、三分类血球分析仪、双排螺旋 CT 等大型的医疗设备各 1 台。

2012 年，医院投资 200 多万元，在医院二楼设置理疗按摩大厅，添置光能微电脑治疗仪、智能康复仪、脉冲磁治疗仪、智能中药熏蒸机、下肢关节康复器、偏瘫站立训练床各 1 台。2013 年，添置电脑疼痛治疗仪、颈椎牵引机、腰椎牵引床、光能微电脑治疗仪、智能康复仪、脉冲磁治疗仪、下肢关节康复器、熏蒸治疗机、下肢功率车、偏瘫站立训练床、医用三氧治疗仪、床边心电图机、病人监护仪各

1台。

2015年，市康复医院建筑面积3987.30平方米，万元以上医疗设备45台，总价值522.3万元。

“三项康复”治疗 1992年建院之初，市康复医院主要开展小儿麻痹肢体矫正、前房型人工晶体植入、Ⅱ期人工晶体植入、Ⅲ联手术（角膜外伤缝合—白内障囊外摘除—人工晶体植入）、青光眼—白内障—人工晶体植入等手术。1993年，医院开展斜视、上眨下垂、眼眶肿瘤等手术，全年做白内障复明手术900多例。

1995年，为减轻“三项康复”患者医疗费负担，医院领导研究决定，对患者住院费用给予优惠补助。儿麻矫治手术每例补助400元，白内障复明术每例补助100元，并报销患者的往返路费，全年补助病人12.6万元。

1997年，医院参与中国残联在全国组织“视觉第一，中国行动”白内障病人复明活动，全年完成白内障手术1100例，为患者手术医疗费减免20万元。1998年，眼科开展前房型人工晶体植入，Ⅱ期人工晶体植入和角膜外伤缝合—白内障囊外摘除—人工晶体植入术，高难度手术填补了永州市眼科手术的空白。

2000年，眼科主任唐勋伦主持的“间歇性与恒定性外斜视远期手术效果对比的研究”科研项目，为500名斜视患者进行矫正手术，使其恢复正常视力。该项目获永州市科学技术进步二等奖。唐勋伦获湖南省残疾人康复工作办公室颁发的“视觉第一　中国行动”国家医疗队先进个人。

医疗救助 2007年，永州慈善总会受湖南省慈善总会委托，在全市范围内开展“金叶慈善医疗卡”救助活动，市康复医院被确定为实施慈善医疗定点医院。活动救助由贫困病人提出申请，所在单位或社区报市民政局慈善办审核后，发放“金叶慈善医疗卡”，医院凭持“金叶慈善医疗卡”对患者进行医治，挂号费、治疗费、医技检查费优惠10%，手术费、床位费优惠20%。是年，市康复医院为贫困患者发放金叶卡840张，医疗救助金额42万元。

2008—2015年，市康复医院在开展“金叶慈善卡”救助活动中，共发放“金叶慈善卡”4312张，医疗救助金额428.9万元，救治4312人次。

送医下乡 2009年，市康复医院为落实民政部《关于建立优抚医院医疗巡诊制度的通知》精神，成立以院长刘晋国为组长的医疗巡诊小组。巡诊时间为每年8月1日至11月31日，巡诊地主要是零陵区、冷水滩区所有乡镇。医院医疗巡诊小组携带医疗设备，采取进村入户诊疗与设立巡诊点相结合的方式，为优抚对象免费体检、诊疗、赠送药品，进行健康宣传，建立健康档案。对病重及行动不便人员派医生进村入户到床边诊疗，建立家庭病床，随时进行电话联系，及时送医送药到家。对一些病情较危重的优抚对象，医院派专车接送到医院住院治疗，按照规定给予住院优惠。2010年，医疗巡诊小组走村入户为333名老复员军人送医送药上门，药品费、检查费共计20万元。2013—2014年，走村入户为1529名老复员军人送医送药上门，药品费、检查费共计106.9万元。

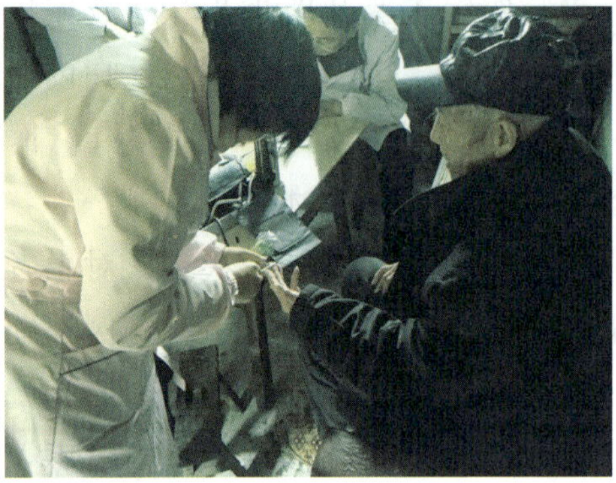

2015年10月16日，医务人员为新田县毛里乡桑梓村盘宗田老人做检查治疗

2015年，医院开展送医送药下乡活动的地域由冷水滩、零陵两区扩大到永州市经济开发区、东安县、新田县，为495名老复员军人送医送药，药品费、检查费共计179万元。10月，院长李国威率领医务人员冯杰，到新田县毛里乡桑梓村5组巡诊时，了解到94岁盘宗田老人，患有冠心病、腰椎退行性病变和脑梗死疾病，医疗巡诊小组立即与其家人联系，征求家人同意后，用巡诊车将其接到医院进行住院治疗，为他做身体检查，进行专家会诊，制定治疗方案。经过20天治疗和精心护理，盘宗田老人病情明显缓解，神志清楚，出院后在家休养治疗。

短期疗养 2014年，湖南省民政厅转发《民政部关于建立重点优抚对象短期疗养的意见》，市民政局下发《永州市重点优抚对象短期疗养办法》的通知，对符合国家集中供养但未集中供养的孤老优抚对象、1~6级残疾军人、烈士遗属、在乡老复员军人等优抚对象纳入短期疗养范围。短期疗养时间每期不少于7天。医院为做好短期疗养工作成立以李国威为组长的短期疗养小组，制定《重点优抚对象的疗养工作方案》《短期疗养安全管理制度》《优抚对象短期疗养协议书》《重点优抚对象短期疗养人员须知》《重点优抚对象短期疗养人员突发事件应急预案》《短期疗养人员健康档案》《短期疗养请销假制度》，并在永州市海天大酒店租用一层房间，配备好床单被套和基本生活日用品，为每间疗养房安装空调和液晶电视，卫生间安装坐便器，医院后勤人员做好水、电、衣物用品等供应和保障。食堂按规定的标准，专门制定重点优抚对象短

2014年5月12日，医院组织疗养人员参观毛泽东故居韶山

期疗养营养食谱。选取一个房间，作抢救治疗室，配备必需医疗设备及器械、药品等。配备好工娱疗室所需器材。组织接待来自零陵区、冷水滩区、凤凰园经济开发区的39名伤残军人和老复员军人来医院疗养。在疗养期间，医院安排2名有经验的医师，每天上午进行查房、体格检查，对他们的身体做一个评估。对患有疾病的疗养人员根据不同的病情给予对症治疗，实行24小时负责制。在伙食安排上，医院根据营养学标准要求安排合理饮食结构，制定一日三餐详细的菜谱和标准，并尊重疗养人员个人饮食习惯，根据老年人牙胃不好，消化能力弱的特点，食堂工作人员除严把原材料采购关，保证食品安全情况下，饭菜做的细、软、可口，一日三餐变换食谱花样，让老人们吃得好、吃得卫生、吃得营养、吃得满意。医院按照行程安排表，组织参观毛泽东故居、刘少奇故居和革命纪念馆。

2015年短期疗养活动服务范围由原来接待零陵区、冷水滩区、凤凰园经济开发区的优抚对象，增加到宁远县、蓝山县、金洞管理区、双牌县、新田县、东安县、祁阳县、江永县、江华瑶族自治县的伤残军人和老复员军人。全年组织6期短期疗养活动，每期疗养人数30人，疗养7天，共计180人，开支经费45万元。

第七节　永州市社会福利院

永州市社会福利院

永州市社会福利院，是从事市城区“三无”孤寡老人和孤残儿童收养与安置的全额拨款事业单位，办公地址在冷水滩上岭桥镇桐木井村境内，编制3名，在职工作人员7名。

福利院搬迁　2009年，市民政局根据民政部“蓝天计划”，决定投资3.5亿元，将市社会福利院搬至冷水滩区上岭桥镇桐井木村境内。项目占地6.233公顷，总建设面积3.27万平方米，设计床位800张。福利院分生活区和工作区，有敬老院、光荣院、儿童院、老年公寓和康体中心。市社会福利中心新建项目规划报永州市市委、市政府同意后，市发改委《关于永州市社会福利院中心建设项目可行性研究报告的批复》批准通过。

2010年3月，市民政局牵头，组建社会福利院项目建设临时指挥部，市人大副主任赵清茂任指挥长，市民政局局长高增遗任副指挥长，成员从国土、规划、城管、冷水滩区政府、上岭峤镇政府、桐木井村、市社会福利院等单位抽调组成，主要负责市社会福利中心征地拆迁报建等工作。6月，完成项目建设用地征收拆迁工作。7月，撤销市社会福利院项目建设临时指挥部。9月，成立院长乔小翠任组长，冯吉茂、邓海波、李卫林为成员的市福利院项目建设领导小组，市民政局副局长周基良分管项目建设全面工作。

2011年5月，市社会福利院项目总体规划平面图通过永州市大规划委员会批准。8月，社会福利中心儿童、老年养护楼单体建筑设计图，经图审公司图审后报市规划局通过。12月，儿童、老年福利大楼招投标完成。2012年1月15日，儿童、老年人养护大楼正式破土动工。

2014年6月30日，省民政厅党组成员、副厅长陈慈英，在市民政局党组书记、局长肖余胜，党组副书记、副局长罗建南、顾晓娇，党组成员、副局长周基良陪同下，到市社会福利院考察儿童、老年养护大楼建设情况，要求建设方在保质保量、保安全的前提下，加快工程进度，尽快完成建设任务，争取早日投入营运。12月，儿童、老年养护大楼主体工程全部完工。2015年12月，康复楼土建工程全部完工。

儿童养护 2002年3月，市社会福利院成立儿童养护中心，共有住房20间，床位100余张，收养弃婴、孤残儿童12人。5月，市社会福利院举办为期15天的护理人员培训班，20余人参加培训。培训内容涵盖残疾儿童晨间照料、晚间照料、沐浴、喂药、翻身、指甲护理、饮食照料、臀红护理、生命体征测量等15项。培训形式采取理论知识学习和实际技能操作两种形式。

儿童养护中心加强规范管理。对入住每个儿童实行一床、一瓶、一碗、一杯、一盆、一巾、一勺。住所每天定期消毒，饮食定时喂养。工作人员每天携儿童户外活动时间不少于2小时，夏天给儿童每天洗一次澡，其他季节每周洗澡3次，每天定时与入住儿童进行情感交流、爱抚动作和语言训练等。对患有疾病、传染病的儿童，及时采取特殊保护措施，进行隔离治疗，工作人员24小时轮流值班，实行特别照护。对需要特殊照料的儿童，儿童养护中心指定业务技能熟练的一线护理人员，进行一对一照料，按照医嘱要求，进行喂养和康复治疗训练。

2003年，儿童养护中心实行精细化服务管理。儿童养护中心制定主副班和早夜班人员的工作职责、交接班制度，规范喂奶、喂饭和喂药等操作规程，并根据每个儿童年龄情况制作膳食、配营养餐。对体弱儿童每天10点左右进行加餐，喂食红枣、猪肝鸡心、奶黄包等，以增加铁质和补血。

2004 年，市社会福利院经湖南省收养中心批准，开展涉外送养工作。涉外送养主要是意大利、荷兰、瑞士、美国、澳大利亚、新加坡等国家的家庭。市社会福利院报送被送养弃婴、儿童照片、资料，湖南省收养中心根据实际情况，统筹协调集中办理弃婴、儿童涉外送养手续。是年，永州市社会福利院涉外送养弃婴 35 人，市社会福利院院长乔小翠被湖南省民政厅评为“全省民政系统先进个人”。

2005 年，儿童养护中心开展唇腭裂语言康复、脑瘫儿童康复以及先天性心脏病治疗工作，为每个孤残儿童建立医疗康复档案。对可以手术矫形的儿童，送到专业医院进行医治。6 月 5 日，先天性心脏病（心间隔缺损、肺动脉高压）患者永涛萍获省民政厅“蓝天计划”项目资助，被送到湖南省人民医院胸外科手术室，经教授开胸心脏修补手术治疗，手术获得成功。通过医生治疗和儿童养护中心护理员的精心护理，一个月后康复出院。10 月，市社会福利院开展以“想念家乡、感恩福利院”为主题的回访活动，市社会福利院送养到荷兰的永凯平，带着荷兰的养父母，回到养育她的市社会福利院，院领导及相关干部给予热情接待，陪同参观永凯平生活的市社会福利院原址和新建福利中心大楼，召开欢迎永凯平回访养育地联谊座谈会。市社会福利院院长乔小翠、办公室主任李卫民、财务室科长艾一帆、财务室副科长龙向丽、基建办副主任邓海波参加座谈会。会上，永凯平养父母讲述永凯平在荷兰成长、生活、学习经历，并送给永州市社会福利院生活照、糖糕、小手绢作为礼物。院长乔小翠在会上对永凯平养父母表示热烈欢迎，对他们辛勤养育表示感谢，并亲切地对永凯平说：“凯平你能在养父母的陪同下来到你小时候生养的福利院看望大家，我非常地高兴，希望你在以后的日子里幸福快乐成长，长大后要懂得感恩，孝敬养父母，不忘自己的祖国”，并送给永凯平雨花石小挂件作为馈赠礼物留念。

2005 年 10 月，永凯平（左四）及荷兰养父母同福利中心工作人员合影

2006 年，永州市社会福利院按照福利社会化发展思路，实行政府出资、社会资助、家庭寄养、统一监护原则，积极探索孤残儿童收养新模式，把一些健全和残疾

较轻的孤儿分散到家庭或养护基地寄养，对收养儿童家庭，按国家现行供给标准，每月拨付寄养儿童的衣、食、住等费用。经过1~2年寄养，符合收养条件的家庭，本人愿意，经当地民政部门和公安部门批准，可办理收养手续，不符合收养条件的家庭，本人愿意，可继续寄养。

2008年12月，永州市社会福利中心因新址筹建，经院委会研究并请示市民政局领导同意，在院的11名孤残儿童、弃婴，暂时送往冷水滩区儿童福利院寄养。

老年护理 2003年，永州市社会福利院入住“三无”孤寡老人10名。在日常生活中，护理员每天给老人选择宽松、舒适的服装，指导老人怎样穿整洁、美观和舒适的衣服。在饮食上，护理员根据老人生活习惯，每顿饭菜做到荤素搭配、干稀搭配、米面搭配、软硬搭配。社会福利院还定期给老人安排身体检查，全面了解老人的身体状况，老人身体出现不适，及时陪护就医，悉心照料。兰凤老人因外出受了风寒，回院后病倒，高热呕吐，护理员给她熬生姜汤、洗脸、洗澡、喂药等，通知厨房做病号饭，使兰凤老人的病很快好起来。为丰富老人生活，市社会福利院开展形式多样的文体活动，建设图书室、娱乐室、棋艺书法室，组织社会工作者经常探望老人，与其谈心，开展互动活动。

2004年2月，永州市社会福利院工作人员开展“三清”活动后合影

2004年2月，市社会福利院为使老人生活居住环境更加舒适，对老年人入住大楼的配套设施进行提质改造。更换纱门、纱窗，购置电风扇、冷暖空调、电视机，更新床上用品、衣柜、书桌等，开展“三清、三拆、三除”活动。院长乔小翠带领福利院干部职工，拿起清洁工具，清扫大院内嘎哒死角处垃圾，清除大院内休闲广场草坪上杂草，清理乱涂乱画、乱写围墙及大楼墙面，拆除乱搭的小建筑和家属区鸡鸭养殖棚，使入住老人生活居住环境更加干净卫生、整洁舒适。

2006年3月，永州市社会福利院经常组织老人参加社区活动，社区工作人员也抽出时间与老人唠家常，听老人唠叨和倾诉心中的喜怒哀乐。院长乔小翠经常为老人讲故事。

2007 年重阳节，市社会福利院组织开展“我唱我快乐”老年人唱歌活动。老人踊跃参加，高歌《没有共产党就没有新中国》《东方红》等经典红歌，大家在欢乐、优美的歌声中度过美好时光。针对老人的不同爱好，市社会福利院组织书法绘画、棋牌、歌唱、健身等兴趣小组，使老人老有所学、老有所乐。

2006 年 4 月 30 日，院长乔小翠（左三）为老人讲红军故事

2008 年 12 月，因筹建市社会福利中心新址，在院的老年人根据市民政局统一安排，由家人领回家进行颐养。

第八节　永州市殡仪馆

永州市殡仪馆，是担负永州市中心城区（含双牌县城区）殡殓服务的差额拨款事业单位。地址在冷水滩区岚角山镇渣口周家村境内，在职职工 33 人。

永州市殡仪馆办公大楼

基础建设　1978 年，市民政局根据民政工作发展需要，投资 5 万元，建立零陵地区殡仪馆，建筑面积 3330 平方米。2003 年，永州市政府根据人大代表的意见和城市整体规划要求，召开第 54 次常务会议，同意通过招商引资，兴建永州市殡仪馆。8 月 18 日，永州

市殡仪馆与永州市罐头食品有限公司，签订《关于投资建设、经营永州市殡仪馆及公墓的合同书》，将市中心城区的殡葬市场经营权，承包给永州市罐头食品有限公司，承包期限为30年，承包期间不得转让其经营权。

2008年7月15日，永州市政府副秘书长唐定奇、蔡自新在市政府8楼会议室召开会议，研究协调永州市殡仪馆搬迁新址有关问题，永州市民政局、财政局、编办、人事局、劳动和社会保障局、法制办、规划建设局、工程质量安全监理站和零陵区政府等单位负责人参加会议。会议听取市民政局的情况汇报，永州市殡仪馆与永州市罐头食品有限公司双方签订《关于投资建设、经营永州市殡仪馆及公墓的合同书》。永州市殡仪馆及公墓区建成后，搬迁费及搬迁工作由芝山区政府负责。

2009年9月9日，永州市殡仪馆搬迁至新馆（冷水滩区岚角山镇渣里口村）投入运营。新馆占地面积96590平方米，建有综合办公楼（含食堂、招待所）1栋、悼念楼2栋（内设11间悼念厅）、火化楼（含冷冻室、火化车间、配电室）1栋、骨灰寄存楼1栋及丧属接待中心楼1栋，总建筑面积9000余平方米。12月31日，为加强合作，永州市殡仪馆与永州市日月同辉陵园有限公司（原名永州市神龙陵园有限公司）签订《关于投资建设、经营永州市殡仪馆及公墓的合同书的补充协议》，划分业务范围。永州市殡仪馆负责遗体接运、火化（含配电及发电设备）、冷冻、吊唁厅出租、骨灰寄存等业务；永州市日月同辉陵园有限公司负责公墓、烟花、鞭炮、纸钱、烟酒副食等的销售，以及乐队、食堂、招待所和花圈经营。

2010年，永州市成立由市委常委、市政府常务副市长唐松成任组长，市政府党组成员、正厅级干部荣燕明任常务副组长，市政府副秘书长蔡自新、市民政局局长高增遗、零陵区政府副区长唐荣成任副组长公墓搬迁工作领导小组，负责公墓搬迁的指挥、督导、协调工作。

2011年3月10日，新殡仪馆开始搬迁工作，年底完成搬迁。2012年10月，永州市殡仪馆二期悼念厅建设项目经永州市发改委批复，12月17日开工建设。2013年，永州市殡仪馆二期悼念厅项目建设完工，项目总投入200万元，总建筑面积1190平方米。

2015年，为改善礼厅、职工住宿等服务条件，提高服务档次，满足群众治丧需求，殡仪馆投资250万元新建一栋丧属接待中心楼。投资30万元，对二期悼念厅前的空地进行绿化、美化和亮化。

惠民殡葬 2011年，永州市殡仪馆开展惠民服务。开通24小时遗体接运热线电话。与企事业单位签订丧葬服务协议，对单位职工去世在市殡仪馆集中治丧的给予优惠政策。对弱势人群（五保户、低保户、特困户）办丧事和非正常死亡遗体处理，免除基本殡葬服务费（遗体接运、遗体火化、骨灰寄存费用）。

2012 年，市民政局、市财政局为减轻困难群众丧葬负担，联合出台《关于免除城乡困难群众基本殡葬服务费的通知》，对享受国家定期抚恤补助的优抚对象、享受最低生活保障待遇的低保对象、因病或非因公死亡的参保人员，给予基本殡葬服务费用减免。对于农村五保供养对象、城市“三无”人员，免除基本殡葬服务费用。对无名尸体由当地民政部门负责承担基本殡葬服务费用。

2013 年，为配合市政府“六城同创”活动，永州市殡仪馆创新经营思路，主动走出去，上门服务。与永州长丰集团有限公司、湘运永州总公司、永州跃进机械厂、国网湖南省电力公司永州供电分公司等大型企事业单位签订悼念厅租赁协议，凡是来殡仪馆摆灵堂的，给予场地租赁优惠减免政策，全年共减免各项费用约 50 万元。是年，永州市殡仪馆被湖南省民政厅授予“湖南省殡葬协会优秀会员单位”、“清明节工作优秀单位”荣誉，副馆长陈鼎荣被湖南省民政厅评为“全省殡葬工作先进个人”。

2014 年，市殡仪馆为改善治丧环境，投入 65 万元，在老悼念厅安装风管式中央空调，对新悼念厅进行内部装饰，配备音响控制设备、遗体冷冻保存冷冻棺、瞻仰遗容告别台、桌椅等基础设施。为减轻治丧群众负担，殡葬收费也作下调，以前吊唁厅费用按 2000 元/天收取，一般摆放 3 天，不足 3 天按照 3 天收取费用。收费下调后，按 90 元/小时计算收费，最长租赁时间不超过 50 小时，仅这项收费支出，可为丧属节约开支 1500 元左右。同时，将新建的悼念厅拿出两个经济厅提供给困难群众使用，100 元/天。

2015 年，永州市殡仪馆丧属接待中心楼竣工，提供 10 间休息室免费供困难丧属群众使用。对五保户、低保户、特困人群，以及老军人等特殊困难群众，按照实际情况实行费用减免或部分减免基本殡葬服务费用和礼厅租用费，全年共减免各项费用约 30 万元。对公安部门处理的凶杀、交通意外等非正常死亡遗体，减免费用约 17 万元。

绿色殡葬　2013 年，市殡仪馆推广使用电子鞭炮、环保花圈等服务项目。

2014 年，永州市殡仪馆按照省厅推行生态安葬要求，推行低碳环保的塑料花圈、电子鞭炮和花圈循环使用，提倡墓碑小型化、卧式化、艺术化，鼓励壁葬、树葬、花葬、深埋等多种节地生态葬法。

2015 年，永州市殡仪馆结合清明节等民间传统集中祭扫日，开展为期 10 天的以“文明低碳、生态祭扫”为主题清明宣传活动，引导群众接受让绿色延续生命、回归自然的理念，采用文明低碳环保方式祭扫先祖，树清明祭扫新风。

人　物

一、永州著名烈士简介

蒋先烈（1885—1913）　新田大坪塘乡大坪塘村人，中国同盟会会员，孙中山的战友和同事。1903 年进入湖南省南路优级师范专科学堂学习。1908 年考入湖南游学预备科，后入陆军将校养成所受训，投笔从戎，成为中央陆军军官养成所首批学员。武昌起义爆发后，在益阳率兵起事。1912 年进入保定陆军军官学校学习。历任民国临时政府省军政府高参、县长等职。1913 年遵照孙中山密令，在湖北参与谋划反袁世凯独立而被捕。在狱中受尽严刑逼供，始终一字不吐，视死如归，于 1913 年 12 月被袁世凯的亲信黎元洪杀害于武昌。

李启汉（1898—1927）　江华码市镇朝阳村人，是中国共产党著名的早期工人运动领袖。1920 年 8 月参加中国共产党上海发起组，组建社会主义青年团。1921 年 7 月参与领导上海英美烟厂工人大罢工。1925 年 6 月参与领导省港大罢工，任罢工委员会干事局局长、党团副书记。1926 年 5 月在广州参加第三次全国劳动大会，当选为执行委员兼组织部长。1927 年 2 月任全国总工会广州办事处主任，中共省港罢工委员会书记。4 月 15 日广州继上海发生反革命叛变，遭逮捕后被秘密杀害。

唐皓（1901—1927）　江华沱江镇人，1917 年考入湖南省立第三师范学校，1924 年加入中国共产党。1925 年从上海回零陵县开展建党工作。1926 年春，与陈奉石（陈云）建立零陵第一个党小组，并任组长。同年 8 月，中共零陵县直属支部

成立，唐皓任书记。1927 年 1 月，中共零陵县直属支部改为总支委员会，他任总支书记。同年 3 月，在县城领导召开万人大会，号召各界群众同土豪劣绅作斗争，并成立特别法庭。马日事变后，他火速通知已暴露人员转移，自己则留在城里做疏散工作。几天后，不幸被捕，被杀害于九神庙。

蒋先云（1902—1927） 新田大坪塘乡大坪塘村人，1921 年加入共产党。1922 年参与领导安源工人大罢工和水口山矿工罢工。1924 年入黄埔军校一期，毕业后留校任政治部秘书，为“黄埔三杰”之一。1925 年发起成立中国青年军人联合会，同年参加两次东征。1926 年中山舰事件后退出国民党，并号召“打倒反革命的蒋介石及其工具”。北伐战争开始后任总司令部秘书兼补充第五团团长，1927 年 4 月，任第二十六师第七十七团团长兼党代表，5 月 28 日在河南临颍攻城战中英勇牺牲。后被追赠为中将军衔。

雷晋乾（1898—1927） 祁阳三口塘镇栗木乡坝塘村人，1918 年考入湖南省立第三师范学校。1921 年加入中国社会主义青年团，次年转为中国共产党党员，为祁阳县第一个中共党员。1923 年赴安源、水口山等地开展工人运动。同年秋，策划筹建中共湖南省第一个农会组织——岳北农工会。1925 年 9 月入广州农民运动讲习所学习，后被委派回祁阳，发展党团组织。1926 年 1 月任中共祁阳特别支部书记，并改组成立县农民自卫军总队，成立惩治土豪劣绅特别法庭。马日事变后，因叛徒出卖，不幸被捕，英勇就义。

柏忍（1898—1929） 宁远柏家坪镇柏家村人，毕业于长沙女子师范学校。1924 年年初，解除包办婚姻，回到宁远，任振坤女校教员，以新思想、新知识启迪学生。1926 年春，担任振坤女校校长。是年秋，受命回乡组建农民协会和妇女联合会，领导农民运动。1927 年春加入中国共产党，任县农协妇女主任兼北二区农民协会委员长。马日事变后，以乡村教师身份继续从事革命斗争。1929 年 1 月在广西平乐被捕，受尽酷刑，始终

坚贞不屈。同年4月27日在宁远壮烈牺牲，被称之为“秋瑾式巾帼英雄”。

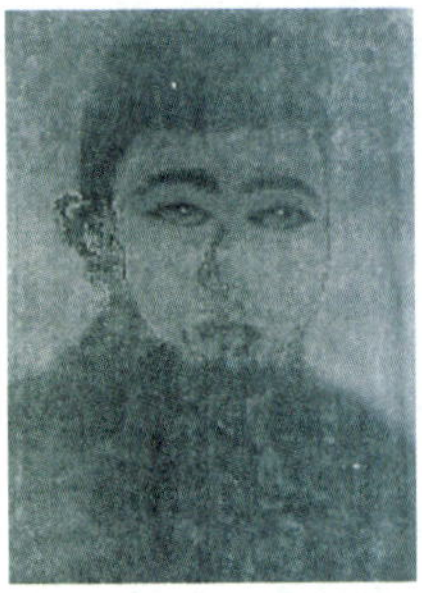

利运洁（1903—1929） 蓝山舜嶷乡人，1924年冬入黄埔军校一期学习。两次参加东征，讨伐陈炯明，平定滇桂军阀杨希闵、刘震寰叛乱。1925年加入中国共产党，12月军校毕业，任国民革命军第一军第一师第二团见习官、排长、连长等职。1926年7月随军参加北伐。在攻打南昌时，率敢死队5次强行登城，攻克南昌。1927年11月以解甲归田为名回到蓝山，积极进行串联策反工作，伺机举行武装暴动。1928年10月因计划被敌侦悉被捕。入狱后坚贞不屈，视死如归。敌人无计可施，气急败坏，将其杀害。

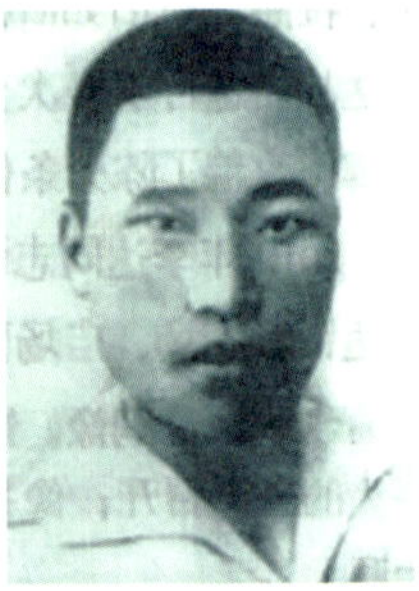

唐克（1903—1930） 零陵蔡家铺阳甸村人，1924年考入黄埔军校二期，1925年加入中国共产党，10月参加第二次东征。出征前，在照片上附语“吾人当效马革裹尸之精神，以身殉国，革命无成誓不还！”1926年下半年，任八军四师十二团政治指导员。次年3月调任第三十六军二师六团政治指导员。1928年春回零陵进行地下工作。1930年参加龙州起义，被任命为军部顾问兼军政治学校大队长。3月18日，学校师生在急返龙州参加战斗途中遇敌。为掩护部队撤退不幸被捕，次日在龙州北门高唱《国际歌》英勇就义。

何宝珍（1902—1934） 道县道江镇人，1918年考入湖南省立第三师范学校，被选为湖南学生联合会代表。1922年加入中国社会主义青年团，并任团总支委员。1923年年初赴安源煤矿工作，3月加入中国共产党，以教导员身份从事地下工作，同年与刘少奇结婚。1925年春，随刘少奇奔赴广州，开始新的战斗。大革命失败后，又辗转于华北、东北、上海等地，参加斗争工作。1932年冬，在刘少奇离开上海前往中央苏区后，独自留在上海坚持地下斗争。1933年由于叛徒告密被捕。1934年在南京雨花台英勇就义。

陈树湘（1905—1934） 湖南长沙人，1922年秋，加入中国社会主义青年团，1925年7月，加入中国共产党。1927年9月，在江西修水参加秋收起义，并随部

队上井冈山。1934年10月长征开始后，率领红三十四师担负后卫任务，掩护红军主力和中共中央、中革军委机关，同敌人追兵频繁作战。在惨烈的湘江之战中，率部与十几倍于己的敌人殊死激战。在突围时腹部中弹，身负重伤。最后，部队弹尽粮绝，陈树湘伤重被俘。1934年12月9日，在押送途中，慷慨就义。

陈为人（1899—1937） 江华沱江百家尾村人，1918年就读于湖南省立第三师范学校，1920年年末赴莫斯科东方劳动大学学习，其间加入中国共产党。1927年10月，任中共满洲临时省委书记兼秘书长、宣传部长。1928年12月、1931年春先后两次被捕，后均经组织营救出狱。1932年下半年，受命管理中央文库。在与党组织失联的极端困难条件下，保卫了中央文库的安全。陈为人两次入狱，身体遭到严重摧残，终因医治无效，于1937年3月13日在上海病逝。在中共七大上，被追认为革命烈士。

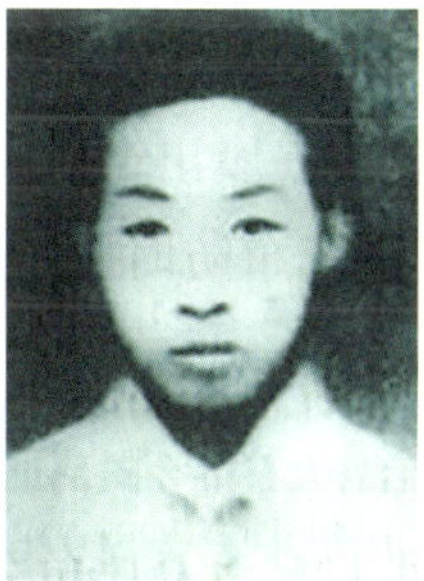

韦汉（1892—1939） 江华新寨村人，1916年考入湖南省立第三师范学校。1921年冬加入中国共产党，先后赴常宁水口山铅锌矿和安源煤矿从事工人运动。1924年1月，回江华县立高小，任教务主任，秘密从事党建工作。次年5月，在校组建中共江华支部，任支部书记。同年秋，组织岭东区新寨村农民协会。1927年年初，任中共江华地方执行委员会书记。马日事变后，秘密开展地下活动。1938年3月帮助成立湘桂瑶族请缨抗日筹备处，12月又筹建湘南游击队。1939年3月20日，被国民党县府当局逮捕杀害。

郑作民（1902—1940） 新田高山乡高山村人，黄埔军校一期毕业。抗战爆发后，任国民党陆军第二军副军长兼第九师师长，先后参加淞沪会战、徐州突围战和田家镇守卫战。1940年1月，奉命驰援南宁，决心与日军决一死战。所部抵广西昆仑关军事要地后，即指挥官兵构筑工事备战，后奉命转移。为阻止日军追击，亲率一个团进行掩护，后遭日军重兵包围。2月3日，指挥部队反击突围，中途敌机轮番袭击，师指挥所无

法转移，于激战中牺牲。被国民政府追赠为陆军中将。1986 年民政部追认郑作民为革命烈士。

王涛（1908—1941） 江华沱江镇人，1925 年加入中国共产党。1927 年赴苏联莫斯科中山大学学习，1929 学成回国。先后担任湘南特委书记、中央党校军事政治教员、陕北省委统战部长、陕甘宁边区党委统战部副部长、湖南省委组织部长等职务。1934 年秋，离开湘南随红军长征，任红一方面军工作队队长，途经贵州、四川时，曾两次负伤。1940 年年底，奉命担任中共南方工作委员兼闽西特委书记，领导闽西人民进行革命斗争。同年 9 月 21 日拂晓，由于叛徒告密，在为战士上军事课时，遭敌伏击，壮烈牺牲。

王甲本（1901—1944） 云南省曲靖富源县人，毕业于中央军校高等教育班第三期。1937 年 8 月，参加淞沪会战。1939 年秋，率部参加第一次长沙会战，1941 年晋升为陆军第七十九军军长。1942 年，参加第三次长沙会战。1942 年 1 月 5 日，率九十八师于浏阳河毙日敌第三师团第十八联队土屋镜次及部下上千人。1943 年 10 月，率七十九军参加常德会战，屡出奇兵，战功赫赫。1944 年 9 月 7 日，在冷水滩、东安一带布防时，遭数十倍日军袭击，血战至白刃，惨死于刺刀之下。

吕旃蒙（1905—1944） 零陵普利桥乡八井塘村人，1926 年 3 月，考入黄埔军校第五期。抗战爆发后，于 1939 年调任陆军第二预备师参谋长。1941 年调任第四战区司令长官部少将高级参谋。1942 年调任陆军三十一军少将参谋长，率部驻防靖西、龙州、凭祥一带。曾参加昆仑战役。1944 年 9 月奉命率部参加桂柳会战。10 月底，桂林被围，率部浴血抵抗数日。11 月 9 日晚，指挥所陷入重围，遂与敌肉搏，奋战至次日拂晓，终因敌众我寡，久战无援而牺牲。1985 年，被湖南省人民政府追认为革命烈士。

王昆（1918—1950） 河北省遵化县人，1939 年参加八路军。1941 年加入中国共产党。1944 年 9 月至 1948 年 10 月，先后担任遵化县八区和五区区委书记、三

区区委副书记、城关区区委书记，遵化县委常委、组织部部长。1949 年 3 月南下，任宁远县县委副书记兼组织部长。1950 年 3 月 29 日上午，在和平村清理积谷账目时，被秘密反动组织“中国国民党华南铲共总司令部”的十几名匪徒砍倒在地。下午三时，闻讯前来支援的同志将其送往下灌急救。在撤离时，又遇暴徒阻击，最终献出了自己宝贵的生命。

雷应川（1957—1979） 江永兰溪瑶族乡新桥村人，瑶族，1972 年应征入伍，先后任广州警备区三团八连三排八班、九班和炊事班班长。1979 年 2 月，对越自卫还击战打响后，主动要求上前线，在攻打班占西侧无名高地时，任尖刀班班长（四十二军一二五师三七五团一连三班班长）。在这场战斗中，雷应川在身负七处重伤、丧失行动能力的情况下，仍顽强捣毁越军指挥所并消灭十二名敌军，为我军夺取高地创造了有利条件，用自己的生命换来战斗胜利。师团党委根据他生前要求，追认他为中共党员，中央军委授予他“战斗英雄”称号。

王贵君（1967—1989） 零陵人，1986 年 1 月经考试合格，任永州市公安局河西派出所民警。1987 年 7 月 7 日，他不顾汛期水势，跃入潇水，将困在坠河货车中的司机救上岸边并送入医院。12 月，他与同事二人奔波十几公里，将涉嫌盗窃的重大案犯李某抓获归案。1989 年 11 月 10 日晚，他主动参与抓捕重大盗窃罪犯，在罪犯持刀向同事行凶时，猛扑上去，不幸被刺中心脏，壮烈牺牲。1989 年 11 月他被追认为中共党员和革命烈士。1989 年 12 月 18 日，公安部追授他为“全国公安战线一级英雄模范”称号。

李双林（1969—1992） 双牌城关镇人，1990 年 3 月参军，分至武警湖南省总队零陵地区支队，后担任电影放映员。在下队的第一年就以优异的成绩受到支队嘉奖。1991 年 8 月被批准为中共预备党员。1992 年 2 月 23 日，他乘船到蘋岛观光。上游水库开闸，观光船侧翻。他不顾自己水性不佳，先后将 3 名落水人员推出水面，自己却不幸牺牲。4 月 2 日，民政部追认

他为革命烈士。4 月 11 日，共青团湖南省委授予他“雷锋式青年”荣誉称号。3 月 19 日，武警湖南省总队给他追记一等功并追认为中共正式党员。

二、永州市革命烈士英名录

民主主义革命时期革命烈士表

表 1

唐正才	姜爱林	蒋先烈	徐　任	李　森	义明道
李祇欣	厉　武	李启汉	刘德春	唐　皓	舒　翼
刘　桐	郭亚仪	周　沁	文希春	黄楚平	邓国光
廖　和	吴新荀	李盖凡	唐存禧	陈　杰	陈汉启
雷晋乾	何　杰	李　远	李　龚	蒋毓华	王合荐
唐国钧	唐渭贤	申维善	张南雄	黄文标	唐学振
张长仕	肖洪钧	蒋先云	周崇光	邓汉启	罗祥斌
李烈宏	胡国证	唐　仇	胡　斌	曾令铨	曾善铨
唐汉民	何时芳	兰世凯	王贤能	蒋应彩	王　昶
郑恭安	何时英	柏　忍	胡青松	黄履常	黄　逵
王祖娥	王玉和	肖　祺	利运洁	阮　贞	冯　凯
谢慕云	陈宏志	肖永松	杨芝生	胡祖舜	周定文
江殿逵	李之亮	冯正泉	张　施	赵晓龙	罗正平
雷国恒	唐　鉴	黄亨明	黄贵德	黄学任	谭佐兴
李　义	何援华	张汉涛	程启汉	胡仕虞	唐元保
欧阳立	何镇南	李昌社	喻瑞恩	李光华	雷悉琳
梁期仲	何宝珍	王　文	胡仁生	陈为人	王载堃
邓　鼎	陈懋坤	李之用	陈亚军	黄费荣	左　英
康孟候	韦　汉	黄智国	周海南	乐朝经	黄昌鹏
蒋兰馨	郑作民	王　涛	雷启尧	张　琦	张文明

续表1

唐正才	姜爱林	蒋先烈	徐 任	李 森	义明道
吕旃蒙	严开梅	蒋春吉	彭美新	廖仁杰	蒋义建
严先玉	陈显龙	赵章才	邓仁荣	陈伯荣	吴锡荣
义荣光	邓德孟	骆梦义	雷景廷	蒋贵文	陈祝三
邓玉清	谢太成	朱亭章	朱敦文	邓文保	马思彪
胡继周	冯贵村	杨怀超	魏星皮	周凤山	王玉发
周大峦	孙培国	王成义	黄东法	李 成	刘开实
黎逢度	尹清才	皮俊明	李玉太	何老大	郑逢辰
乐国利	骆知德	李臣尧	白树仔	徐子元	张先华
唐建林	孙炳忠	陈志芳	盘炳荣	黄世平	刘家则
何 斌	梁友成	杨永光	胡宗英	史国兴	刘承孝
邓昌仰	徐绍吉	邓 球	邓明珠	邓明荣	郑昌实
尹三仔	周衡宝	乐继荣	夏 涛	肖 坤	刘培成
黎和生	陈秀生	徐祯安	宋贤英	丁德德	伍 云
邹学林	张长直	盘建海	黎和旺	黄崇甲	黄冬芝
陈秀吉	郑通才	陈远勋	何祖光	谢炳富	邓士荣
骆仙麒	谢发章	胡水荣	郑细娃	宋贤荣	邓家骏
蒋祁新	肖福龙	骆文仔	唐一侠		

社会主义革命和建设时期

表 2

杨广柳	林显能	唐禄勋	孙炳世	谭国权	廖康国
陈诗伯	彭武友	陈子安	周湘生	李 斌	李云龙
吕 赵	唐延文	赵落才	潘伟像	段秉忠	谭石兴
邓仁歌	宋明玉	刘天福	陶水清	陈世河	邓逢辰
杨明苟	蒋 斌	陈玉君	盛教化	陈金智	王满太
谢盛昌	李乐平	何化珊	谢瑞腾	马成盖	李 军

续表2

杨广柳	林显能	唐禄勋	孙炳世	谭国权	廖康国
姜上祥	文志远	李石保	吕清毛	汤文贵	何正仁
刘洪文	蒋博文	欧　燕	蒋代昆	黄仰增	曾凡镜
张洪生	王天元	邓世雄	杨时英	魏世代	龙仲金
廖国才	朱东章	李　仪	欧阳景明	邓经训	卢国成
李东南	欧阳德富	李　萍	熊正清	李金良	高天仙
黄　斌	张明成	何兴松	唐中信	周都合	唐许大
田难生	唐国华	唐　志	封满文	廖清品	瞿太义
范清祥	肖祥斌	郑逢喜	骆岩成	欧阳凯	廖明甫
唐仁义	张志林	曾祥录	张承文	陈升安	黄自元
许相美	黄启自	张兴华	廖昌溪	陈际安	彭大迪
陈玉林	唐　正	雷荣洪	王长生	陈延桢	许瑞腾
黄启生	陈忠臣	蒋财升	唐满子	何吉昌	何晋德
李家玺	蒋上佑	朱栋良	李昌仁	龙振章	雷同生
柏振茂	陈玉瑜	邓龙新	彭　志	王玉庭	李应兴
罗玉安	严中科	陈　明	黄　英	曹阳生	刘　钧
邓蔚林	彭桂生	唐作荣	易治雨	黎贵明	黄正义
李世义	彭定保	肖海林	张明发	曹水元	彭良伟
唐基保	蒋玉志	吴好林	熊祖砚	龙过星	王显功
黄永清	雷基杨	伍上灿	龚运概	张秀发	谢本义
张凌云	李益忠	章兴凯	何孝义	谢本文	伍　雄
王立山	曾　恒	袁长泰	谢道弼	李可利	周玉国
何业学	罗礼光	于恩树	陈茂宣	陈开贵	李忠甫
李基楚	周万成	谢良初	陈金靖	陈靖名	胡文生
吴二学	李长庚	钟国猷	龚满清	陈云苟	刘冬保
陈荣漠	勇茶乡	汪梓云	夏信芝	杨俭生	文昌利
李福生	降满生	彭光汉	李龙门	蒋昌明	陈景顺
李满保	谭蓝田	李仁赋	石顺乡	周来保	胡宗祯

续表2

杨广柳	林显能	唐禄勋	孙炳世	谭国权	廖康国
王光喜	王光远	蒋世新	邹长德	黄六松	罗坤甫
邓普来	黄　辉	刘宗保	陈锡连	陈荣甲	何树贤
龚满清	周听仁	胡　涛	罗龙林	邹荣生	贺　荣
黄四一	王锡玉	王家庆	唐开德	唐绍游	蒋世云
彭长泰	张治汤	何天飞	吉进成	李自亮	蒋忠范
郑石明	杨新球	颜振声	骆才在	杜忠炳	陈学畴
冯善良	唐开梁	王金星	王金生	吴先启	丁　玉
周俊国	邓　飞	倪根元	王　云	杨赐林	刘大顺
熊仁都	唐保昌	唐　仁	周开翰	何　荣	刘隆署
夏光佐	曾庆雍	杨隆有	刘更元	王月清	张延保
蒋荣普	李朝明	刘思堤	唐金保	赵　云	骆正伟
姜上球	欧阳修	周发生	杨家甫	何光忠	朱沅炳
盘文祯	彭庚才	黄孝林	杨　仪	赵炳海	汪显维
刘志学	蒋泰德	刘　亲	刘明玉	王臣林	艾　坤
翟忠贵	伍孝达	黄昌峰	邓　烈	朱石荣	黄成厚
于岩志	魏继童	何　彬	王兴保	谢锦荣	周继成
王祖彦	邓国云	蒋风生	袁如杨	陈道璜	陈志合
蒋德成	徐兴泉	石文金	邓大吉	赵昌酒	雷元洪
唐高模	唐　志	陈宏吉	胡炳均	黄远清	陈科室
郑吉任	吴振琪	谢金才	胡国中	李　逢	王光达
杨开琪	郑逢竞	赵　荣	周　全	王治安	李增孝
蒋孝金	赵庚仔	肖运苏	唐记保	李曾孝	贺吉安
邓光煦	朱后连	杨长发	何运明	王立志	宁振飞
高益良	蒋开魏	欧阳鹏	吕玉焕	谭月新	徐元培
肖永苏	刘英成	陈春文	雷渊洪	刘俊德	邓珠芬
漆庆宽	邓光明	王锡恩	王松元	钟学柱	曾衍思
张　仕	雷基祥	张银植	廖天保	邓其信	郑　仲

续表2

杨广柳	林显能	唐禄勋	孙炳世	谭国权	廖康国
胡满元	李吉玉	胡继贤	周长聘	周宏由	周进添
林祖生	熊冰清	房家作	房可言	杨太荣	叶承想
杨怀友	欧建林	李石保	何金备	何锦庚	蒋栋庆
张玉秀	谭国林	唐虞清	蒋再元	文家金	吕汉忠
何顺生	卢辉先	欧阳任	何长胜	郑逢兢	李选忠
何运民	丁立柱	黄正书	蒋国文	熊德熬	文桂松
曾德成	蒋一苟	唐宋信	何继庭	何华成	黄亚球
唐永生	陈宙山	邱声扬	刘秀清	谢宽均	雷裕芬
唐宗信	陈天保	夏逢文	李子亮	朱添蒲	卢春明
黎已支	蒋乐旺	黎正友	何德文	周训弟	张玉光
乐知茂	沈木恩	雷时祥	胡大良	胡家兴	郑如源
陆仁敦	刘　云	毛定生	唐宜云	陈　兴	彭来民
龙伯亮	陈昌智	郑可俊	张恒友	李明宣	黄云成
谢彭程	欧先太	李春昌	罗月贵	张明旺	曾长生
刘序然	邓可俊	黄立国	何　俊	何远光	熊昌宇
熊玉明	唐贻普	刘国华	雷细苟	周成福	邓家庆
张友民	王守安	唐恒忠	陆和义	肖景善	肖良喜
廖志迁	欧昌能	唐　伟	张义发	彭忠秀	陈常桂
李　安	邹　忠	陈起镇	江美恩	李有信	廖德贵
胡助德	周少明	周秋元	田文吉	黄开沛	田文祥
张尚春	张光华	李有心	欧阳来贵	黄尚尧	雷孝全
李真元	陈云龙	王先达	雷洪邦	段家宁	彭观宇
奉许文	刘正明	龙德虚	王泽金	刘金明	周善轻
尹学胜	厉满兴	唐继云	唐少仁	唐洪贵	胡河潮
李登根	蒋国文	周善清	唐永绥	张财广	唐炳森
彭善生	王金华	邓济忠	李泗洪	杨少秋	刘忠伟
杨习禄	许家富	周祖致	黄克昌	李庭录	李明富

续表2

杨广柳	林显能	唐禄勋	孙炳世	谭国权	廖康国
何士龙	谢英松	彭式韵	白国槐	唐承周	张继贵
唐继保	胡代仁	周昌贵	朱　文	黄忠玉	李中廉
田广春	夏锡保	颜然泰	黄久经	贺德运	欧廷仔
彭吉保	唐道清	彭结保	唐建余	罗先桥	盛卫林
罗福生	张仕金	谢显德	陈锦秋	金　林	罗先银
马童宝	周升交	李昌坤	周送洪	周刚德	唐子吕
屈家厚	肖景洪	谢林开	欧　盼	郑尚乐	沈宏斌
欧阳先园	欧阳元贵	陆秉仁	何士先	朱本来	蒋玉先
李连琶	蒋汉生	邓怀发	刘立芝	陈新生	刘国臣
何雨忠	蒋方日	唐松瑎	蒋新志	李承基	郑谢龙
顾　松	管志富	龚喜财	伍上训	蒋武顺	杨善中
许家绅	周瑞文	唐全德	何春生	刘明志	李锦祥
陈文亮	吴天寿	杨选厚	谭定太	唐德生	李兴佑
杨建元	周玉发	金　云	肖德光	陈雄勋	周　勇
邓枝英	张忠博	蒋廉卿	周九恩	肖梅清	何如富
王锡贵	刘宏保	李绍云	杨春桃	李国仁	刘光佳
郑四哇	杨昌荣	朱韶华	李陶贤	黄广得	刘贤会
钟仁华	雷贱财	王长生	廖昌理	曾　明	黄时林
陈国来	罗　先	冯盛昌	周元吉	吕金涛	陈文亮
江　波	毛光辉	孔祥炳	刘忠伟	岑采富	欧玉光
杨昌玖	谭桐生	李维周	欧玉虎	李德安	唐谋贤
欧阳远	欧运敏	艾大鸾	李在胜	于定贵	唐兴仕
李光科	陈安宇	高家东	唐宏光	唐宜英	李维国
沈德田	朱世功	陶　云	李四邦	蒋书芝	杨明清
陈延照	曾　斌	陈延东	邓太勇	刘明月	刘秋生
杨发康	刘发胜	吴德华	漆多福	蒋金利	谭迎生
曾令武	袁友光	杨本钧	柏兴光	王子美	何敏政

续表2

杨广柳	林显能	唐禄勋	孙炳世	谭国权	廖康国
蒋开利	朱满仔	安守虎	胡子发	温土旺	彭志旺
孙炳福	黄名苛	刘延东	奉继雪	成福祥	龙和顺
何宗安	蒋贤珍	胡昌发	肖良仁	刘大盛	黄屏美
朱火元	刘元星	姜明荣	姜加益	欧阳维森	李志庭
杨玉秀	李国玉	欧阳生	蒋旭星	李光星	李正和
何佳清	欧胜元	王顺茂	刘名富	奉阳明	奉建德
张正辉	荣宝元	陈泽员	周良城	向春友	李绵祥
蒋耀茂	柏承全	陈菊茂	陈淮宗	文洪华	奉　爱
龚荣光	何土生	刘富发	吴怀茂	李福保	李其德
雷水旺	蒋时兴	张光并	刘征祥	王明忠	王正伦
芦崇福	欧阳初开	张光於	蒋人复	蒋财旺	宋球章
陈化礼	周忽祥	高庆义	李文清	王元通	胡徒明
胡其明	胡林波	陈准忠	何进常	何承操	贾龙献
蒋期利	刘保元	周承忠	周文修	陈凤吉	盘上信
文希旺	朱吉章	陆先冬	周德芳	王步岑	柏承生
杨怡兴	赖景宣	王达甫	李合祥	李丁佑	韩昌富
李垂长	黎声群	唐先华	刘崇佑	李继芳	李扬福
刘兴吉	莫桂卿	岑明岸	王政善	赵成满	虞顺昌
费德岑	莫　彪	欧俊杰	王天佑	吴和清	乐才星
杨月球	谭开秀	欧德清	陈丁贵	唐太芝	黄盛富
黄英坤	彭世俊	刘春保	刘显俊	龚飞旭	李见苟
周明雄	张宗德	王太榦	黄辉耀	张友明	何运生
刘召发	潘小牛	冯志明	唐求仔	张光土	欧贤光
蔡守忠	贾德贵	蒋宏远	蒋洪远	柏木清	黄辉英
陈有弼	蒋祖龙	罗勋犹	程　银	曾祥仕	唐兴楚
任友生	邓太荣	邓家发	于家通	刘永念	王友元
邹高荣	李德林	陈泽元	张其生	夏洪信	郭祖发

续表2

杨广柳	林显能	唐禄勋	孙炳世	谭国权	廖康国
李代禄	唐明安	乔绍雄	邓祥模	陈耀茂	蒋三雨
陈兴光	周良增	陈淮青	吕先勇	文正中	陈友文
唐开雨	唐祖森	卿安生	俞起利	唐祥富	肖永军
王锡忠	施嗣锡	王本铁	贺仁云	唐铁群	陈杨伯
吴又富	卢顺泗	袁正玉	张正祥	唐春善	熊救章
陈由连	文玉国	王顺柱	唐建国	肖建猷	雷绍才
刘子文	周云发	杨　武	周坤昌	唐亮龙	严克玉
罗建中	金汤章	谭田保	潘运奇	陈定海	彭茂祝
朱五元	周孝胜	毛本元	唐心政	唐义清	左明军
龙梅生	黄梦熊	雷海生	王贤文	陈迪怀	柏学遥
于福元	韩　鑫	邓上尧	韩祖德	王光照	王家桂
刘开祥	陈振环	杨祁佑	李良雄	唐芳幼	严先端
蒋德玉	于良琅	伍上加	刘肇宝	周定缘	黄风明
陈培义	周增甫	唐中杰	王应月	周增兑	唐来贵
卿仁江	宋满生	唐运夏	刘芳茂	胡尚德	雷衍义
李祁洪	李启树	刘求明	谢开林	蒋先智	欧阳陆友
唐奇道	王太树	房显康	黎逢友	奉治安	曾继胜
刘德顺	徐书廉	唐才贤	李兴全	赵天有	李昌明
林荣昌	蒋运韶	李珍湖	黄　均	毛多顶	谭风波
成玉金	容学宇	蒋正廉	沈德洪	李士亮	李延芬
李　生	陈立臣	何志雄	张　志	向先德	李耀庶
杨宪松	胡善德	石应目	王耀清	邓中香	李人政
黄风则	左明早	容学仕	周少胜	杨　勇	肖功禹
伍孝思	张旺生	唐诈昌	于可霖	徐安生	陈正槐
刘继民	杨新佑	何国清	周家缘	柏学瑶	刘声扬
周志成	熊石旺	李永茂	唐光祥	陈福根	肖水玉
郑土发	周侦柏	陈盛昌	刘喜旺	傅兆发	谢盛昌

续表2

杨广柳	林显能	唐禄勋	孙炳世	谭国权	廖康国
蒋佳祥	李格业	廖昌炳	邹四盛	郭　健	李士才
郑细仔	李正先	潘秋耕	肖　红	欧守纲	曾庆文
李忠祥	熊昌治	杨和芳	唐陶富	刘化銈	邓德佑
张先兰	王和芳	龙四清	唐方俭	方华龙	于田生
唐政涛	梁仁秀	潘存国	周开高	杨炳昆	乐知生
邓德兴	曾广柏	吴荣梅	贤顶保	钟振昌	陈爱伯
赵有都	王政朝	姚启照	赵苟崽	黄广德	李茂生
刘冬富	彭西镇	王何胜	何兴古	王敬能	罗发兴
危显和	尹忠玉	陈从连	蒋国育	廖贵礼	刘茂纪
陈泽溪	徐春生	刘　姓	陈　龙	彭世谦	黄德军
胡玉正	王崇发	李仕达	黄仁文	王瑞连	赵国凤
刘运早	刘运顺	董任秀	吴昌谷	廖桂礼	陈道庆
刘继和	周光等	崔元汉	管相业	周运华	严中大
彭年琼	唐守吉	胡殿邦	陈福生	王朝政	宋　宽
陈爱柏	蒲立贤	黄永杰	吴昌明	朱德武	毛振全
姚新发	黎名祝	曾宪安	尹少华	罗祥斌	龙　连
陈绍平	唐　雄	施无正	陈明春	施丙生	李登国
张功明	尹清珏	彭为政	李树球	伍正友	张光树
张安仔	周菊甫	杨汉元	欧阳修	李甫吉	钱宝才
文开生	黄结荣	于不凡	吕金永	陈安佑	何佑生
樊盛恩	吴先斌	李祖佑	谭士申	黄茂中	王景孝
李良策	蒋作林	何宗美	郑召修	王敦安	欧文枝
杨　舜	唐继杰	唐年集	王金林	黄思治	何绪友
唐可立	唐培富	李长礼	徐连元	邓柏生	曾凡柱
何贱苟	乐福生	龚世双	陈化书	雷衍进	王正浩
胡加义	乐新发	吕坤生	王润昌	王能辉	邓延浩
胡惠夏	何德学	何好样	邓右林	唐安付	尹仁意

续表2

杨广柳	林显能	唐禄勋	孙炳世	谭国权	廖康国
杨万先	钟星河	冯恩濂	廖秧生	盛本利	何玉勤
颜润发	翟忠桂	魏花芳	陈　策	江　胜	管相才
骆启宣	黄成林	肖厚武	杨德江	陈志隆	杨吉国
邓光锦	曾得玉	唐尚荣	邓资松	王方义	胡继凡
杨敬奉	余运保	郑次喜	何三成	蒋宗雄	吴冬新
孔祥信	杨孝元	李连生	何贞善	张尚义	李荣基
李孝辉	周仁钧	张锡禄	蒋先付	李顺古	张光全
乔家恩	何金保	雷渊润	谢崇生	刘远铁	杨孔和
荆志坤	何展权	肖　明	陈　新	陈光庭	胡继华
王时旺	杨守全	匡兴烈	李榦生	桂昭亮	于观瑞
夏由凯	林新楼	杨德双	唐定明	陈世荣	周吉明
王正安	王书汉	罗哲根	李艺法	陈文学	雷源池
王怀生	宋和生	于器文	刘恩泰	谢月柳	钟国琪
仇景彬	宗广发	唐宏诗	蒋定昌	刘文长	唐荣承
李土盛	周长友	李定旺	刘知杞	朱大洪	王方和
王修成	夏大春	王思元	王仁政	王远绿	雷一贵
周芳梅	王恩元	陈官清	李公才	周范民	欧怀忠
汪修祝	王焕金	陈常安	李秀全	李厚英	蒋玉林
田兆林	唐绍长	胡克旺	何光福	陈孝明	陈朝云
杨运才	秦高才	李中昌	唐田元	周忠银	周资生
苗前强	刘朝彩	唐宜林	张敦茂	李铁民	叶应元
蒋益银	罗瑞连	李景良	文远益	甘华仁	秦宣传
黄赞黑	魏茂林	唐裕顺	唐臻草	袁善祥	胡万军
石世昌	唐荣元	李希华	尹维舜	何振康	唐益发
欧财旺	李良富	唐世登	彭和夯	齐庭豹	万会贤
王云毫	黄双发	周盛美	彭星照	刘世训	伍拱礼
李知林	魏继胜	成求仁	黄福元	李在周	陶继舜

续表2

杨广柳	林显能	唐禄勋	孙炳世	谭国权	廖康国
秦宏忍	刘能科	唐仁贵	马光明	刘德胜	陈春生
马先明	唐纯信	曹松青	唐快生	魏水样	李仕余
唐召利	陈灶龙	杨延平	雷源富	王修正	李良知
卿甫汤	唐守贵	文胜华	张光炳	尹仁明	吕竹清
张友万	唐天月	伍高秋	欧木清	孟荣忠	吴双富
钟运林	张秋生	吴才运	梁加泽	冯秀云	张建林
陈义华	邓英雄	黄文顺	陈寿银	杨德生	陈树勋
欧阳友利	蒋绍福	洪石山	刘祥悦	黄柏桥	任玉阶
罗传达	刘高明	盘万富	胡德发	祝运宏	李昌武
刘飞吉	谢贤宽	唐旺太	唐建军	唐贤友	陈家庆
李国清	岑友明	陈仲贵	蒋咸林	李照明	欧宣荣
范长城	赖良志	汪元生	杨启武	刘学成	于德胜
荣祥明	陈宗德	雷桂生	周社茂	黎广五	何聪华
魏现福	文绍智	吴四元	江雪清	于解放	赵时良
董冬林	冯进军	杨昌仁	伍安华	马刚元	郑千生
陈善中	郑光清	祝重元	周光宇	陈善忠	李长青
唐续金	周光宁	唐海洋	蒋祖林	易远桂	盘腾贵
周照寿	何太增	何力文	谭家善	雷应川	周立水
何正生	胡永祥	陈德华	吴耀优	李先清	黄费英
陈青辉	谭有满	白德强	李继来	韦代春	岑春灯
黎自进	曾耀辉	陈爱勤	毛兴忠	蒋成和	欧阳杰初
曾庆月	雷衍根	厉国富	李石亮	刘伍元	李贵生
刘和平	蒋道明	彭宣斌	赵世林	杨顺苟	李宏吉
朱检生	杨上运	胡忠德	蒋元生	雷用国	龙友元
周友成	刘兴运	何军祥	秦德甫	张　强	宾春和
唐庚荣	夏昌成	黎友东	廖水清	李运林	眭日光
徐大正	邓家贤	王安生	赵望进	唐光继	陈德福

续表2

杨广柳	林显能	唐禄勋	孙炳世	谭国权	廖康国
段玉生	钟国生	何亚军	周克林	陆秋华	邹华雄
雷久强	周宣强	傅茂臣	雷放红	李汉兴	陈言华
唐成德	陈月明	刘国中	刘国平	文谋桂	沈春平
何　晔	廖超然	蒋际春	秦荣华	蒋元甫	吕高斌
杨玉德	刘大本	张顺忠	游海浪	高隆峰	王贵君
唐世东	周顺民	何军祖	何友福	王苑珍	李双林
邹孝银	刘冬元	奉继录	蒋铁明	廖广球	彭土顺
李国勤	刘军元	周芳霖	蒋正庚	雷渊运	李运贵
周德贤	周国建	周卫生	周应龙	杨晋明	杨六广
刘高晴	谭翠莲	唐奎林	吴保战	唐致建	谢风良
何兰君	陈本亮	莫晓辉	邓文国	吴战保	高桂保
赵沪宁	谭　斌	蒋启东	杨勇飞	李志福	雷志坚
蔡家远	成　圆				

三、局长简介

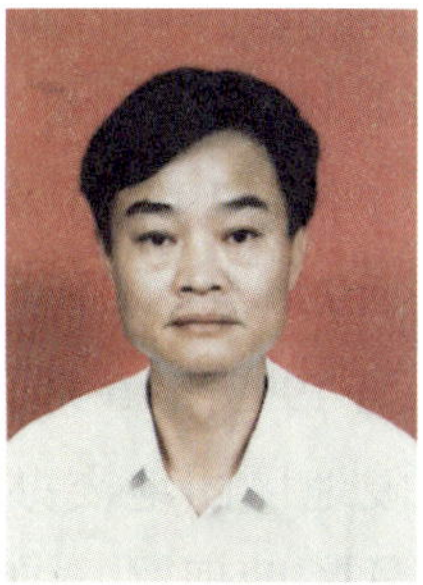

盘德力　男，瑶族，1951年11月生，双牌县人，大专文化。1971年6月参加工作，1973年10月加入中国共产党。1971年6月至1976年3月，任道县县委贫宣工作队队员、县委农村办、县委办干事。1976年3月至1977年3月，任道县寿雁公社党委副书记。1977年3月至1980年2月，北京大学历史系中国历史专业学生。1980年2月至1983年3月，任零陵地委办调研科干事。1983年3月至1985年2月，任永州市（现零陵区）朝阳乡党委书记。1985年3月至1992年9月，任永州市（现零陵区）委副书记。1992年9月至1994年2月，任零陵地区民政局副局长、党组成员。1994年2月至1994年9月，任零陵地区民政局局长、党组副书记。1994年9月至1996年8月，

任零陵地区民政局局长、党组书记。1996年9月至2001年8月，任永州市民政局局长、党组书记，2001年9月，调任永州市司法局局长、党组书记。

其主政期间，2000年，永州市民政局被湖南省人民政府评为“老龄工作先进单位”，2007年，被民政部评为“全国行政区域界线管理工作先进集体”。

高增遗 男，汉族，1954年8月出生，祁阳县人，专科文化，1976年9月参加工作，1984年11月加入中国共产党。1975年9月至1977年8月，湖南师范学院零陵分院中文专业学生。1977年8月至1978年11月，任东安二中教师。1978年11月至1983年3月，任东安茶源中学教师。1983年3月至1984年1月，任东安县教育局干部。1984年1月至1987年1月，任东安县委政研室副主任。1987年1月至1988年1月，任东安县教育局副局长。1988年1月—8月，任东安县委政研室正科级研究员。1988年8月至1989年11月，任东安县委办公室副主任。1989年11月至1993年1月，任零陵地委办综合科科长。1993年1月至1994年9月，任零陵地委办督查室主任（副处）。1994年9月至1996年3月，任零陵地委办副主任。1996年3月至2001年7月，任永州市人大副秘书长、办公室主任。2001年7月至2011年6月，任永州市民政局党组书记、局长。2011年6月至2012年3月，任永州市民政局局长、党组副书记。2012年3月调任湖南省民政厅调研员。

主政其间，2010年，市民政局被民政部评为全国殡葬工作先进单位，获省级奖27项。

肖余胜 男，汉族，1962年6月出生，宁远县人，本科文化，1979年12月参加工作，1984年10月加入中国共产党。1979年12月至1981年11月，零陵地区道县湘源锡矿工人。1981年11月至1984年1月，零陵地区道县驷马桥公社团委书记。1984年1月至1985年3月，零陵地区道县团县委干事。1985年3月至1985年9月，道县团县委办公室主任（1985年9月至1987年7月省委党校团干班大专学习）。1990年9月至1991年12月，零陵地区团地委工农青年部副部长。1991年12月至1993年6月，零陵地区团地委工农青年部部长。1993年6月至1995年9月，零陵地区团地委办公室主任。1995年9月至1997年9月，零陵地区新田县人民政府县长助理（1994年8月至1996年12月中央党校函授学院经济管理专业本科学习）。1997年9月至2001年5月，永州市新田县县委常委、县纪委书记。2001年5月至2002年1月，永州市纪委常委、新田县委常委、县纪委书记。2002年1月至2006年10月，永州

市纪委常委、市监察局副局长。2006 年 10 月至 2007 年 3 月，永州市纪委副书记、市监察局副局长。2007 年 3 月至 2011 年 6 月，永州市纪委副书记。2011 年 6 月至 2012 年 3 月，永州市民政局党组书记。2012 年 3 月至 2017 年 7 月，永州市民政局党组书记、局长。2017 年 7 月调任永州市委组织部副部长。

主政其间，永州市民政局 2014 年被评为“全国殡葬工作先进集体”，2016 年被评为“全国爱国拥军模范单位”、“湖南省文明单位”；2012—2017 年，永州市民政局连续 6 年被评为“全省民政工作先进单位”。

四、先进人物简介

唐先秋 男，汉族，湖南邵阳人，永州市军休所军队正师级退休干部。1942 年 12 月生，大专学历。1961 年 7 月入伍，1962 年 7 月加入中国共产党。1965 年 10 月，任四十一军炮团二营排长。1967 年 2 月，任四十一军炮团政治处干事。1969 年 10 月，任四十一军炮团政治处组织股副股长。1978 年 5 月，任广州军区落实政策办公室干事。1979 年 3 月，任广州军区军事检察院法纪检察科检察员。1983 年 2 月，任广州军区军事检察院法纪检察处处长。1983 年 6 月，任湖南省娄底军分区政治部主任。1991 年 8 月，任湖南省零陵军分区政委。1996 年 3 月，任湖南省永州军分区政委。2001 年 11 月退休。2006 年 12 月，移交至冷水滩区军干所。

唐先秋同志政治信念坚定，牢记服务宗旨，积极支持军休工作，家庭和谐。2009 年 9 月，被民政部、总政治部评为“全国军休系统先进军队离退休干部”。

何解顺 男，汉族，1955 年 3 月出生，宁远县人，大专文化，中共党员，1974 年 12 月参加工作。1974 年 12 月至 1986 年 12 月，沈阳军区服役，历任班长、排长、副政治指导员。1986 年 12 月至 1987 年 6 月，任冷水滩市民政局办公室科员。1987 年 6 月至 1990 年 12 月，任冷水滩市民政局办公室副主任。1990 年 12 月至 1992 年 9 月，任冷水滩市民政局办公室主任。1992 年 9 月至 1995 年 2 月，任零陵地区民政局募委办科员。1995 年 2 月至 1997 年 5 月，任零陵地区募委办副主任（副科）。1997 年 5 月至 1997 年 12 月，任零陵地区募委办主任（正科）。1997 年 12 月至 1999 年 4 月，任永州市农村

社会养老保险办公室主任。1994 年 4 月至 2002 年 2 月，任永州市地名委员会办公室主任（正科）。2002 年 1 月至 2007 年 9 月，任永州市军队离退休干部安置办公室主任（工会主席）。2007 年 9 月至 2015 年 3 月，任永州市民政局优抚科科长（工会主席）。2015 年 3 月退休。

何解顺在任优抚科科长期间，为落实好民政部和省政府关于复退军人优抚政策，他放弃节假日休息时间，组织县区相关人员，到中央、省驻永单位和市属一百多个企业单位，查阅近 6 万份人事档案，多次会同相关部门召开协调会，进行补助对象认定。有的老兵退伍年久，资料不全，无法认定身份，他带领科室同志到市、县（区）档案部门进行查阅材料，积极维护优抚对象的合法权益。

为帮助在乡复员军人看病难问题，他带领医疗队进村入户，逐户为在乡老复员军人送医送药。他爱岗敬业，全心全意为优抚对象服务，受到优抚对象的爱戴。1994 年、1996 年，被永州市政府授予“先进工作者”称号和嘉奖，2003 年被永州市委、市政府评为“维稳综治工作先进个人”，2004 年被湖南省民政厅、湖南省人事厅评为“全省民政系统先进军休工作者”，2011 年，被民政部评为“全国民政系统先进工作者”。

郭德贵 男，汉族，1956 年 1 月出生，永州江华人，大专文化。1976 年 12 月参加工作，1978 年 12 月加入中国共产党。1976 年 12 月至 1983 年 1 月，在部队服役。1985 年 1 月至 1989 年 7 月，任零陵地区福利公司职工（1987 年 9 月至 1989 年 7 月，在湖南经济管理干部学院学习，行政管理专业大专毕业）。1989 年 7 月至 1993 年 8 月，零陵地区民政局职工。1993 年 8 月至 1995 年 2 月，任零陵地区民政局救灾科科员。1995 年 2 月至 1997 年 5 月，任永州市民政局农保办副主任。1997 年 5 月至 1997 年 12 月，任永州市民政局农保办主任。1997 年 12 月至 2002 年 1 月，任永州市民政局救灾科科长。2002 年 1 月至 2002 年 6 月，主持永州市民政局低保中心工作。2002 年 6 月至 2002 年 11 月，任永州市民政局低保中心副主任。2002 年 11 月至 2006 年 4 月，任永州市民政局低保中心主任（副处级）。2006 年 4 月至 2010 年 5 月，任永州市社会救助处主任（副处级）。2010 年 5 月至 2015 年 7 月，任永州市社会救助局局长。2015 年 7 月退休。

郭德贵同志在市民政部门工作的 30 多年中，先后在救灾科长、社会救助局长的岗位上负责农村五保供养工作近 20 年。他始终坚持“以民为本、为民解困、为民服务”的理念，踏实工作、锐意进取、勇于创新，在农村五保供养，增进广大困难群众福祉方面作出突出贡献，受到各级领导的充分肯定和广大人民群众尊重和爱戴，2014年被民政部评为“全国农村五保供养工作先进个人”。

阳辉录 男，汉族，1972年2月6日生，永州市冷水滩区人，法律本科学历，1993年12月参加工作，1996年11月加入中国共产党。1993年12月至1994年10月，在上海训练团三大队服役。1994年10月至1996年12月，任浙江宁波东海舰队司令部情报处标图员、情报员。1996年12月至2003年12月，任浙江宁波舟山基地后勤部战勤处保密员。2004年10月至2005年2月，任永州市殡仪馆工作人员。2005年2月至2006年2月，借调至永州市纪委二室工作。2006年2月至2009年9月，借调永州市民政局工作。2009年9月至2017年6月，任永州市殡仪馆支部副书记、办公室主任。2017年6月至今，任永州市殡仪馆副馆长。

阳辉录从部队转业，他冲破世俗偏见，毅然投身殡葬事业，扎根基层。在工作中，他时刻高标准严格要求自己，团结同志，做到大事讲原则，小事讲风格。以身作则，带头反腐倡廉，遵纪守法，主动接受职工和群众的监督。规范殡葬服务价格，并将所有服务项目及价格公布在殡仪馆显眼位置，实现阳光服务，让群众放心明白消费。2014年，被民政部评为“全国殡葬工作先进个人”。

孙文波 男，汉族，1969年9月生，永州零陵区人，大学学历，中共党员。1991年7月至1995年3月，任零陵耐火材料厂技术员。1995年3月至今，在永州市民政局工作，历任科员、农保办副主任、民间组织管理科科长、优抚科科长、救灾科科长、慈善办主任。

2008年1月11日至2月3日，永州市遭受百年不遇的冰冻灾害，为保证将灾情及时统计上报，妥善安置受灾群众，孙文波同志主动承担晚上值班任务。由于冰冻严寒，晚上气温低，加之断电，办公室冰冷，他全身冷得发抖，实在挺不住了，就吃几块饼干，在办公室里来回运动，以此暖暖身子，坚守工作岗位。2月1日晚，永州市境内高速公路枣木铺收费站因积雪不堪重荷倒塌，造成5000余台运送救灾物资车辆受阻，滞留司乘人员1.2万余人。为尽快将救灾衣被和食品及时运送到灾区，下发给受灾群众，深夜11时，市民政局领导决定组成2个组，带6辆货车装上救灾物资，前往衡枣高速公路永州收费站救助滞留人员。孙文波主动请战，在天黑路滑，冒着生命危险的情况下，将救灾物资送达到目的地，直至次日天亮将物资全部发放给滞留司乘人员时，孙文波同志从头到脚浸湿了雪水，全身冰冷，第二天，他又跟车赶回办公室继续工作。2008年，孙文波在抗冰救灾中被省政府记一等功1次。

金月华 男，汉族，湖南衡东人，1963年8月出生，大专学历，中共党员。1986年从部队退伍安排到民政局工作至今。22年来，不论是在民政局哪一个岗位，不论是办事员还是股长主任，始终把群众的冷暖疾苦挂在心头，耐心细致解答每一位来访群众反映的情况，想方设法帮助困难群众解决实际困难和问题。2002年，县民政成立城镇居民最低生活保障管理服务中心，局领导把他从救灾股安排到低保中心，他一上任，就带领低保中心工作人员，对全县弱势群体进行全面排查，与居委会干部、乡镇民政干部一起，一户一户审核特困居民的家庭状况。他经常与居委会干部座谈说：政府很不容易拿出一笔解决困难居民的最低生活保障金，我们必须要用好、用准，发放到位，要按政策，讲原则，不能谋私徇情随意保一户居民，更不能不负责任漏掉一户特困居民。面对居民的矛盾情绪，他不推诿，勇于正视困难，先后18次获省、市、县先进工作者光荣称号，荣立二等功、三等功各一次。1999年，省民政厅授予“抗洪救灾先进个人”称号，2003年，获永州市“十佳民政工作者”，2007年，省民政厅授予“全省民政系统先进个人”荣誉，2009年，民政厅授予“全省基层低保规范管理先进个人”称号。

唐海凤 女，汉族，1959年2月生，大专文化，1979年10月参加工作，中共党员。1979年10月至1983年2月，任零陵县湾夫乡妇联主任。1983年2月至1986年3月，任零陵县妇联办公室主任。1986年3月至1996年3月，任永州市民政局办公室主任。1996年3月至1997年8月，任芝山区民政局办公室主任。1997年8月至2005年6月，任芝山区军队离退休干部休养所所长。2005年6月至2007年5月，任零陵区民政局办公室副主任科员。2007年5月至2010年2月，任永州市军队离退休干部休养所副主任科员。2010年2月至2014年2月，任永州市军队离退休干部休养所副所长。

在担任芝山区军休所所长期间，她认真落实老干部的“两项待遇”。为给老干部创造一个良好的学习生活环境，她积极争取资金，硬化道路，修建院内花园，建起学习室、娱乐室、门球场、养鱼池，购买各种图书二千多册，征订十余种报刊杂志，组织开展形式多样的活动，把老干部的休养生活安排得丰富多彩，使他们安心休养，安享幸福晚年。2002年，被省民政厅评为“全省民政系统先进个人”、2004年，被民政部评为“全国军队离退休干部安置建房服务管理工作先进个人”。

游尹波 女，瑶族，江华县人，1972年9月生，大学本科学历，中共党员，1990年6月参加工作。1990年6月至2018年3月，在江永县民政局工作，历任优

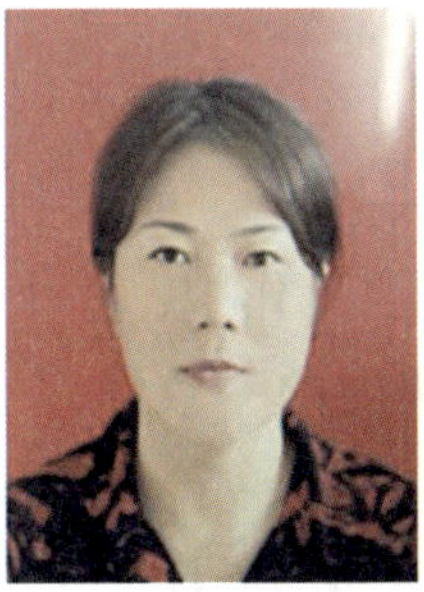

抚股长、社会事务股股长、福利院院长、社会救助股股长、慈善办主任、社会福利中心主任、机关党支部组织委员。

游尹波从县民政局社会事务股股长的岗位上调任儿童福利院院长后，面对福利院一穷二白、账户上没有一分钱、房子破烂不堪等困难，她没有退缩，没有被困难吓倒，而是全心投入到工作中去，弃婴的被子不够用，她就从家里拿来棉被，自己动手改成儿童用被，弃婴的衣服用完了，她就动员亲戚朋友无偿捐赠。保育员不够时，她自己当起保育员，儿童学步车需要更换时，她到各单位和私人募捐。她多次向上级领导汇报工作，争取资金支持，建成一座800多平方米的标准化福利院，添置一大批设施施备，美化、亮化院内环境。

为提高自己的保育水平，她自费购置多种育婴用书，经常学习到深夜，并将自己积累的保育经验和书本上学到的知识，手把手教保育员。为探索新的管理经验，她先后采取全员聘用制、全员合同制和工效挂钩制，提高了全院保育水平，受到国内和涉外收养小孩的家长们的喜欢，2004年，被省民政厅评为“全省社会福利院管理工作先进个人”。

钟珍华 男，瑶族，江华瑶族自治县人，1959年11月生，大专文化，中共党员，1977年8月参加工作，1984年12月加入中国共产党。1977年8月至1979年9月，江华县原种场下放知青。1979年9月至1981年7月，湖南省涟源（娄底）地区供销学校计划统计专业学生。1981年7月至1991年6月，在江华县统计局工作。1988年7月，任江华县统计局副局长。1991年6月至1992年10月，任江华县计划委员会副主任。1992年10月至1993年4月，任江华县计划委员会副主任、民族卷烟厂副厂长。1994年2月至1998年3月，任江华县经济委员会主任、党委书记。1998年3月至2002年11月，任江华县总工会主席。2002年11月至2003年1月，任江华县交通局党组副书记、副局长。2003年1月至2015年12月期间，任江华县民政局局长、党组书记。

钟珍华在民政局担任领导期间，积极到上级争取各类民政资金，在城乡社会救助体系建设、落实优抚安置政策、加强村民自治和社区建设等方面，工作突出。2006年荣获省委组织部、省人事厅、省民政厅授予“村务公开民主管理先进个人”称号，记二等功一次。2007年荣获省人事厅、省民政厅授予“全省民政系统先进个人”称号，记二等功一次。

乔小翠 女，汉族，1963年12月生，2006年6月加入中国共产党，大专学历。1986至2003年3月，在零陵区儿童福利院工作。2003年3月至2015年12月，任

永州市社会福利院院长。

2004 年，经湖南省收养中心批准，永州市社会福利院开展涉外送养工作。主要送往意大利、荷兰、瑞士、美国、澳大利亚、新加坡等国家的家庭收养。在涉外送养弃婴工作中，乔小翠同志工作积极主动，表现突出，受到本系统内的一致好评，2006 年，被湖南省民政厅评为“全省民政系统先进个人”。

周龙华　男，汉族，1974 年 4 月生，1991 年 12 月入伍，1993 年 7 月入党，大学文化。2006 年 9 月从部队转业到市民政局工作，现任市民政局特困人员供养科科长。他负责和参与农村安居建设、抗灾救灾，灾后重建、敬老院改扩建、老区建设和六十年代精简退职老职工生活救济等方面工作。他干一行，爱一行，干好一行。在 2006—2007 年农村敬老院建设中，由于成绩突出，被永州市人民政府评为“永州市 2006 年、2007 年为民办 8 件实事先进个人”，并记三等功一次。

2008 年，市民政局救灾救济科具体承办省、市为民办实事任务两项，新建农村安居工程 2400 户，改扩建农村敬老院 23 所。在时间紧、任务重、标准高、要求严的情况下，周龙华同志始终恪守“俯首甘为孺子牛”的工作信念，立足本职，不辞辛劳，忘我工作，在抓好工程质量的前提下，督促工程进度，使全市农村安居工程建设项目于 6 月底全部竣工，顺利通过省民政厅对市“农村安居工程”建设检查验收，市民政局被省民政厅评为“2008 年度湖南省农村安居工程建设先进市”。

魏家松　男，汉族，道县人，1964 年 10 月生，湖南省委党校大专学历，1985 年 7 月参加工作，1996 年 7 月加入中国共产党。1985 年 7 月至 1987 年 3 月，任江华县日杂公司统计员。1987 年 4 月至 2000 年 12 月，在江华县供销联社计统物价股、办公室工作。2001 年 1 月至 2005 年 4 月，任江华县务江乡人民政府副乡长。2005 年 5 月至 2015 年，任江华县民政局党组成员、副局长。

2008 年，江华瑶族自治县先后遭遇百年不遇的冰冻灾害和“6·13”洪灾，倒房重建工作任务重，时间紧，要求高，在他负责倒房重建工作中，详细制定江华县恢复重建工作实施方案，对各类灾民倒房情况分门别类造册建档，在港澳特区政府捐赠的农村安居建设工作中，圆满完成省市下达的任务，顺利通过省市的检查验收，荣获湖南省民政厅“农村安居工程建设先进个人”称号，并记二等功一次。

赖华湘　女，汉族，江华瑶族自治县人，1964 年 4 月 5 日生，大专文化，中共

党员，1984 年 4 月参加工作，1991 年加入中国共产党。1984 年 4 月至 1986 年 8 月，在里鱼井乡工作，任乡妇联主任。1986 年 9 月至 1991 年 2 月，在竹园寨乡工作，任乡妇联主任。1991 年 3 月至 1992 年 3 月，在东田乡工作，任妇联主任。1992 年 4 月至 1995 年 2 月，在大干乡工作，任妇联主任。1995 年 3 月至 2002 年 9 月，在桥头铺镇工作，任民政助理，镇纪委副书记。2002 年 10 月至 2005 年，调入江华县民政局工作，在此工作期间曾担任社救股股长、办公室主任、社会救助局副局长、特困供养股股长、医疗救助股股长。

2008 年，江华瑶族自治县遭受百年未遇的冰雪灾害，一些农村房屋被冰雪压倒，部分困难群众无处安生，她不辞艰辛，赶赴长沙向省民政厅领导汇报灾情，从省政府争取港澳特区政府援助农村安居工程资金，为 100 户因灾倒房户解决建房的资金困难问题。是年，她被省民政厅评为“‘农村安居工程’建设工作先进个人”，记三等功。在担任办公室主任期间，她认真负责，笑脸相迎，对每一位来访者耐心细致做思想工作，对符合政策的给予以帮助解决，对不符合政策的解释清楚，做到事事有登记，件件有回音，使来访者希望而来，满意而归。2012 年度被省民政厅评为“全省民政信访工作先进个人”。

周祖顺 男，汉族，1966 年 6 月生，永州新田人，大学文化，1985 年 4 月加入中国共产党，现任新田县民政局党组书记。作为主管危房改造工作的分管领导，他始终把落实好这件实事视作为民谋福利的光荣使命，以高度的政治责任感出色地完成工作任务，做到把这一好事办好、实事办实，圆满完成省民政厅、市民政局分配的建设任务。2009 年和 2011 年，新田县民政局先后被省民政厅授予“全省危房改造工作先进单位”，2012 年，新田县被省政府授予“全省保障性安居工程先进县”，他本人先后在 2009 年、2011 年被省民政厅评为“全省危房改造工作先进个人”，并立三等功 1 次。

陈拥明 男，汉，永州市零陵区人，1973 年 4 月出生，1993 年 12 月参加工作，大专学历，1996 年 6 月加入中国共产党。1990 年 2 月至 1993 年 10 月，在永州市复烤厂任经济民警。1993 年 12 月至 1997 年 12 月，在解放军 37703 部队服役。1998 年 8 月至 2000 年 4 月，任永州市收容遣送站工作人员。2000 年 4 月至 2002 年 6 月，任永州市收容遣送站业务股长。2002 年 6 月至 2003 年 8 月，任永州市收容遣送站副站长。2003 年 8 月至

2015 年，任永州市救助管理站副站长。

陈拥明在救助站工作的 20 年间，把“让流浪乞讨人员回到亲人身边，让救助对象得到妥善安置”当作自己始终不渝的追求，不怕苦、不怕累、不怕脏和不怕险，坚持用真情温暖每位流浪乞讨人员。2013 年，他带人将晕倒在街头的老人送到医院抢救，并第一个站出来为老人献血，帮助老人脱离生命危险，多次被市直工委评为“优秀共产党员”。2009 年被省民政厅评为“救助管理工作先进个人”，2012 年被省民政厅评为“全省社会事务工作服务先进个人”，2015 年被省民政厅评为“最美民政人”。

邹越 女，汉族，湖南祁东人。1968 年 3 月生，大学学历，中共党员，1991 年 7 月参加工作，1996 年 12 月加入中国共产党。1991 年 7 月至 1997 年 5 月，历任永州市民政局残联、退伍办、优抚科科员。1995 年 7 月至 1998 年 7 月，在湖南省教育学院文秘系学习（大学、在职教育）。1997 年 6 月至 2001 年 10 月，任永州市民政局优抚科副科长。2001 年 11 月至 2004 年 11 月，任永州市民政局基层政权和社区建设科科长。2004 年 12 月至 2007 年 07 月，任永州市民政局办公室主任，兼局机关党委副书记。2007 年 7 月至 2011 年 2 月，任永州市军休总支书记、所长。2011 年 2 月至 2015 年 9 月，任永州市民政局副局长、永州市军休所总支书记、所长。

在担任市军休总支书记、所长期间，她加强党组织建设，充分发挥党组织战斗堡垒作用；狠抓基础设施建设，打造花园式军休所；探索“走出去请进来”服务模式，不断提高服务管理质量；大力开展文化养老，全面提升军休老同志幸福感、获得感。2010 年 1 月，被湖南省民政厅评为“全省军休系统‘十佳’军休工作先进个人”。

刘素珍 女，瑶族，江华瑶族自治县人，1975 年 9 月 25 日生，大专文化，1991 年 12 月参加工作。1991 年 12 月至 2004 年 2 月，先后在江华瑶族自治县大圩镇、码市镇供销社工作。2004 年 3 月至今，在江华瑶族自治县民政局工作。

在 2011 年的全省危房改造工作中，她认真学习和熟练掌握农村危房改造政策，在确定危房改造对象上，坚持实地考察、走访调查，实行阳光操作，把调查摸底和对象确定置于广大群众的监督之下。为及时掌握全县危房改造情况，她坚持每月一调度，并录入基本信息和进度表，做到一户一档，发现不符合要求的，一律限期整改，随时复查，保证民心工程落到实处，把危房改造工程建成为群众的满意工程。是年，荣获省民政厅授予的“全省危改造工作先进个人”荣誉。

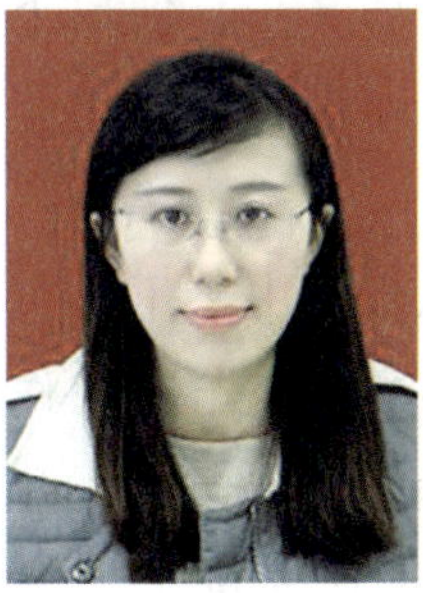

张萍 女，汉族，永州市零陵人，1986年1月生，本科学历，中共党员，2009年7月参加工作。2009年7月至2010年8月，任大汉物流股份有限公司工作人员。2010年8月至2015年2月，任永州市军休所工作人员。2015年2月至今，任永州市军休所服务管理科副科长。

她严于律己，自觉加强党性锻炼；加强学习，不断提升业务能力；勇于当担，出色完成各项工作任务；热情周到，全心全意为军休老同志服务。2011年，被湖南省民政厅评为“湖南省先进军休工作者”。

张文军 男，汉族，湖南省零陵区人，1972年10月生，本科学历，中共党员，1998年8月参加工作，1997年6月入党。1998年7月至2002年9月，任永州市芝山医院二病室临床医师。2002年10月至2003年9月，在中南大学湘雅二医院进修学习。2003年10月至2005年3月，任永州市芝山医院三病室临床医师。2005年4月至2012年1月，任永州市芝山医院戒毒所及美沙酮门诊部主任。2012年2月至2013年2月，在东安县石期市镇大启村扶贫。2013年3月至2015年12月，任永州市芝山医院三病室主任。

张文军始终把党的全心全意为人民服务的宗旨与自己的工作联系在一起，关心、爱护、尊重患者，对患者的正当要求有求必应，见难就帮。为减轻患者的经济负担，在治疗用药上极为用心，对极为困难的患者，他经常拿出自己的钱物给予帮助，很多次病人没有路费回家，他自己拿钱出来帮助解决。2012年，在东安县石期市镇大启村扶贫工作中，他坚持吃住在农村，与农民群众同呼吸，共命运，共同参加生产劳动。他与市纪委工作组同志一行到市、县大部分局委，争取扶贫资金，帮助该村新建村办公楼和五保老人之家，硬化道路，修建电排、水渠，使该村面貌焕然一新。2008年和2012年被中共永州市直属机关工作委员会评为“优秀共产党员”，2011年被湖南省人力资源和社会保障厅、湖南省禁毒委员会办公室评为“2008—2010年湖南省禁毒人民战争先进个人”。

范杰 男，汉族，1981年10月生，大专文化，1999年12月参加工作，2002年9月加入中国共产党。2003年10月至2006年3月，任新田县殡仪馆会计兼司机，2006年3月至2017年3月，任新田县殡仪馆副馆长兼殡葬执法队长，2017年3月至今，任新田县殡仪馆馆长。

在担任司机工作中，范杰除执行殡仪馆的出车任务外，还要负责其他领导和工

作人员开会和下乡出车任务。有时候吃着饭电话来了，他放下碗就直奔单位。有时半夜三更打电话来，他立即爬起床就出车去，不管刮风下雪、总是风雨无阻。

2006年，担任殡仪馆副馆长兼殡葬执法队长。由于工作突出，2006—2011年连续6年被评为“全县民政工作先进工作者”，2008年被评为“全市优秀退役军人”，2011年被县人民政府记“三等功”一次，评为“全市殡葬管理工作先进个人”，2012年被省民政厅评为“全省社会事务工作优质服务先进个人”。

眭艳阳 女，汉族，1965年8月生，永州零陵区人，大学本科学历，中共党员，1983年1月参加工作。2003年，任低保中心主任。在从事社会救助工作中，她始终坚持以民为本、民政为民的服务理念，时刻将责任和义务铭记心中，团结和带领全局干部职工，把惠及民生的工作抓落实。她努力工作，与群众打成一片，每年平均有200天以上深入乡镇、村、组、社区，进行调配研究，与群众交心谈心，了解民意，宣传救助工作，倾力帮助群众解决困难和问题，正如她经常说，“只要是真正的贫困群众，就决不让社会救助出现缝隙”，要尽心尽力做好社会救助工作“让政府放心、让百姓满意”。2011年，零陵区和低保中心分别荣获省民政厅“五保供养先进县”和“社会救助基层规范化建设优胜单位”称号。2012年，眭艳阳被省民政厅评为“全省民政系统先进个人”，记二等功一次。

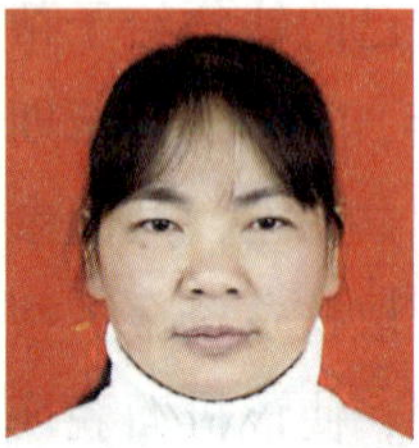

彭纪兰 女，瑶族，江华瑶族自治县人，1969年12月生，1991年加入中国共产党，1992至2009年11月，在大路铺、涛圩镇工作。2009年12月，调入县民政局任纪检组长，分管党风廉政、纪检监察、优化经济环境、政工人事、福利彩票、工会等工作。

2010年她接管福彩工作后，江华福彩销售发行工作一年一步台阶，从2009年的852万元增长到2014年2368万元，销售总额排全省前列。2015年，江华福彩销售在湖南省97个县市中，刮刮乐总销量289万元，排全省第12名，单机均销量排全省第3名，单机销量排全省第11。2012年和2015年分别获省民政厅“福彩发行先进工作者”称号。

周德林 男，汉族，永州市冷水滩人，1955年10月生，大专学历，中共党员，1978年1月参加工作。1978年1月至1982年10月，任坪塘乡中心小学教师。1982年10月至1984年7月，湖南道县师范学校学习。1984年7月至1990年12月，任

坪塘乡中学教师。1990 年 12 月至 1991 年 12 月，任上岭乡社教工作队员。1991 年 6 月加入中国共产党。1991 年 12 月至 1992 年 9 月，任坪塘乡政府司法员。1992 年 9 月至 1993 年 2 月，任花桥街、坪塘乡合署办公处秘书。1993 年 2 月至 1993 年 8 月，任坪塘乡政府副乡长。1993 年 8 月至 1995 年 7 月，任花桥街镇工作委员会委员、副书记。1995 年 7 月至 1997 年 10 月，任花桥街镇党委委员、副书记。1995 年 10 月至 1997 年 12 月，任花桥街镇人大主席。1997 年 12 月至 2001 年 10 月，任菱角山街道办事处党委副书记、委员。2001 年 10 月至 2004 年 12 月，任冷水滩区军干所所长。2004 年 12 月至 2007 年 5 月，任冷水滩区民政局主任科员。2007 年 5 月至 2008 年 7 月，任永州市军休所主任科员。2008 年 7 月至 2015 年 7 月，任永州市军休所副所长。2015 年 7 月退休。

周德林政治素养高，业务能力强，全心全意为军休干部服务；为人诚恳踏实，深受军休干部、工作人员喜爱。多次被评为优秀党务工作者，2012 年，被湖南省民政厅评为“全省军休系统‘十佳’军休工作先进个人”。

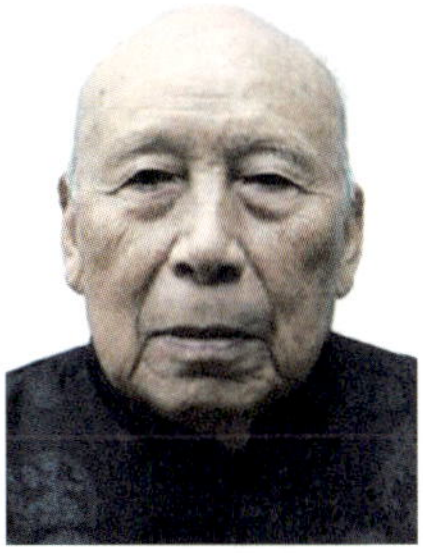

黄仲芬 男，汉族，广东南雄人，1929 年 9 月出生，初中学历，永州市军休所军队正团级离休干部，中共党员。1949 年 7 月入伍，1956 年 7 月加入中国共产党，历任游击队员，副区队干事，主任教员、指导员、组织股长、军分区后勤部副政委、正团级单位政委。1983 年 3 月离休，2001 年 7 月移交至冷水滩区军休所。

他勤奋学习，带头捐资助学，团结同志，关心后辈，积极参加各项活动。2014 年，被湖南省民政厅评为“全省军休系统军队离退休干部先进个人”。

1995—2015 年永州市民政系统获奖立功人员名录

表 3

年份	奖项	获奖人姓名
1999	全省抗洪救灾先进个人	金月华
2002	全省民政系统先进个人	唐海凤
	湖南省委、省政府二等功	唐海凤
2004	全国军队离退休干部安置建房服务管理工作先进个人	唐海凤
	全省民政系统先进军休工作者	何解顺
	全省社会福利院管理工作先进个人	游尹波

续表3

年份	奖项	获奖人姓名
2006	全省民政厅村务公开民主管理先进个人	钟珍华
	全省民政系统先进个人	乔小翠
	湖南省委、省政府二等功	钟珍华
2007	全省民政系统先进个人	钟珍华　金月华
	湖南省委、省政府二等功	钟珍华　金月华
2008	湖南省“农村安居工程”建设工作先进个人	周龙华　赖华湘　魏家松
	湖南省委、省政府一等功	孙文波
	湖南省委、省政府二等功	魏家松
	湖南省委、省政府三等功	赖华湘
2009	全国军休系统先进军队离退休干部	唐先秋
	全省救助管理工作先进个人	陈拥明
	全省基层低保规范管理先进个人	金月华
2010	全省军休系统“十佳”军休工作先进个人	邹越
2011	全国民政系统先进工作者	何解顺
	全省危改造工作先进个人	刘素珍
	全省先进军休工作者	张萍
	2008—2010年湖南省禁毒人民战争先进个人	张文军
2012	全省民政厅福彩发行先进工作者	彭纪兰
	全省民政系统先进个人	眭艳阳
	全省民政信访工作先进个人	赖华湘
	全省军休系统“十佳”军休工作先进个人	周德林
	全省农村危房改造工作先进个人	周祖顺
	全省社会事务工作优质服务先进个人	陈拥明　范杰
	湖南省委、省政府二等功	眭艳阳
2014	全国农村五保供养工作先进个人	郭德贵
	全国殡葬工作先进个人	阳辉录
	全省军休系统军队离退休干部先进个人	黄仲芬
2015	省民政厅福彩发行先进工作者	彭纪兰
	全省最美民政人	陈拥明

附 录

一、省部级奖励

部级荣誉

2007 年被民政部评为全国行政区域界线管理工作先进集体
2010 年被民政部评为全国殡葬工作先进单位
2014 年被民政部评为全国殡葬工作先进单位

省级荣誉

2000 年被湖南省人民政府评为老龄工作先进单位
2001 年被湖南省人民政府评为全省勘界工作先进集体
2001 年被省民政厅、募委办评为全省福利彩票销售先进单位
2002 年被湖南省福利彩票发行中心评为福利彩票发行先进单位
2003 年被湖南省民政厅评为城市地名标志设置工作先进单位
2003 年被湖南省民政厅评为行政区域界线联检工作先进单位
2003 年被省民政厅评为福利彩票发行先进单位
2004 年被湖南省民政厅评为福利彩票发行工作先进单位
2004 年被湖南省民政厅评为年度“五保之家”建设工程示范单位
2005 年被湖南省老龄工作委员会评为年度老龄工作先进单位
2005 年被湖南省民政厅评为“五保之家”建设工程优秀单位
2005 年被省民政厅评为福利彩票发行工作先进单位
2006 年被湖南省民政厅评为全省农村敬老院行风评议工作
2006 年被湖南省人民政府评为全省老龄工作先进单位
2006 年被湖南省委、湖南省人民政府、湖南省军区评为爱国拥军模范单位

2007年被湖南省民政厅评为全省乡镇地名标志设置工作先进单位

2007年被湖南省五好文明家庭创建活动协调小组评为湖南省五好文明家庭创建活动先进协调单位

2007年被湖南省民政厅评为湖南省《三湘英烈传》编纂工作三等奖

2007年被湖南省民政厅评为全省民政信访工作先进单位

2008年被湖南省民政厅评为2008年度湖南省“农村安居工程”建设先进单位

2008年被湖南省民政厅评为湖南省“五保之家”建设先进单位

2008年被湖南省老龄委、省公安厅、省司法局评为湖南省老年维权示范岗

2008年被湖南省民政厅评为福利彩票发行组织工作一等奖

2008年被湖南省民政厅评为湖南省“农村安居工程”建设先进单位

2009年被湖南省福利彩票发行中心评为利彩票销售总量一等奖

2009年被湖南省民政厅评为全省民政信访工作先进集体

2009年被湖南省军队转业干部安置工作小组、省委组织部、省人事厅、省军区政治部评为湖南省军队转业干部安置工作先进单位

2011年被湖南省民政厅评为全省民政信息化建设先进单位

2012年被湖南省关心下一代工作委员会评为湖南省敬老模范单位

2012年被湖南省民政厅评为社会组织管理工作先进单位

2013年被湖南省人力资源和社会保障厅、湖南省民政厅评为湖南省农村危房改造工作先进单位

2013年被湖南省委政法委、省人力资源和社会保障厅、省妇女联合会评为全省维护妇女儿童权益先进单位

2014年被湖南省民政厅评为全省殡葬改革工作先进单位

二、文献资料

国务院关于湖南省与广西壮族自治区行政区域边界争议地段有关问题的批复

国函〔2000〕115 号

湖南省、广西壮族自治区人民政府：

湖南省人民政府《关于湘桂边界永安关、千家洞、茶冲 3 处争议地段有关情况和意见的报告》（中机 2234 号）、广西壮族自治区人民政府《关于请求裁定湘桂线勘界遗留问题的请示》（桂政报〔2000〕35 号）收悉。2000 年 7 月 21 日至 30 日，民政部会同国土资源部、国家林业局就两省（区）行政区域边界争议及有关问题进行了实地调查和协调处理，提出了关于湖南省与广西壮族自治区行政区域边界争议及有关问题的处理意见，国务院同意其处理意见。现就有关问题批复如下：

一、湖南省道县与广西壮族自治区灌阳县永安关地段的行政区域界线走向为：从两省（区）已定的 19 号界桩起，沿山脊线大体向南，经 326. 0、359. 0 高程点至 327. 0 高程点，然后沿山脊线转向东南至 340. 2 高程点，再转向西南至雷口关，接两省（区）已定界线。上述界线已标绘在广西壮族自治区测绘局 1987 年出版的1∶1 万地形图上，图号为甘塘坪 G—49—91—（5）（见附图一）。

行政区域界线划定后，双方在该地段土地权属不变。道县在灌阳县境内的耕地，继续由原耕种人跨界耕种，但不得扩大耕种范围。

二、湖南省道县与广西壮族自治区灌阳县千家洞地段的行政区域界线走向为：从两省（区）已定的葫芦顶起，沿山脊线大体向东南至 1997. 3 高程点东侧 150 米处，转向南偏西南，沿粗石源江上游水系的主流中心线下行至 X = 2820760、Y = 37531240 处（图上量取），折向东南，沿山脊线上行至 1786. 0 高程点，转向西南沿山脊线经过四十八步，接两省（区）已定界线。上述界线已标绘在湖南省测绘局 1987 年出版、广西壮族自治区测绘局 1986 年出版的 1∶1 万地形图上，图号为：千家洞 G—49—91—（30）、大江源 G—49—91—（38）、拾道江 G—49—91—（37）（见附图二）。

行政区域界线划定后，道县、灌阳两县的国有林场和自然保护区均以省界为经营界线。为加强对该地区自然资源的保护和管理，两省（区）应严格按国家有关自然保护区的法规，全面禁止开矿、采伐和狩猎。

行政区域界线划定后，该地段内的水源按历史的流向和使用，仍归灌阳县使用。

三、湖南省江华瑶族自治县与广西壮族自治区富川瑶族自治县茶冲地段的行政区域界线走向为：从两省（区）已定的381.0高程点起，沿山脊线大体向东南至界牌井，由此界线沿老鼠山脚大体向东南到小路，再大体向东偏东北，沿小路经233.5、294.5高程点，转向南经390.2高程点、茶冲口三岔路到401.0高程点，再向南沿岭脊经513.8高程点到561.0高程点，转向东偏东北，沿山脊线经560.1、606.6、543.8、526.1高程点至X=2729820、Y=37547130处（图上量取），折向北，沿小路行至河流与小路交叉处，再转向东偏东南沿河流中心线上行至1395.1高程点。上述界线已标绘在广西壮族自治区测绘局1986年、1994年出版的1：1万地形图上，图号为：黄板桥G—49—115—（63）、石浪冲G—49—115—（64）、水岩坝锡矿可达采矿场G—49—127—（8）（见附图三）。

行政区域界线划定后，维持湖南省在广西壮族自治区境内合法采矿权人的开采、管理现状不变；维持双方在界线两侧的插花山林、土地权属现状不变。

四、两省（区）人民政府要从大局出发，坚决贯彻落实上述裁定意见。要做好各级干部特别是县、乡基层干部的工作，对于无视国务院决定，挑起新的争端的，要坚决予以处理；对边界地区的群众，要做好耐心细致的思想工作，确保边界地区稳定。

附件：附图一、附图二（1—3）、附图三（1—3）（略）。

国务院关于湖南省与广东省猛坑石（石坑崆）和麻石洞地段行政区域界线划定及有关问题处理意见的批复

国函〔2001〕55号

湖南省、广东省人民政府：

湖南省人民政府《关于对湘粤边界猛坑石、麻石洞2处争议地段进行裁定的请示》（湘政明电〔2000〕24号）、广东省人民政府《关于裁定粤湘两省争议地段行

政区域界线的请示》(粤府〔2000〕71号)收悉。现批复如下:

一、湖南省宜章县与广东省乳源瑶族自治县猛坑石(石坑崆)地段的行政区域界线走向为:从17至18公里水泥桥起,向西南沿山脊,经1622.0高程点,转向东沿山脊经1554.0高程点,转向南直线至猛坑石(石坑崆)1902.3高程点。上述界线已标绘在湖南省测绘局1987年出版的1∶1万比例尺地形图上,图号为G—49—118—(16)(见附件一)。

行政区域界线划定后,相毗邻的湖南省莽山国家级自然保护区和广东省南岭国家级自然保护区的保护管理界线按行政区域界线进行调整。对旧军事设施的利用,有关地方人民政府应按产权所属部队规定办理。

湖南省宜章县与广东省阳山县背箕寮顶至猛坑石(石坑崆)地段的行政区域界线走向为:从背箕寮顶(高程1558.1m)往东南沿山脊防火线经1488.0m山顶、仙鹅塘顶(1414.8m)、高桥冲(1421.0m)、垫山坑尾(1332.8m)、1343.0m山顶、仙鹅塘(1278.8m)山顶、电沙坑(垫山坑1203.8m)、过生人坳经1104.9m山顶至马坑(1226.0m)折向东北,经旱窝坳、1384.4m山顶、1393.0m山顶、1374.7m山顶、1351.0m山顶、1357.0m山顶、1351.0m山顶、打帽岐(1488.4m)、1411.0m山顶、1408.0m山顶、1419.0m山顶、沙子坳(1540.8m)、1558.0m山顶、1648.2m山顶、1716.2m山顶、1754.0m山顶至猛坑石(石坑崆)顶(1902.3m)止。1998年4月9日,双方已将上述界线标绘在湖南省测绘局和广东省测绘局1987年出版的5幅1∶1万比例尺地形图上,图号为G—49—118—(15)、(16),G—49—118—(21)、(22)、(23)。

永州市人民政府文件

永政发〔2006〕8 号

永州市人民政府
关于建立全市城乡社会救助体系的通知

各县区人民政府，金洞林场、回龙圩管理区，市直各单位：

为进一步规范和完善社会教助制度，建立全市城乡特殊困难群众基本生活保障的长效机制，促进社会和谐发展，根据《湖南省人民政府关于建立全省城乡社会救助体系的通知》（湘政发〔2005〕14 号）精神，现就有关问题通知如下：

一、提高认识，明确目标

建立城乡社会救助体系，是践行“三个代表”重要思想，坚持立党为公、执政为民，维护最广大人民群众根本利益的具体体现，是树立和落实科学发展观，构建社会主义和谐社会的基本要求。我市经济欠发达，社会救助任务繁重，而且贫困人口的救助需求，已由解决基本生活困难向解决就医、子女入学、诉讼和住房等方面发展，对社会救助提出了更高的要求。建立以城乡低保、五保供养和自然灾害灾民救济为基础，以临时社会互助为补充，以医疗、教育、住房、司法等专项救助相配套，以各项优惠政策相衔接，与经济社会发展水平相适应的全市城乡社会救助体系，能使社会救助工作形成覆盖面更广、功能更齐全、资源更丰富、效率更高、效果更好的格局。各级政府和有关部门要充分认识建立城乡社会救助体系的重要意义，加强领导，集中力量，切实抓好这项工作。

2006 年 6 月底前，全市要基本实现以下工作目标：一是形成“政府领导，民政牵头，部门各司其职，社会广泛参与，基层抓好落实”的社会救助工作运行机制，确保社会救助工作领导、制度、资金到位，扎实推进；二是建立目标明确、形式有别、层次分明的社会救助长效机制，完善和规范各项社会救助制度，使城乡低保户、农村五保户、农村特困户（以下统称城乡低保户）和重灾户、城市流浪乞讨人员等社会救助对象都能及时得到相应的社会救助；三是与困难群众生活密切相关的部门和行业，建立和实施覆盖城乡、内容有别的社会教助制度，形成整体推进的工作格局。

二、突出重点，健全制度

（一）进一步完善城市居民最低生活保障制度。根据城市居民基本生活必需品价格因素和财力状况，逐步增加财政投入，提高保障标准和人均补差水平。全面规范完善工作程序和监督管理机制，切实做到应保尽保和分类施保。

（二）逐步建立农村居民最低生活保障制度。进一步完善农村特困户救助制度，提高救助水平，逐步过渡到农村低保。抓好农村低保试点，逐步扩大范围，力争到2010年，将家庭人均收入低于农村最低生活保障标准的贫困居民全部纳入保障范围，实现应保尽保。农村低保资金发放标准，实行城乡有别，低标准起步，逐步提高，待条件完全具备再实施城乡一体化。

（三）建立和完善城乡特困家庭医疗教助制度。各县区要按照《永州市城乡医疗救助暂行办法》的规定，建立城乡医疗救助基金，确保城乡医疗救助制度的全面实施和资金的正常发放；要根据救助对象的多少、患大病家庭基本生活困难程度、医药费开支数额和财政预算安排资金情况，制定具体的救助标准，尽可能减少人为因素，随着经济社会发展和财政状况的好转，逐步扩大救助范围，提高教助水平。医疗卫生机构要根据上级有关要求，结合本地本单位实际，分项目拟定优质优价优惠服务制度，定点挂牌，向社会承诺，切实为救助对象做好服务工作。

（四）建立慈善救助制度。市设立慈普总会，各县区设立慈善分会，在市、县区民政部门分别设立慈善办，专门负责慈善日常事务管理工作。各级慈善机构要定期不定期动员社会各界以及海内外慈善家开展慈善捐赠活动，加强慈善机构的纵横向联系，募集慈善款物，开展慈善活动。要建立慈善救助制度，规苑慈善救助行为，促进慈善事业健康发展。

（五）进一步完善灾害救助制度。各级政府要建立和完善自然灾害应急救援预案，市、县区两级要建立自然灾害应急救助预备费和应急救助物资储备制度，提高应急救助能力。要建立和完善灾民救助制度，对因自然灾害或突发性事件造成灾民陷入困境的及时给予救助。

（六）进一步完善五保供养制度。全面落实五保供养政策，依法对符合条件的农村五保对象实行应保尽保。要调整财政支出结构，加大转移支付力度，逐步提高供养标准，切实保障五保对象的基本生活。要科学规划、合理布局，加快农村敬老院建设，到2010年，全市完成改扩建100所功能齐全、设施配套、规模适度、环境优美、服务优良的敬老院，并积极开展“五保村”建设试点，逐步提高集中供养能力和水平．随着城乡最低生活保障制度的建立和完善，五保供养制度逐步与城乡低保制度并轨。

（七）建立和完善城市生活无着落的流浪乞讨人员救助管理制度。建设和管理好市、县区流浪乞讨人员救助管理站，完善救助管理工作程序和制度，让流浪乞讨人员能够得到及时救助。

（八）进一步完善临时救助制度。进一步建立健全因突发性自然灾害、突发性事件等特殊情况给人民群众的生命财产造成损失，暂时影响家庭基本生活的临时牧助制度，对暂不符合城乡低保条件的对象，实施临时救助。

（九）建立城乡低保户住房保障制度。各级政府及有关部门要有计划，有步骤地开发兴建廉租房，为居住房屋困难的城市低保户提供廉价租房。要建立并实施以发放租赁住房补贴为主、实物配租和租金核减为辅的城镇特困家庭住房保障制度。同时，要有计划、有步骤的解决农村低保户中无房及危房改造问题。

（十）建立城乡特困家庭子女教育救助制度。对城乡低保户的子女，九年制义务教育阶段实行“两免一补”（免杂费，免课本费和适当补助寄宿生生活费），高中阶段学杂费按上级政策规定减免，考入高等院校的给予一次性救助。

（十一）建立和完善法律援助制度。全市法律服务机构要建立和完善法律援助制度，对城乡低保户和其他符合条件的社会弱势人员提供法律援助服务，减免或缓收法律援助案件的相关费用，切实保障他们的合法权益。

（十二）建立和完善城乡低保户家庭成员就业援助制度。劳动保障部门及街道社区要积极帮助有劳动能力、有就业意愿的城乡低保家庭成员就业，推进特困人员就业岗位的开发利用和就业服务体系建设，免费提供职业介绍和上岗前必要的技能培训。

（十三）建立和完善价费优惠政策制度。物价部门利用物价杠杆作用，建立和完善对城乡低保户在基本生活用水、用电、广播电视收视维护，就医等方面优惠减免制度，提高社会扶持优惠政策的社会化程度，提高对社会特困人员的社会救助水平。

三、强化措施，确保运行

（一）加强领导，明确职责。建立社会救助体系是一项凝聚民心的社会工程，各级政府及有关部门要把建立全市社会救助体系列入重要议事日程，精心组织，加强协调，抓好落实。各级政府要成立城乡社会救助体系建设工作领导小组，定期研究和协调解决社会救助工作中存在的困难和问题，对各项救助制度和政策落实情况进行督促、检查和考核。各相关部门要各司其职，加强协调配合，确保社会救助体系正常运行。

市民政局：负责市城乡社会救助体系建设领导小组办公室的日常工作；制定社会救助发展规划、工作计划和实施方案；督促、检查、指导和协调各相关部门社会救助制度的实施和乡镇社会救助工作平台建设，加强社会救助体系组织服务网络和信息管理服务工作；建立并组织实施城市低保、农村低保和特困户救助、城乡医疗救助、五保供养、灾民救助、流浪乞计人员救助管理、临时救助和慈善救助制度。

市财政局：负责制定城乡社会救助体系建设所需资金计划，合理统筹安排各类社会教助资金，建立和完善社会教助资金专户管理、监督使用制度，安排必要的工作经费保证社会教助工作机构正常运转。

市劳动和社会保障局：负责为城镇低保户开发就业岗位，免费提供职业介绍和上岗前必要的技能培训，建立有就业意愿和劳动能力的城镇低保户就业扶助制度和服务体系，为民政部门确定城镇低保户提供劳动保障和就业情况证明。

市教育局：负责制定城乡低保户教育救助制度，对城乡低保户的子女和未成年享受五保待遇的孤儿，按政策规定实施救助。

市中级人民法院、市司法局：负责制定城乡低保户法律援助制度，为城乡低保户提供法律援助服务，减免或缓收法律援助案件相关费用，维护社会救助对象的合法权益。

市物价局：建立和完善对城乡低保户的价费优惠扶持制度。通过物价杠杆作用，落实城乡低保户在基本生活用水、用电、广播电视收视维护、就医、子女入学等方面的优惠减免政策，努力提高优惠扶持政策的社会化程度。参与制定和调整城乡最低生活保障标准。

市卫生局：负责制定医疗机构对城乡低保户的扶持优惠服务救助制度。组织所有医疗服务机构落实对城乡低保户的优惠扶持政策，加强城乡社会救助定点医疗机构建设，为城乡低保户开展优惠优质服务。

市公用事业局：负责建立城镇低保户优惠扶持制度，落实城镇低保户在基本生活用水、燃煤气等方面的优惠减免政策，拟定并出台在城市公用事业方面对社会救助对象的扶持优惠措施。

市电业局：负责建立城乡低保户在基本生活用电方面的优惠扶持制度，落实城乡低保户在基本生活用电方面的优惠减免政策，拟定并出台在电业方面对社会救助对象的扶持优惠措施.

市广电局：负责制定和完善对城乡低保户在有线电视初装及广播电视收视维护等方面优惠减免制度，拟定并出台在广播电视方面对社会救助对象的扶持优惠措施。负责社会救助体系建设工作的宣传报道。

市农办：负责拟定并出台在“三农”方面对农村低保户的扶持优惠措施。

市科技局：负责制定科技援助制度，对城乡低保户在生产生活方面实施科技扶助。

市规划建设局、市房产局：负责建立对城镇低保户的廉价住房制度，落实城镇低保无房户的“廉租房”政策，抓好“廉租房”建设。有计划，有步骤的解决农村低保户中无房及危房改造问题。

市统计局：负贵参与各项社会救助标准的测算、制定和调整工作。

市残联：负责建立残疾人救助制度，督促落实残疾人应享有的各项优惠政策。

市审计局、市监察局：负责各项社会救助资金的审计、监督检查，保障各项社会救助资金专款专用，不被挤占挪用，对违纪、违规的部门或人员进行严肃查处和追究。

市国税局、市地税局：负责制定落实适用于城乡低保户的税收减免优惠政策的办法，引导、鼓励和扶持城乡低保户经商创业，脱贫致富。

市国土资源局：负责制定对城乡低保户在国土资源管理方面的社会扶持救助措施。

市公安局：负责制定对城乡低保户在公安方面社会扶持救助措施，落实对城镇低保户、农村特困户在办理户口、身份证、户口主项变更登记、补录登记等方面的优惠减免政策。

市城市管理执法局：负责建立对城乡低保户在城市管理执法方面的扶持优惠制度。

市林业局：负责建立对城乡低保户在林业方面的扶持牧助制度。对林区的城乡低保户在采伐指标的审批，育林基金的收取等方面给予照顾扶持。

市民宗委：负责建立对城乡低保户少数民族家庭的扶持救助制度。

市商务局：负责建立对城乡低保户在商贸方面的扶持优惠制度。

市人口与计生委：负责建立对城乡低保户在人口与计生方面的扶持优惠制度。

市扶贫办：负责制定农村低保户在扶贫方面的扶持救助措施，为农村救助对象自主创业、脱贫致富提供扶贫资金支持。

市移民局：负责拟定城乡低保户中的移民扶持救助措施。

市总工会、市妇联、团市委：结合自身职能，负责拟定对城乡低保户的扶持帮助措施。

永州日报社：负责对城乡社会救助体系建设工作的宣传报道。，卫体（二）建立社会救助体系组织服务网络。市最低生活保障管理服务中心更名为市社会救助处，归口市民政局管理。各县区要加强社会救助体系机构建设。在最低生活保障管理机构中增加社会救助职能。在乡镇机构改革中要为基层建立统一的社会救助服务网络和工作平台。社区低保服务中心更名为社会救助服务中心，村委会设民政联络员，建立社会救助申报点，民政联络员由现任村委会成员兼任。

（二）整合社会救助资源，逐步增加社会救助投入。各级政府要根据社会救助工作的需要和财力状况调整财政支出结构，逐年增加财政对社会救助资金的投入。各有关部门要将扶贫帮困，扶贫开发等各类社会救助资金与社会救助工作有机结合，凡用于社会救助方面的资金，均由财政统筹协调安排，并报领导小组办公室备案，提高社会救助资金使用效益。全市社会救助要形成政府财政投入为主，慈善和福彩资金为辅，社会捐赠捐助为补充的社会救助资金筹集渠道，为各项社会救助制度的实施提供资金保障。

（三）加强基层社会教助信息网络建设，公开公正开展社会救助工作。民政部门要严格执行法规政策，加强城乡低保户的动态管理工作，实现应保尽保，并为各级各部门以及社会各界开展社会救助工作提供准确的信息和依据。县区和乡镇．街道要建立现代技术信息网络，逐户建立城乡低保户家庭基本情况和社会救助工作情况档案，及时掌握社会救助工作信息，合理分配社会救助资源，为社会救助工作提供技术平台．各类救助的实施要严格履行申请、调查、评议、审批、公示等程序，确保各项社会救助公开，公平，公正，提高社会救助工作透明度，对徇私舞弊，弄虚作假或者贪污挪用救助款物者，要严肃查处。

二OO六年五月九日

关于全市2013年因灾倒损住房恢复重建工作情况的报告

永州市民政局

2013年，我市先后发生10次自然灾害，所有县（区）都遭受了不同程度的损失，尤其是“3·20”风雹灾害、“5·15”洪涝灾害和“8·16尤特”“8·22潭美”台风灾害，造成灾区农房大量倒损，据统计，全年我市因灾倒塌房屋3029户8777间，严重损坏房屋8762户13268间。为切实做好因灾倒损住房恢复重建工作，我市各级各部门严格按照省委、省政府和市委、市政府的有关指示要求，狠抓工作落实，取得了较好的成效。现将我市2013年因灾倒损住房恢复重建工作有关情况报告如下：

一、目前进度情况

（一）全市总体进度情况。截至1月3日，全市安排的2003户（新建1545户、修缮458户）因灾倒房恢复重建任务全部竣工，已入住1355户，占任务数的67.7%；已发放补助资金1972户2608.6万元，其中民政部门管理的资金全部发放，部分危改资金将于近期由住建部门发放。

（二）4个重灾县进度情况。蓝山县370户（全部为新建户）任务已入住88户，占任务数的23.8%，发放补助资金370户943万元；宁远县709户（新建327户、修缮382户）已入住666户（新建284户、修缮382户），占任务数的93.9%，发放补助资金709户607万元；江华县262户（全部为新建）任务已入住152户，占任务数的58%，发放补助资金262户486.2万元；道县168户（新建126户、修缮42户）任务已入住106户，占任务数的63%，发放补助资金168户170.4万元；江永县227户（全部为新建）任务已入住82户，占任务数的36.1%，发放补助资金196户117万元。

二、工作开展情况

全市自9月开始启动因灾倒损住房恢复重建工作以来，为实现“两个确保”（即确保在2014年元旦前全面完成因灾倒损住房恢复重建主体工程建设，确保在2014年春节前所有因灾倒损住房恢复重建户入住新居），各级各部门周密部署，精心组织，采取有力措施，扎实推进各项工作的开展，取得了较好的成效。一是加强组织领导。市、县（区）都成立了因灾倒损住房恢复重建工作领导小组，明确了工作任务及责任，实行了市级领导包县（区）、县（区）领导包乡（镇）、乡（镇）领导包村和村级领导包户的工作责任制，为灾后住房恢复重建工作顺利开展提供了强有力的组织和领导保障。如蓝山县成立了灾后住房恢复重建工作办公室，从住建、民政、国土、财政等部门抽调人员专抓，并明确各乡镇党委书记为灾后住房恢复重建工作第一责任人，有力地保证了各项工作的顺利开展。二是严格确定对象。各县区认真执行《全市因灾倒损住房恢复重建实施方案》提出的要求，在广泛开展思想发动的基础上，严格按照“户申请、村评议、镇审核、县审批”的程序确定恢复重建对象，确保了灾后住房恢复重建工作的公平公正。三是多方筹措资金。按照《全市因灾倒损住房恢复重建实施方案》提出的要求，市直130个单位共为蓝山、宁远、江华和道县筹集到位结对帮扶资金487万元（超额完成23万元），各县（区）采取整合各方面可用资金、发动社会募捐和财政贴息贷款等办法，共计筹集资金5500多万元（其中民政救灾资金900多万元、农村危房改造资金1300多万元、社会募捐资金2300多万元、财政贴息贷款1000多万元），较好地解决了倒房户建房资金不足的问题。四是加强督促指导。在灾后住房恢复重建工作过程中，市、县（区）“重建办”和各相关部门采取定期与不定期相结合的方式，派出工作组深入恢复重建户家中进行帮助指导，尽力帮助其解决各种实际困难和问题。市

“重建办”采取2天一调度、10天一通报、30天一督查的办法，督促各县（区）加快恢复重建进度，较好地保证了各项工作要求落到实处。

三、存在的困难和问题

一是部分重建户资金缺口比较大。部分重建户新房规模规划过大，以致后续建设资金不足，导致房屋建至2层时无力完成后续工程建设

二是分散和集中建房进度不一致。各县（区）分散重建户的建房进度普遍比较快，多数主体工程竣工后完成了基本居住设施配套建设，达到了入住条件。集中重建户由于选址、设计和协调各方矛盾等原因，动工比较晚影响了工程进度，目前多数还处在地面硬化、内墙粉饰、门窗安装等阶段。

三是部分县（区）补助资金发放不够及时。由于部分县（区）采取新年后统一验收合格后一次性足额打卡发放补助资金方式发放补助资金，从而导致部分主体工程提前竣工的重建户暂未能足额领到补助资金。

四、下步工作措施

（一）全力做好竣工房屋的验收，确保工程质量安全。1月上旬，要求各地及时组织相关部门对恢复重建户已竣工房屋进行验收，确保房屋质量安全。

（二）加强对竣工户完善基本生活设施的督导，确保春节前入住新居。要求各地重点做好建设规划过大而后续资金不足的重建户的劝导工作，要求竣工户先将有限的资金用于对一层、二层的基本装修上，确保春节前入住，后续工程等资金充足时再开工建设。

（三）进一步强化资金的监督管理，确保专款专用、及时足额拨付。加强对恢复重建补助资金的监管，切实做到专款专用和及时拨付，确保资金及时足额发放到验收合格的重建户手中。

2014年1月3日

永州江华“六大措施”做好特大洪灾后救灾补损工作

红网永州 2008年6月30日

6月12日—14日，江华瑶族自治县普降暴雨，局部大暴雨，雨时、雨量、受灾面积均超过1994年和2002年的洪灾。这次洪灾给该县经济社会发展造成重大损失，该县县委、县人民政府为全力抓好救灾补损工作，强化工作措施，把洪灾造成的损失夺回来，力争实现“三个确保”——确保不垮一塘一库，确保大灾之后无大

疫，确保社会大局稳定；抓好“三个恢复”——恢复家园，恢复生产，恢复水毁设施；拓宽“四条增收渠道”——强化抢收改制保增收，发展畜禽养殖保增收，搞活农产品流通保增收，积极招商引资、抓大项目、大力发展工业保增收。努力做到“减产不减收，倒房不露宿，失收不缺粮，控疫不流行”。

加强组织领导

成立了高规格的救灾补损工作领导小组，下设办公室，开展和指导救灾补损工作。要求县直、中央、省、市驻江华有关单位和各乡镇场同样成立相应机构，加强对救灾补损工作的领导，确保救灾补损工作有序开展。

明确责任纪律。要进一步落实“县级领导包乡镇、乡镇领导包村组、村组干部包农户”的抗灾救灾责任制，并严格执行责任追究制，对工作不及时到岗到位、擅离职守或因工作不力不落实，造成严重后果的，先停职，后处理。要严肃工作纪律，抗洪救灾补损期间，要坚守工作岗位，无特殊情况不得外出，确有特殊情况，按干部管理权限报批同意后方可外出。

积极筹措资金

要按照“群众自筹一点、县财政安排一点、相关部门整合一点、向上争取一点、社会各界捐助一点”的办法积极筹措资金。要对各种资金和物质统一管理，集中使用，发挥其最大效益，帮助灾民恢复生产，重建家园。

形成工作合力

各级各部门要按照上级党委、政府有关抗洪救灾补损的指示精神，牢固树立抗大灾夺丰收的思想，把抗洪救灾补损工作当作当前压倒一切的中心工作来抓。一是各级党员、干部要到岗到位，深入救灾补损工作第一线，指导帮助解决实际困难和问题；二是救灾款物要到位，确保灾民得到及时安置和救济，确保灾民生产需要；三是技术服务指导要到位，及时为灾民提供技术服务，实现科学救灾，确保取得实效；四是群众的积极性要到位，充分调动灾民的积极性和主动性，不等不靠，积极投身到救灾补损工作中去。

强化督促检查

各级领导对救灾补损工作要亲自督查督办，形成一级带一级、一级促一级的良好局面。县委、县政府督查室和县救灾补损办公室要开展督查，对督查结果要及时通报，存在的问题要限时整改。各乡镇同样要加大督查力度。对在抗洪救灾补损工作中涌现出来的先进典型要及时通报表扬，对工作不力的要通报批评。

搞好信息反馈

各有关部门和乡镇场在做好查灾核灾和救灾补损工作的同时，要把灾情和救灾补损工作情况及时上报县救灾补损办公室，为县委、县政府决策提供参考依据。要认真总结抗洪救灾补损的好典型、好做法，报宣传、广电等部门推介，激励广大干部、群众科学救灾补损、全力救灾补损。

1996年—2014年市政府对乡镇进行个别微调

2008年6月10日，经湖南省人民政府批准，市政府撤销内下林场，设立内下乡，全市达189个乡。

2010年8月19日，经湖南省人民政府批准，市政府撤销道县道江镇，设立濂溪、西洲两个街道办事处。撤销祁阳县浯溪镇设立龙山、长虹和浯溪街道办事处。9月28日，经湖南省人民政府批准，市政府撤销道县柑子园乡设柑子园镇。11月12日，经湖南省人民政府批准，市政府将金洞镇析出胜利、睦源、下司口、中棚、油榨铺、桐子山6个建制村，设立万宝山乡。12月30日，经湖南省人民政府批准，市政府撤销道县上关乡设立上关街道办事处，撤销道县白芒铺乡设主白芒铺镇，新设五星岭乡和打鼓坪乡，全市乡镇为189个。

2013年，经湖南省人民政府批准，市政府撤销道县富塘乡，设立富塘街道办事处。撤销道县万家庄乡，设立万家庄街道办事处。撤销宁远县舜陵镇，设立文庙、舜陵和桐山3个街道办事处。全市乡镇共186个。

2014年，撤销新田县大坪塘乡，设立大坪塘镇。撤销宁远县保安乡，设保安镇，全市共186个乡镇。

宁远县保安乡老屋山村村规民约

为响应“乡村振兴”号召，把老屋山村建设成特色鲜明的产业发展、生态优良、文体活跃、民主和谐村，经老屋山村民代表会讨论通过，制定本村村规民约：

1. 村民要自觉加强道德修养，尊老爱幼，勤俭持家，弘扬中华民族传统美德，践行社会主义核心价值观体系。

2. 村民要尽抚养、教育未成年子女的义务，子女要尽赡养老人的义务，禁止家庭暴力和虐待行为发生。

3. 村民之间要团结友爱，和睦相处，严禁侮辱、诽谤他人，严禁造谣惑众、搬弄是非。

4. 遵纪守法，自觉维护法律尊严，积极同一切犯罪行为作斗争。

5. 自觉遵守计划生育政策法规，提倡优生优育，严禁无计划生育或超生，严禁打击“两非”行为（即非医学需要的胎儿性别鉴定和非医学需要的人工终止妊娠行为）。

6. 自觉维护社会秩序和公共安全，不扰乱公共秩序，不阻碍公务人员执行公务。

7. 爱护公共财产，不得损坏水电、交通、通讯、生产等公共设施。

8. 加强防火防盗，严禁毁坏、盗窃国家集体、个人财产，严禁赌博、打架斗殴、酗酒滋事。

9. 关心集体，支持公共事业，积极参加村民会议，服从、执行村民会议和村民代表会议的决定。

10. 遵守文明村整体规划，坚决杜绝柴草乱堆乱放，牲畜放养的现象发生。

11. 依法使用宅基地，不乱搭乱建，服从统一规划，自觉拆除一切违章建筑。

12. 保持自家干净整洁，维护公共卫生和村容整洁，做到垃圾不乱倒、粪土不乱堆、污水不乱排。

13. 门前“三包”义务投工，按户定责，包设备完好、包树木花草成活、包清扫卫生。

14. 严格执行信访条例，不违法违规上访。

15. 保护生态公益林，严禁砍伐、捡干柴、乱占、乱建，违者罚款200元。

16. 饮水一、二井不许洗菜、洗衣、清洗肉类。

17. 红喜事礼金不得超过100元，聚餐不得超过20桌，白喜事不得超过100元，聚餐不得超过30桌，聚餐并需注意食品安全。红、白喜事所造成的垃圾由当事户处理干净，不得造成环境污染。

18. 对违返村规民约的村民，村委会有权给予以下处分：

①责令停止违规行为；②给予批评教育；③责令赔礼道歉；④责令恢复原状；⑤责令赔偿损失；⑥对违法犯罪行为有权移送治安管理和司法机关。

19. 本村村民严禁参与黄、赌、毒活动及封建迷信行为。

20. 本村村规民约与国家法律、法规、政策相抵触的，按国家规定执行。

21. 本村规民约经村民代表会讨论通过，自 2015 年 1 月 1 日起实施。

老屋山村村民委员会制
2014 年 12 月 12 日

1995 年零陵地区撤区并乡建镇情况

永州市（县级市） 撤销芝山区、邮亭圩区、菱角塘区、富家桥区、黄田铺区、珠山区、水口山区七个区公所。

保留凼底乡的行政区域不变。

将马子江乡、毛溪桥乡、长塘乡、水口山镇合并建立水口山镇，镇政府驻水口山。辖 48 个村委会，1 个居委会，总面积 109. 93 平方公里，总人口 45232 人。

将火湘桥乡、于家乡、东湘桥乡、珠山镇合并建立珠山镇，镇政府驻珠山。辖 57 个村委会，3 个居委会，总面积 198. 64 平方公里，总人口 62626 人。

将乌塘铺乡、双牌铺乡、黄田铺镇合并建立黄田铺镇，镇政府驻黄田铺。辖 33 个村委会，1 个居委会，总面积 126. 74 平方公里，总人口 31469 人。

将大庙头乡、阳河乡、何仙观乡、富家桥镇合并建立富家桥镇，镇政府驻富家桥。辖 50 个村委会、3 个居委会，总面积 213. 91 平方公里，总人口 47309 人。

将喜塘乡、天字地乡、菱角塘镇合并建立菱角塘镇，镇政府驻菱角塘。辖 33 个村委会，2 个居委会，总面积 156. 69 平方公里，总人口 2. 92 万。

将梅溪乡、郑家桥乡、福田乡、桐子坪乡、杨家巷乡、邮亭圩镇合并建立邮亭圩镇，镇政府驻太平铺。辖 56 个村委会、3 个居委会。总面积 324. 47 平方公里，总人口 5. 28 万。

将长岭乡、集义乡、接履桥乡合并建立接履桥乡，乡政府驻接履桥。辖 32 个村委会，总面积 101. 5 平方公里。总人口 2. 6 万。

将石岩头乡、西头乡、新宅里乡合并建立石岩头乡、乡政府驻石岩头。辖 35 个村委会，总面积 95. 76 平方公里，总人口 3. 85 万。

将湾夫乡、据江寺乡、大庆坪乡合并建立大庆坪乡，乡政府驻大庆坪。辖 45 个村委会，总面积 155. 36 平方公里，总人口 3. 21 万。

将排龙山乡、水字桥乡、梳子铺乡合井建立梳子铺乡，乡政府驻梳子铺。辖 40 个村委会，面积 98. 19 平方公里，总人口 2. 95 万。

将华源乡、西塘观乡、石山脚乡合并建立石山脚乡，乡政府驻石山脚。辖 31

个村委会，总面积121.07平方公里，总人口2.49万。

将朝阳乡、南津渡乡、七里店乡划归永州市城区管辖，撤销原3个办事处，另设朝阳、南津渡、七里店、徐家井4个办事处。

调整后，永州市辖6个镇、6个乡、4个办事处，总面积1986平方公里，总人口57万人。

冷水滩市（县级市） 撤销普利桥、黄阳司、冷水滩、楚江圩4个区公所。

保留杨村甸、珊瑚乡的行政区划不变。

将坪塘、花桥街乡合并设立为花桥街乡，总面积66.8平方公里，总人口1.96万，辖1个居委会、19个村委会，乡政府驻花桥街。

将杉木桥、楠木冲乡和普利桥镇合并设立为普利桥镇，总面积135.8平方公里，总人口4.72万，辖2个居委会、38个村委会，镇政府驻普利桥。

将牛角圩、牛角坝乡合并设立为牛角坝乡，总面积89.3平方公里、总人口2.7万，辖21个村委会，乡政府驻牛角坝。

将易家桥、高溪市乡合并设立为高溪市乡（含市园艺场），总面积105.1平方公里，总人口1.83万，辖1个居委会、21个村委会，乡政府驻高溪市。

将郝皮桥、水口桥乡和黄阳司镇合并设立黄阳司镇，总面积129.7平方公里，总人口4.6万，辖4个居委会、37个村委会，镇政府驻黄阳司。

将马路街乡除文家村以外的行政区域与阳山观乡、上岭桥乡合并设立为上岭桥乡，总面积116.9平方公里，总人口2.78万，辖31个村委会，乡政府府驻马坪里。

将香花坝、潮水乡合并设立为竹山桥乡，总面积96.4平方公里，总人口2.19万，辖23个村委会，乡政府驻竹山桥。

将孟公山、白塘乡合并设立为伊塘乡（含地区柑桔示范场、林科所），总面积81.2平方公里，总人口2.17万，辖26个村委会，乡政府驻伊塘。

将楚江圩、岚角山镇合并设立为岚角山镇，总面积91.5平方公里，总人口2.55万，辖4个居委会、30个村委会，镇政府驻岚角山。

将岐山头、蔡市乡合并设立为蔡市乡，总面积72.8平方公里，总人口1.85万，辖19个村委会，乡政府驻蔡家埠。

将水浪坝、仁湾乡合并设立为仁湾乡，总面积88平方公里，总人口1.76万人，辖1个居委会、22个村委会，乡政府驻横冲。

原河东、城南、城中、城北街道办事处分别更名为梅湾、杨家桥、萧家园、菱角山街道办事处，并将原马路街乡的文家村划归梅湾街道办事处管辖。

调整后，冷水滩市共辖4个街道办事处、3个镇、10个乡，总面积1221平方公里，总人口45.69万。

祁阳县 撤销观音滩、大忠桥、萧家村、白水、黄泥塘、潘家埠、羊角塘、下马渡、黎家坪、大村甸、文明铺、金洞12个区公所。

保留金洞镇和上司源、小金洞、白果市、凤凰、石鼓源、晒北滩瑶族乡的行政区域不变。

将城关镇、苏油坪乡合并设立浯溪镇，面积82平方公里，总人口9.63万，辖4个居委会、36个村委会，镇政府驻县前街。

将新铺乡、东泉乡、观音滩镇合并设立为观音滩镇，总面积80平方公里，人口3.86万，辖3个居委会、37个村委会，镇政府驻观音滩。

将茅竹、滴水乡合并设立为茅竹乡，总面积92平方公里，总人口2.43万，辖29个村委会，乡政府驻茅竹。

将三口塘乡和上马乡的同庆、古木、两江、马嘶、上马桥、上椿、金凤、堡头、陡桥、满明、农科11个村委会合并设立为三口塘乡，总面积62平方公里，总人口2.27万，辖30个村委会，乡政府驻三口塘。

将上马乡的其余11个村委会和马江乡、祝兴乡、大忠桥镇合并设立为大忠桥镇，总面积116平方公里，总人口5.15万，辖3个居委会、50个村委会，镇政府驻大忠桥。

将太平、汪家乡与萧家村镇合并设立为萧家村镇，总面积232平方公里，总人口4.46万，辖2个居委会、49个村委会，镇政府驻萧家村。

将百里乡并入八宝镇，总面积71平方公里，总人口3.41万，辖4个居委会、42个村委会，镇政府驻八宝。

将唐家岭乡并入黄泥塘镇，总面积71平方公里，总人口3.54万，辖3个居委会，32个村委会，镇政府驻黄泥塘。

将河埠塘、石梓塘乡与进宝塘合并设立为进宝塘乡，总面积66平方公里，总人口3.03万，辖33个村委会，乡政府驻进宝塘。

将七里坪、三江、石坝、木梓圩乡和白水镇合并设立为白水镇，总面积128平方公里，总人口6.3万，辖4个居委会、71个村委会，镇政府驻白水。

将松林、石洞源、下七渡、马鞍岭乡和潘市镇合并设立为潘市镇，总面积131平方公里，总人口4.6万，辖3个居委会、58个村委会，镇政府驻潘家埠。

将楼梯、梅溪乡合并设立为梅溪乡，总面积62平方公里，总人口2.69万，辖28个村委会，乡政府驻梅溪。

将平安、铜银、城山、兰桥4个乡和羊角塘镇合并设立为羊角塘镇，总面积126平方公里，总人口5.92万，辖2个居委会、61个居委会，镇政府驻羊角塘。

将大桥湾、云盘町、睦关头乡与下马渡镇合并设立为下马渡镇，总面积126平方公里，总人口 5.26 万，辖 2 个居委会、58 个村委会，镇政府驻下马渡。

将七里桥、白竹塘、文家冲乡与七里桥乡合并设立为七里桥乡，总面积 106 平方公里，总人口 3.98 万，辖 46 个村委会，乡政府驻七里桥。

将张公坪、九龙寺、横江桥乡和黎家坪镇合并设立为黎家坪镇，总面积 84 平方公里，总人口 4.74 万，辖 4 个居委会、36 个村委会，镇政府驻黎家坪。

将文富市、白茅滩乡与文富市乡合并为设立文富市乡，面积 60 平方公里，人口 3.2 万，辖 28 个村委会，乡政府驻文富市。

将新铺子、何公庙乡和大村甸镇合并设立为大村甸镇，总面积 96 平方公里，总人口 3.5 万，辖 2 个居委会、34 个村委会，镇政府驻大村甸。

将挟江、高码头乡和文明铺镇合并设立为文明铺镇，总面积 114 平方公里，总人口 5.17 万，辖 3 个居委会、47 个村委会，镇政府驻文明铺。

将大坪铺、窑头铺乡与龚家坪乡合并设立为龚家坪乡，总面积 80 平方公里，总人口 3.62 万，辖 38 个村委会，镇政府驻龚家坪。

调整后，祁阳县共辖 14 个镇、13 个乡（其中 1 个民族乡），总面积 2565 平方公里，总人口 92.04 万。

东安县 撤销大庙口、紫溪市、石期市、井头圩、鹿马桥、芦洪市、花桥等 7 个区公所。

保留川岩乡、永岭乡、花桥乡的行政区域不变。

将紫云乡、白沙乡、大庙口镇，合并建立大庙口镇。大庙口镇下辖 2 个居委会，39 个村委会。总面积 370 平方公里，总人口 3.77 万。镇人民政府驻大庙口。

将塘复乡、渌埠头乡、紫溪市镇，合并建立紫溪市镇。紫溪市镇下辖 4 个居委会、38 个村委会。全镇总面积 162 平方公里，总人口 3.79 万。镇人民政府驻紫溪市。

将茶源乡、白牙市镇，合并建立白牙市镇。将井头圩镇的弹夹、神仙桥、宥江桥 3 个村和荷池乡的长寿、京口、秦塘 3 个村一并划归白牙市镇管辖。白牙市镇下辖 9 个居委会、42 个村委会，全镇总面积 174 平方公里，总人口 7.57 万。镇人民政府驻白牙市。

将台凡市乡、石期市镇，合并设立石期市镇。石期市镇下辖 3 个居委会、31 个树委会、全镇总面积 117 平方公里，总人口 3.66 万。镇人民政府驻石期市。

将山口铺乡、凡龙圩乡、井头圩镇，合并建立井头圩镇。井头圩镇下辖 3 个居委会，39 个村委会。全镇总面积 160 平方公里，总人口 5.06 万。镇人民政府驻井头圩。

将金江乡、鹿马桥镇，合并建立鹿马桥镇。将金江乡的大宽村、黄泥洞村、肖家岭村划归黄泥洞林场管辖。鹿马桥镇下辖 3 个居委会、24 个村委会。全镇总面积 207 平方公里，总人口 3.7 万。镇人民政府驻鹿马桥。

将竹木町乡、端桥铺镇，合并建立端桥铺镇。端桥铺镇下辖 1 个居委会、37 个村委会。全镇总面积 136 平方公里，总人口 4.06 万。镇人民政府驻端桥铺。

将西江桥乡、伍家桥乡、芦洪市镇，合并建立芦洪市镇。芦洪市镇下辖 3 个居委会、55 个村委会、全镇总面积 126 平方公里，总人口 5.59 万。镇人民政府驻芦洪市。

将易江乡、大盛镇，合并建立大盛镇。大盛镇下辖 2 个居委会、28 个村委会。全镇总面积 100 平方公里，总人口 2.9 万。

将狮子铺乡、高峰乡，合并建立横塘乡。横塘乡下辖 33 个村委会。全乡总面积 129 平方公里，总人口 3.06 万。乡人民政府驻横塘。

将中田乡、新圩江乡，合并建立新圩江乡。新圩江乡下辖 26 个村委会。全乡总面积 134 平方公里，总人口 2.7 万。乡人民政府驻新圩。

将大水乡、南镇乡，合并建立南桥乡。南桥乡下辖 34 个衬委会。全乡总面积 102 平方公里。总人口 3.2 万。乡政府府驻南桥。

将荷池乡、大江口乡，合井建立大江口乡。大江口乡下辖 27 个村委会。全乡总面积 95 平方公里，总人口 2.6 万。乡人民政府驻大江口。

撤区并乡后，东安县共设 9 个镇、7 个乡。全县总面积 2219 平方公里，总人口 57.1 万。县人民政府驻白牙市镇。

双牌县 保留城关镇、江村镇、五里牌镇和平福头乡、塘底乡、麻江乡、茶林乡、理家坪乡、尚仁里乡、永江乡的行政区域区划不变。城关镇更名为泷泊镇。

撤销蔡里口乡、何家洞乡，合并建立何家洞乡。何家洞乡下辖 22 个村委会，总面积 196.04 平方公里，总人口 1.1 万，乡人民政府驻何家洞。

撤销林江乡，将其行政区域并入上梧江瑶族乡。上梧江瑶族乡下辖 23 个村委会，总面积 185.36 平方公里，总人口 1.34 万，乡政府驻上梧江。

调整后，双牌县共设 3 个镇、9 个乡，面积 1751.36 平方公里，总人口 16.4 万。县人民政府驻泷泊镇。

道县 撤销清溪、四马桥、蚣坝、祥霖铺、清塘、寿雁、仙子脚、梅花 8 个区公所。

保留道江镇、万家庄乡、营江乡、上头乡、富塘乡、东门乡、乐福堂乡、井塘瑶族乡、洪塘营瑶族乡、横岭瑶族乡、审章塘瑶族乡 11 个乡镇的行政区域不变。

将柑子园乡、油湘乡合并建立柑子园乡，乡政府驻柑子园，辖 2 个居委会，20 个村委会，总面积 80.7 平方公里，总人口 2.67 万。

将清溪乡、青口乡合并建立清溪乡，乡政府驻白马渡圩，辖3个居委会，23个村委会，总面积98.9平方公里，总人口2.86万。

将白芒铺乡、小甲乡合并建立白芒铺乡，乡政府驻白芒铺圩，辖2个居委会，30个村委会，总面积105.8平方公里，总人口2.86万。

将四马桥乡、杨家乡合并建立四马桥乡，乡政府驻马桥圩，辖3个居委会，34个村委会，总面积117.3平方公里，总人口2.82万。

将蚣坝乡、兴桥乡合并建立蚣坝乡，乡政府驻蚣坝圩，辖3个居委会，37个村委会，总面积142.8平身公里，总人口3.07万。

将祥霖铺镇、下蒋乡、岑江渡乡合并建立祥霖铺镇，镇政府驻祥霖铺圩，辖3个居委会，47个村委会，总面积149.6平方公里，总人口3.36万。

将新车乡、午田乡合并建立新车乡，乡政府驻新车圩，辖2个居委会，28个村委会，总面积94.6平方公里在，总人口2.36万。

将清塘镇、久佳乡合并建立清塘镇，镇政府驻清塘圩，辖6个居委会，35个村委会，总面积288.5平方公里，总人口2.79万。

将寿雁镇、唐家乡、牛路口乡合并建立寿雁镇，镇政府驻寿雁圩，辖4个居委会，66个村委会，总面积185.3平方公里，总人口4.73万。

将仙子脚镇、沙田乡合并建立仙子脚镇，镇政府驻仙子脚，辖3个居委会，38个村委会，总面积127.6平方公里，总人口3.05万。

将桥头乡、会潭乡合并建立桥头乡，乡政府驻桥头圩，辖2个居委会，35个村委会，总面积258.1平方公里，总人口3.28万。

将梅花乡、车头乡合并建立梅花乡，乡政府驻梅花圩，辖3个居委会，30个村委会，总面积88.9平方公里，总人口3万。

调整后，道县辖5个镇、14个乡，4个民族乡，总人口36.85万。

宁远县 撤销桐山区、水市区、湾井区、中和区、柏家坪区、鲤溪区、禾亭区，太平区、冷水区9个区公所。

保留棉花坪瑶族乡、桐木漯瑶族乡的行政区域不变。

将桐山乡、逍遥岩乡、双板桥乡、官桥乡、城关镇合并为城关镇，城关镇更名为舜陵镇，镇政府驻莲花，辖19个居委会，65个村委会，总面积143.8平方公里，总人口9.79万人。

将大阳洞、梅岗、天堂3个乡合著建立天堂乡，乡政府驻天堂圩，辖3个居委会、46个村委会，总面积159.6平方公里，总人口5.66万人。

将香花铺乡、大界乡、水市镇合并建立水市镇，镇政府驻堡子地。辖3个届委会，46个村委会，总面积188.5平方公里，总人口5.23万人。

将下灌乡、湾井镇合并建立湾井镇，镇政府驻湾井圩，辖2个居委会、28个村委会，总面积91.6平方公里，总人口3.56万人。

将麦地乡、鲁观瑶族乡、九疑山瑶族乡合并建立九疑瑶族乡，乡政府驻九疑山，辖2个居委会，32个村委会，总面积328.3平方公里。总人口3.00万人。

将上宜乡、东城乡、云潭乡、冷水乡合并建立冷水乡，乡政府驻冷水铺，辖66个村委会，总面积197.1平方公里，总人口7.28万人。

将白土乡、下坠乡、岭头源乡、太平乡合并建立太平乡，乡政府驻太平圩，辖3个居委会，53个村委会，总面积144.2平方公里，总人口5.46万人。

将中心铺乡、保安乡合并建立保安乡，乡政府驻保安圩，辖1个居委会、35个村委会，总面积70.3平方公里，总人口2.92万人。

将琵琶乡、禾亭镇合并建立禾亭镇，镇政府驻禾亭圩，辖2个居委会、41个村委会，总面积89.9平方公里，总人口4.21万人。

将李家铺乡、仁和乡合并建立仁和乡，乡政府驻仁和圩，辖2个居委会，37个居委会，总面积83.5平方公里，总人口3.27万人。

将新开乡、慕投乡、保和乡、中和乡合并建立中和乡，乡政府驻中和圩，辖4个居委会，67个村委会，总面积293.2平方公里，总人口6.53万人。

将双井乡、礼仕湾乡、柏家坪镇合并建立柏家坪镇，镇政府驻柏家坪，辖3个居委会，50个村委会，总面积166.6平方公里，总人口5.79万人。

将晓睦塘乡、候坪乡、清水桥乡合并建立清水桥乡，乡政府驻清水桥。辖2个居委会，38个村委会，总面积116.8平方公里，总人口3.69万人。

将永安乡、柏万城乡、鲤溪乡合并建立鲤溪乡，乡政府驻鲤溪，辖3个居委会、55个村委会，总面积141.8平方公里，总人口4.48万人。

将石家洞乡、荒塘瑶族乡合并建立荒塘瑶族乡，乡政府驻石家洞，辖1个居委会，17个村委会，总面积168.1平方公里，总人口1.05万人。

调整后，宁远县辖5个镇，8个乡、4个民族乡，总面积2498平方公里，总人口72.88万人。

蓝山县 保留大桥乡和浆洞、紫良、汇源、荆竹、犁头5个瑶族乡的行政区划不变。

将城关镇、龙溪乡合并设立塔峰镇。塔峰镇辖9居委会、37村委会，面积140平方公里，人口6.45万，镇政府驻古城路。

将正市乡、楠市镇并为楠市镇。楠市镇辖3居委会、31村委会，面积88.9平方公里，人口2.99万，镇政府驻楠木桥。

将总市乡、竹管寺镇并为竹管寺镇。竹管寺镇辖2居委会、35村委会，面积

94.8平方公里，人口3.19万，镇政府驻竹管寺。

将火市乡、尚屏乡、毛俊镇并为毛俊镇。毛俊镇辖2居委会、51村委会，面积162.5平方公里，人口3.8万，镇政府驻毛俊圩。

将早禾、田心、新圩3乡并为新圩乡。新圩乡辖2居委会、45村委会，面积141.9平方公里，人口4.03万，乡政府驻新圩。

将大洞、太平圩乡并为太平圩乡。太平圩乡辖3居委会、20村委会，面积73.6平方公里，人口2.69万，乡政府驻太平圩。

将洪观、土市乡并为土市乡。土市乡辖2居委会、41村委会，面积129.4平方公里，人口3.08万，乡政府驻土桥圩。

将蓝屏、祠堂圩乡并为祠堂圩乡。祠堂圩乡辖31村委会，面积76.2平方公里，人口2万，乡政府驻祠堂圩。

将大麻、所城乡并为所城乡。所城乡辖26村委会，面积169平方公里，人口2.37万，乡政府驻所城。

变更后，蓝山县辖4镇、11乡（合5瑶族乡），总面积1806平方公里，总人口33.2万，县政府驻塔峰镇。

新田县 保留莲花乡、石羊乡、新隆乡、陶岭乡、十字乡、金盆圩乡、知市坪乡、大坪塘乡、金陵镇、门楼下瑶族乡、枧头乡、毛里乡、高山乡、新圩镇、骥村镇、冷水井乡、三井乡、茂家乡的行政区域不变。

将城关镇、田家乡、城东乡，合并为龙泉镇。龙泉镇下设7个居委会，45个村委会，总面积110.1平方公里，总人口6.45万。镇政府驻新华路。

调整后，新田县设4个镇、15个乡（其中民族乡1个），总面积1014.2平方公里，总人口35.64万。县政府驻龙泉镇。

江永县 保留城关镇、回龙圩镇、上江圩乡、黄甲岭乡、松柏瑶瑶族乡、兰溪瑶族乡、源口瑶族乡的行政区域不变。城关镇更名为潇浦镇。

将上洞乡、桃川镇，合并建立桃川镇。桃川镇下辖3个居委会31个村委会，总面积139.9平方公里，总人口4.19万。镇政府驻桃川。

将城下乡、粗石江镇、清溪瑶族乡，合并建立粗石江镇。粗石江镇下辖2个居委会、22个村委会。全镇总面积178.3平方公里，总人口2.53万。镇政府驻粗石江。

将允山乡、井边乡、厂子铺乡，合并建立允山乡。允山乡下辖3个居委会、39个村委会。全乡总面积319平方公里，总人口3.16万。乡人民政府驻允山圩。

将夏层铺乡、冷水铺乡，合并建立夏层铺乡。夏层铺乡下辖2个居委会、24个村委会。全乡总面积147平方公里，总人口2.42万。乡人民政府驻夏层铺圩。

调整后，江永县共设 4 个镇、4 个乡、4 个民族乡，总面积 1868. 8 平方公里，总人口 28. 14 万。县人民政府驻潇浦镇。

江华瑶族自治县 撤销沱江、大路铺、白芒营、涛圩、大圩、水口、贝江、码市 8 个区公所。

保留界牌乡、东田乡、桥市乡、河路口镇、两岔河乡、务江乡、湘江乡、未竹口乡、大锡乡和清塘壮族乡的行政区域不变。

撤销大干乡、桥头铺镇，合并建立桥头铺镇。桥头铺镇下辖 1 个居委会、23 个村委会，全镇总面积 120 平方公里，总人口 3. 04 万，镇人民政府驻桥头铺。

撤销鲤鱼井乡、竹园寨乡、沱江镇，合并建立沱江镇。沱江镇下辖 7 个居委会、38 个村委会。全镇总面积 176 平方公里，总人口 6. 17 万，镇人民政府驻沱江。

撤销岩口铺乡、小贝乡、白牛山乡、白芒营镇，合并建立白芒营镇。白芒营镇下辖 3 个居委会、54 个村委会。全镇总面积 184 平方公里，总人口 4. 5 万。镇人民政府驻白芒营。

撤销上游乡、涛圩镇，合并建立涛圩镇。涛圩镇下辖 1 个居委会、29 个村委会。全镇总面积 93 平方公里，总人口 2. 64 万。镇人民政府驻涛圩。

将鲤鱼塘乡、大圩镇，合并建立大圩镇。大圩镇下辖 3 个居委会、38 个村委会。全镇总面积 138 平方公里，人口 2. 98 万，镇人民政府驻大圩。

将小圩镇、桥铺乡，合并建立小圩镇。小圩镇下辖 2 个居委会，28 个村委会。全镇总面积 116 平方公里，总人口 2. 23 万，镇人民政府驻小圩。

将高滩乡、水口镇，合并建立水口镇，水口镇下辖 4 个居委会、9 个村委会。全镇总面积 85 平方公里，总人口 0. 82 万，镇人民政府驻水口。

将黄石乡、中河乡、竹市乡、新铺乡、码市镇，合并建立码市镇。码市镇下辖 1 个居委会、44 个村委会。全镇总面积 415 平方公里，总人口 2. 7 万。镇人民政府驻码市。

撤销大路铺乡、邓家湾乡、黑山口乡，合并建立大路铺乡。大路辖乡下辖 34 个村委会。全乡总面积 153 平方公里，总人口 3. 06 万。乡人民政府驻大路铺。

将大石桥乡、中洞乡，合并建立大石桥乡。大石桥乡下辖 31 个村委会。全乡总面衷 94 平方公里，总人口 1. 97 万，乡人民政府驻大石桥。

将花江乡、花江洞乡，合并建立花江乡。花江乡下辖 1 个村委会。全乡总面积 131 平方公里，总人口 0. 69 万，乡人民政府驻花江。

将贝江乡、濠江乡、凌江乡，合并建立贝江乡。贝江乡下辖 15 个村委会。全乡总面积 211 平方公里，总人口 1. 07 万，乡人民政府驻贝江。

撤区并乡后，江华县共设 9 个镇、13 个乡（其中壮族乡 1 个）。全县总面积

3248平方公里，总人口43.14万。县人民政府驻沱江。

2003年12月冷水滩、芝山城区主要道路名称

连接芝、冷两区的道路命名

将零陵大道改为永州大道，南起芝山区南津渡大桥，北止冷水滩区复兴大桥。

规划中湘江以东连接两区的外环线命名为阳明大道（南起朝阳路，北止谷源路东端，以名山阳明山命名）；湘江以西连接两区的外环线命名为潇湘大道（南起朝阳路，北止谷源路西端，以潇湘二水命名）。

规划中湘江两岸的道路，湘江以东的道路命名为湘江东路（因其在湘江以东）；湘江以西的道路命名为湘江西路（因其在湘江以西）。

两区重名街道更名

保留芝山区的中山路、解放路，冷水滩区的中山路改为文昌路，解放路改为新华街。

芝山区的潇湘路更名为潇水路；冷水滩区潇湘东路更名为湘永路。

保留冷水滩区现有零陵路、凤凰路、育才路、逸云路。

重新命名和更名的道路

冷水滩区

清桥路（南起市委西侧梅湾路口，北止潇湘大桥，以老地名命名）。

舜皇路（原名永州大道，东起宋家洲大桥，西止潇湘大道，以东安舜皇山命名）。

梧桐路（原名白竹路，东起九疑路竹头村南端，西止潇湘大道，与凤凰路对应命名）。

紫霞路（原名梧桐路，东起九疑路竹头村北端，西止潇湘大道，以宁远紫霞岩命名）。

九疑路（未修建，起复兴大桥，止淡岩路，以宁远九疑山命名）。

进贤路（原名铁塔路，东起阳明大道，西止湘江东路，以为国输送人才之意命名）。

中兴路（东起阳明大道，经宋家、文家亭，西止湘江东路，以振兴中华命名）。

其他道路命名

冷水滩城区

湖塘路（东起九疑路，西止潇湘大道，以湖塘村命名）。

翠竹路（东起永州大道，西止湘江东路，以当地名命名）。
珊瑚路（东起春江路，西止潇湘大道，以珊瑚乡命名）。
逸云路（东起阳明大道，西止湘江东路，以“逸云望阁”命名）。
陶源路（东起九疑路，西止潇湘大道，以永州是陶瓷发源地命名）。
淡岩路（东起九疑路，西止潇湘大道，以淡岩命名）。
谷源路（东起九疑路，西止潇湘大道，以永州是稻谷发源地命名）。

芝山城区

萍洲路（东起阳明大道，西止潇湘大道，以“萍洲春涨”命名）。
朝阳路（东起阳明大道，西止潇湘大道，以朝阳岩命名）。
西山路（东起萍阳路，西止桃江路，以柳宗元作品命名）。
桃江路（南起朝阳路，北止萍洲路，以老地名命名）。
黄溪路（东起德榜路，西止潇湘大道，以《永州九记》之一《游黄溪记〉）命名）。
小石潭路（东起德榜路，西止潇湘大道，以《小石潭记》命名）。
湖湘路（东起桃江路，西止潇湘大道）。
钴鉧潭路（东起西山路，西止潇湘大道，以《钴鉧潭记》。
袁家渴路（东起外环朝阳路，西止杨梓塘路，以袁家渴命名）。
古城路（东起南津渡大桥与香零山路交叉口，西止萍洲大桥）。
日升路（东起阳明大道，西止湘江东路，以原地名命名）。
香零山路（南起古城路，北止日升路，以“香零烟雨”命名）。
绿影路（南起萍洲路，北止日升路，以“绿天蕉影”命名）。
文惠路（南起日升路，北止湘江东路，以柳宗元的谥号命名）。
风荷路（南起萍洲路，北止日升路，以“恩院风荷”命名）。
法华路（东起阳明大道，西止绿影路，以“法华晚钟”命名）。
湘口馆路（东起阳明大道，西止古城路，以古迹命名）。
东门岭路（东起香零山路，西止中山路，以古地名命名）。
怀素路（南起羊角山路与中山路交叉口，北止东门岭路，以永州名人唐朝草圣怀素命名）：

其他未重名、无争议的老路沿用现名，不一一列举。新建道路命名按照《永州市地名管理办法》规定，立项时报市地名委员会办公室审批。

2004—2015 年永州市农村敬老院建设情况表

表 1

序号	年度	县区	敬老院名称	建设类型	资金投入（万元）	建筑面积（平方米）	设置床位（张）
1	2004	冷水滩区	牛角坝敬老院	改扩建	30	2100	50
2	2004	冷水滩区	高溪市敬老院	改扩建	28	1900	50
3	2004	零陵区	接里桥敬老院	改扩建	30	3200	50
4	2004	零陵区	朝阳敬老院	改扩建	25	1050	50
5	2004	零陵区	黄田铺敬老院	改扩建	22	1000	50
6	2004	祁阳县	黎家坪敬老院	改扩建	13	1150	45
7	2004	祁阳县	大村甸敬老院	改扩建	13	900	48
8	2004	东安县	白牙市镇敬老院	改扩建	22	900	50
9	2004	东安县	大庙口镇敬老院	改扩建	25	1000	50
10	2004	双牌县	永江镇敬老院	改扩建	22	593	42
11	2004	双牌县	五里牌镇敬老院	改扩建	23	410	45
12	2004	道县	梅花镇敬老院	改扩建	20	1200	50
13	2004	道县	祥霖铺敬老院	改扩建	25	2000	50
14	2004	宁远县	天堂大阳洞敬老院	改扩建	21	1254	50
15	2004	宁远县	鲤溪镇敬老院	改扩建	18	1110	48
16	2004	新田县	骥村敬老院	改扩建	22	1600	50
17	2004	新田县	田家敬老院	改扩建	25	1000	50
18	2004	蓝山县	塔峰敬老院	改扩建	26	3100	50
19	2004	蓝山县	总市敬老院	改扩建	25	800	50
20	2004	江永县	夏层铺镇敬老院	改扩建	24	1900	50
21	2004	江永县	千家洞敬老院	改扩建	22	1000	50
22	2004	江华县	沱江新华敬老院	改扩建	25	600	50
23	2004	江华县	水口高滩敬老院	改扩建	20	1791	50
24	2005	冷水滩	伊塘镇敬老院	改扩建	50	2000	50
25	2005	零陵区	邮亭圩镇敬老院	改扩建	20	1800	30
26	2005	东安县	鹿马桥镇敬老院	改扩建	36	1000	50

续表1

序号	年度	县区	敬老院名称	建设类型	资金投入（万元）	建筑面积（平方米）	设置床位（张）
27	2005	东安县	横塘镇敬老院	改扩建	40	1000	50
28	2005	祁阳县	白水镇敬老院	改扩建	20	1300	30
29	2005	祁阳县	龚家坪镇敬老院	改扩建	20	1000	30
30	2005	祁阳县	黄泥塘镇敬老院	改扩建	20	800	30
31	2005	祁阳县	下马渡镇敬老院	改扩建	20	1200	30
32	2005	双牌县	茶林乡敬老院	改扩建	49	450	30
33	2005	道县	桥头乡敬老院	改扩建	20	2000	40
34	2005	道县	白马渡镇敬老院	改扩建	20	920	30
35	2005	道县	白芒铺镇敬老院	改扩建	20	1000	40
36	2005	宁远县	舜陵镇敬老院	改扩建	25	1270	45
37	2005	宁远县	湾井镇敬老院	改扩建	20	1100	30
38	2005	蓝山县	祠堂圩镇敬老院	改扩建	30	750	30
39	2005	蓝山县	田心敬老院	改扩建	30	670	30
40	2005	新田县	石羊镇敬老院	改扩建	120	1600	40
41	2005	新田县	知市坪敬老院	改扩建	138	2000	40
42	2005	江华县	大圩镇敬老院	改扩建	40	800	25
43	2005	江华县	大路铺镇敬老院	改扩建	60	2500	30
44	2005	江永县	潇浦镇敬老院	改扩建	60	1100	50
45	2006	冷水滩	竹山桥敬老院	改扩建	50	2000	50
46	2006	零陵区	天字地敬老院	改扩建	50	1800	37
47	2006	祁阳县	观音滩敬老院	改扩建	20	1000	30
48	2006	祁阳县	潘市镇敬老院	改扩建	20	900	30
49	2006	东安县	紫溪市镇敬老院	改扩建	70	2300	50
50	2006	东安县	水岭乡敬老院	改扩建	45	1950	50
51	2006	双牌县	理家坪乡敬老院	改扩建	45	400	30
52	2006	道县	新车乡敬老院	改扩建	32	150	40
53	2006	道县	柑子园乡敬老院	改扩建	30	2500	50

续表1

序号	年度	县区	敬老院名称	建设类型	资金投入（万元）	建筑面积（平方米）	设置床位（张）
54	2006	道县	寿雁镇敬老院	改扩建	20	1000	40
55	2006	宁远县	太平镇敬老院	改扩建	28	810	35
56	2006	宁远县	中和镇敬老院	改扩建	28	1325	40
57	2006	宁远县	柏家坪敬老院	改扩建	25	1230	32
58	2006	蓝山县	大麻敬老院	改扩建	30	670	30
59	2006	江永县	粗石江镇敬老院	改扩建	70	1300	50
60	2006	江华县	白芒营敬老院	改扩建	40	3604	60
61	2006	江华县	桥头铺敬老院	改扩建	211	2000	80
62	2006	新田县	冷水井敬老院	改扩建	60	480	30
63	2006	新田县	新隆敬老院	改扩建	58	460	30
64	2006	福田茶场	福田敬老院	改扩建	48	1200	30
65	2007	冷水滩	黄阳司镇敬老院	改扩建	50	1800	50
66	2007	零陵区	大庆坪乡敬老院	改扩建	80	1200	32
67	2007	东安县	新圩江镇敬老院	改扩建	35	800	50
68	2007	东安县	芦洪市镇敬老院	改扩建	120	1900	50
69	2007	东安县	川岩乡敬老院	改扩建	36	790	50
70	2007	祁阳县	角塘镇敬老院	改扩建	20	750	30
71	2007	祁阳县	进宝塘镇敬老院	改扩建	20	850	30
72	2007	祁阳县	文富市镇敬老院	改扩建	20	1000	30
73	2007	道县	富塘乡敬老院	改扩建	20	700	30
74	2007	道县	东门乡敬老院	改扩建	70	2000	30
75	2007	道县	四马桥敬老院	改扩建	70	2200	40
76	2007	双牌县	泷泊镇敬老院	改扩建	42	410	30
77	2007	新田县	金盆圩乡中心敬老院	改扩建	58	380	30
78	2007	宁远县	水市镇乐福敬老院	改扩建	26	960	40
79	2007	宁远县	荒塘乡敬老院	改扩建	25	986	40

续表1

序号	年度	县区	敬老院名称	建设类型	资金投入（万元）	建筑面积（平方米）	设置床位（张）
80	2007	江华县	河路口镇敬老院	改扩建	116	1150	50
81	2007	江华县	小圩镇敬老院	改扩建	30	1600	35
82	2008	双牌县	尚仁里乡敬老院	新建	52	450	30
83	2008	双牌县	打鼓坪敬老院	新建	54	420	30
84	2008	道县	横岭乡敬老院	新建	70	1800	40
85	2008	道县	清塘镇敬老院	新建	110	1500	50
86	2008	道县	上关乡敬老院	改扩建	34	1100	40
87	2008	道县	营江乡敬老院	改扩建	60	1000	30
88	2008	江华县	涛圩镇敬老院	新建	60	500	40
89	2008	江华县	东田镇敬老院	改扩建	45	2000	40
90	2008	宁远县	舜陵镇敬老院	新建	30	1580	36
91	2008	宁远县	禾亭镇敬老院	新建	25	1100	40
92	2008	宁远县	清水桥镇敬老院	改扩建	25	980	43
93	2008	蓝山县	毛俊敬老院	新建	40	70	30
94	2008	零陵区	珠山镇敬老院	改扩建	36	1000	30
95	2008	零陵区	富家桥镇敬老院	改扩建	80	1500	50
96	2008	冷水滩	普利桥镇敬老院	改扩建	50	2000	50
97	2008	祁阳县	茅竹镇敬老院	改扩建	20	900	30
98	2008	祁阳县	梅溪镇敬老院	改扩建	20	700	30
99	2008	祁阳县	文明铺镇敬老院	改扩建	20	800	30
100	2008	东安县	花桥镇敬老院	改扩建	36	1200	30
101	2008	新田县	三井乡敬老院	改扩建	110	1110	50
102	2008	江永县	允山镇敬老院	改扩建	120	1300	30
103	2008	金洞	金洞镇敬老院	改扩建	35	1150	30
104	2008	回龙圩	回峰敬老院	改扩建	55	820	50
105	2009	祁阳县	三口塘镇敬老院	新建	35	850	50
106	2009	双牌县	江村镇敬老院	新建	80	400	50

续表1

序号	年度	县区	敬老院名称	建设类型	资金投入（万元）	建筑面积（平方米）	设置床位（张）
107	2009	双牌县	塘底乡敬老院	改扩建	45	425	30
108	2009	双牌县	何家洞乡敬老院	改扩建	50	450	30
109	2009	道县	审章塘乡敬老院	新建	100	900	50
110	2009	道县	乐福堂乡敬老院	新建	100	1000	50
111	2009	道县	仙子脚镇敬老院	改扩建	30	1000	40
112	2009	道县	桥头林场敬老院	改扩建	40	600	30
113	2009	道县	蚣坝镇敬老院	改扩建	50	1200	50
114	2009	道县	月岩林场敬老院	改扩建	30	900	30
115	2009	江华县	大石桥乡敬老院	新建	75	620	50
1162	2009	江华县	码市镇敬老院	新建	35	1000	50
117	2009	江永县	兰溪瑶族乡敬老院	新建	50	1200	30
118	2009	宁远县	宝安乡敬老院	新建	46	1020	50
119	2009	宁远县	九疑山敬老院	改扩建	24	850	30
120	2009	冷水滩	岚角山镇敬老院	改扩建	50	2000	50
121	2009	零陵区	石岩头乡敬老院	改扩建	28	1100	30
122	2009	零陵区	珠山镇敬老院	改扩建	30	2000	50
123	2009	零陵区	水口山敬老院	改扩建	230	1000	50
124	2009	东安县	花桥镇敬老院	改扩建	50	1500	50
125	2009	东安县	大江口乡敬老院	改扩建	50	810	50
126	2009	东安县	南桥镇敬老院	改扩建	60	2000	50
127	2009	祁阳县	三口塘敬老院	新建	35	850	50
128	2009	祁阳县	大忠桥镇敬老院	改扩建	20	700	30
129	2009	祁阳县	文明铺镇敬老院	改扩建	15	800	30
130	2009	蓝山县	太坪敬老院	新建	120	1200	50
131	2009	新田县	毛里乡敬老院	改扩建	45	780	30
132	2009	金洞	小金洞乡敬老院	改扩建	48	720	30
133	2010	冷水滩	蔡市镇敬老院	改扩建	50	1800	50

续表1

序号	年度	县区	敬老院名称	建设类型	资金投入（万元）	建筑面积（平方米）	设置床位（张）
134	2010	零陵区	黄田铺敬老院	改扩建	120	2000	50
135	2010	零陵区	接履桥敬老院	改扩建	45	3200	50
136	2010	零陵区	邮亭圩敬老院	改扩建	50	2200	50
137	2010	东安县	井头圩镇敬老院	改扩建	100	1800	50
138	2010	东安县	大盛镇敬老院	改扩建	45	1000	50
139	2010	祁阳县	八宝镇敬老院	改扩建	20	1200	30
140	2010	祁阳县	七里桥敬老院	改扩建	30	1300	50
141	2010	双牌县	阳明山敬老院	改扩建	40	390	30
142	2010	道县	东门乡敬老院	改扩建	60	700	30
143	2010	道县	清塘镇敬老院	改扩建	65	1000	20
144	2010	江永县	松柏敬老院	改扩建	80	800	50
145	2010	宁远县	冷水镇敬老院	改扩建	51	1060	51
146	2011	宁远县	仁和敬老院	新建	167	1560	50
147	2010	蓝山县	土市乡敬老院	改扩建	120	1200	50
148	2010	新田县	枧头镇敬老院	改扩建	120	480	30
149	2011	冷水滩	普利桥敬老院	新建	50	1800	50
150	2011	零陵区	富家桥镇敬老院	新建	200	2200	50
151	2011	零陵区	菱角塘敬老院	改扩建	50	2030	50
152	2011	江华县	小圩镇敬老院	新建	40	1200	50
153	2011	东安县	石期市镇敬老院	新建	85	1000	50
154	2011	祁阳县	肖家村镇敬老院	新建	80	2200	50
155	2011	江永县	桃川镇敬老院	新建	160	1500	80
156	2011	金洞	凤凰乡敬老院	改扩建	42	1000	30
157	2012	冷水滩	杨村甸敬老院	新建	50	1800	50
158	2012	零陵区	梳子铺敬老院	新建	180	3500	50
159	2012	零陵区	凼底乡敬老院	新建	250	1700	50
160	2012	东安县	黄泥洞林场敬老院	新建	80	2000	50

续表1

序号	年度	县区	敬老院名称	建设类型	资金投入（万元）	建筑面积（平方米）	设置床位（张）
162	2012	祁阳县	龙山办事处敬老院	新建	87	2400	50
161	2012	祁阳县	挂榜山林场敬老院	新建	58	1300	50
162	2012	江永县	允山镇敬老院	新建	120	1100	50
163	2012	蓝山县	塔峰镇牛承村敬老院	新建	200	1246	50
164	2012	双牌县	茶林乡敬老院	改扩建	42	410	30
165	2012	江华县	桥头铺镇敬老院	改扩建	77	1900	80
166	2013	冷水滩	上岭桥敬老院	新建	520	3100	100
167	2013	零陵区	富家桥镇敬老院	新建	300	3500	100
168	2013	零陵区	石山脚乡敬老院	新建	150	2800	50
169	2013	祁阳县	肖家村镇敬老院	新建	58	2200	50
170	2013	宁远县	冷水镇敬老院	新建	390	1890	100
171	2013	江华县	大路铺镇敬老院	新建	82	691	50
172	2013	江华县	桥市乡敬老院	新建	90	2500	80
173	2013	双牌县	平福头乡敬老院	新建	56	400	30
174	2013	双牌县	麻江乡敬老院	新建	50	700	30
175	2013	金洞管理区	石鼓源敬老院	新建	100	2077	100
176	2013	蓝山县	牛承村敬老院	新建	200	1246	50
177	2013	新田县	骥村镇敬老院	新建	180	790	50
178	2013	道县	清塘镇敬老院	新建	90	877	10
179	2013	道县	四马桥镇敬老院	新建	150	1000	30
180	2013	湖南省	福田茶场敬老院	新建	100	1200	50
181	2013	东安县	白牙市敬老院	改扩建	85	1200	50
182	2013	新田县	陶岭乡敬老院	改扩建	120	680	40
183	2014	新田县	知市坪乡敬老院	新建	360	1100	70
184	2014	冷水滩	蔡市镇敬老院	新建	230	2000	50
185	2014	冷水滩	伊塘镇敬老院	新建	200	1500	50

续表1

序号	年度	县区	敬老院名称	建设类型	资金投入（万元）	建筑面积（平方米）	设置床位（张）
186	2014	零陵区	水口山镇敬老院	新建	136	2680	50
187	2014	零陵区	梳子铺乡敬老院	新建	61	3500	50
188	2014	东安县	端桥铺敬老院	新建	80	1200	50
189	2014	道县	柑子园镇敬老院	新建	200	2300	50
190	2014	宁远县	中和镇敬老院	新建	242	2060	60
191	2014	江华县	白芒营镇敬老院	新建	100	1000	50
192	2014	江华县	大圩镇敬老院	改扩建	75	800	50
193	2014	蓝山县	总市镇敬老院	新建	150	1100	50
194	2014	双牌县	麻江中心敬老院	新建	320	1750	100
195	2014	祁阳县	大江乡敬老院	新建	135	730	56
196	2014	金洞管理区	鼓源乡敬老院	新建	226	2077	100
197	2014	永州市	福田茶场敬老院	新建	100	1200	50
198	2014	江永县	夏层铺镇敬老院	改扩建	50	1900	50
199	2015	冷水滩	伊塘镇敬老院	新建	280	1500	50
200	2015	冷水滩	蔡市中心敬老院	新建	300	2000	50
201	2015	零陵区	石岩头镇敬老院	新建	181	1660	50
202	2015	东安县	芦洪市中心敬老院	新建	350	2700	50
203	2015	道县	白芒铺中心敬老院	新建	60	5500	100
204	2015	宁远县	水市镇敬老院	新建	250	1580	52
205	2015	江华县	河路口镇敬老院	新建	150	1020	50
206	2015	江华县	涔天河敬老院	新建	360	2071	85
207	2015	新田县	新隆镇敬老院	新建	290	980	50
208	2015	新田县	枧头镇敬老院	新建	280	890	50
209	2015	蓝山县	新圩镇敬老院	新建	150	1200	50
210	2015	双牌县	江村中心敬老院	新建	460	2260	120
211	2015	祁阳县	大忠桥中心敬老院	新建	301	3900	50

续表1

序号	年度	县区	敬老院名称	建设类型	资金投入（万元）	建筑面积（平方米）	设置床位（张）
212	2015	祁阳县	黄泥塘镇敬老院	新建	170	1200	50
213	2015	回龙圩管理区	中心敬老院	新建	200	1200	52
214	2015	永州市	福田茶场敬老院	新建	150	1500	50
215	2015	江永县	允山敬老院	改扩建	30	1300	30

后 记

《永州市民政志（1994—2015）》编纂工作于2016年上半年启动，市民政局党组高度重视，召开专题会议组建编纂委员会，设立编纂办公室。编纂办公室多次请教市志办副主任高波，讨论研究《永州市民政志（1994—2015）》的编写提纲，经过多次修改，形成编纂大纲，市民政局党组再将写作任务分配到相关科室，由科室负责人确定撰稿人。

2017年4月，《永州市民政志（1994—2015）》编纂工作进入实际编写阶段，市局领导多次聘请市志总纂蒋政平、市志办主任李俊江、副主任高波为编撰人员作志书纂辅导报告，局长肖余胜对《永州市民政志（1994—2015）》的指导思想和总体结构，提出指导意见，并亲自为撰写人员作收集资料的业务指导。8月，新任局长吴剑林对志书质量和工作进度提出明确要求，副局长李爱玲主管志书编写工作，多次召开志书写作推进会，及时帮助解决志书编纂工作中出现的困难和问题。局党组其他领导，提供大量历史资料，提出很多修改意见。各科室负责人，市直民政事业单位的负责同志，对志书编纂给予大力支持，为撰写人员提供最大的方便，使其全身心投入志书撰写，有的还亲自主笔。撰写志稿的同志们，在工作学习任务十分繁重的情况下，利用节假日、双休日和晚上休息时间，加班加点，不辞辛苦，任劳任怨。退休老同志，心系民政，退休不退业，为志书撰写提供很多历史史料和鲜活生动的现实资料。编纂办朱振军和黄建军，在繁忙的办公室工作中，抽空组织协调编纂办公室工作。编纂办公室的几位退休人员，放弃休闲娱乐，为理清志书脉络，调顺志书结构，提高文稿质量，忘我工作。

2018年12月，专家组对志书评审后，志书编纂办公室的同志根据专家组提出的宝贵意见，补充资料，修改完善文稿，使志书内容更翔实，重点更突出，条理更顺畅，语言更精练，结构更合理。

2019年1月，新任局长顾晓姣非常重视志书编纂工作，亲自听取编纂办公室情况汇报，对志书编纂工作提出很多宝贵意见和大力支持。可以说，本志书集众人之慧、万家之力、各方之才而成，凝聚了市志办领导、局党组领导、各科室负责人和编纂工作者的心血，集中了全市民政工作者的智慧。

志书各章节的撰稿负责人是：黄泳锦，第一章和第十二章第四节；李明，第二章；唐珍晶，第三章和第十一章第一节；王朝晖，第四章第一节；谢少明，第四章第二、三节；肖淑兵，第五章第一节；唐嘉，第五章第二节；邓志远，第六章、第四章第四节；李圣，第七章第一、二、三、四节；周龙华，第七章第五节；蒋金燕，第八章第一节、第十一章第二、三、四节；罗志强，第八章第二节；何志成，第八章第三节；张斐韶，第九章；唐华玲，第十章；唐姣姣，第十一章第五节；龚福军，第十二章第一节；左宁静、唐爱玲，第十二章第二节；黄薇、周路明，第十二章第三节；安莉，第十二章第五节；龚艳、罗芳，第十二章第六节；李卫民，第十二章第七节；蒋拔群、蒋平云，第十二章第八节。黄玲玲、庄海洋，负责图片、荣誉证收集整理；胡小湘，负责排版打印；蒋平云，主要负责志书出版的相关工作。

本志书能得以顺利完稿，非常感谢市志总纂蒋政平和副总纂高波，他们在百忙中对民政志的总体结构和章目，提出了很多宝贵意见，亲临民政局给编纂人员培训指导，利用休息时间帮助修改文稿。同时，非常感谢为本志书编纂出版作出贡献的每一位同志！

《永州市民政志（1994—2015）》编纂办公室

2020 年 5 月 26 日

索 引

说明：本索引中章、节、目名称按第一个字的汉语拼音首字母顺序排列。

G

H

J

L

M

N

P

Z